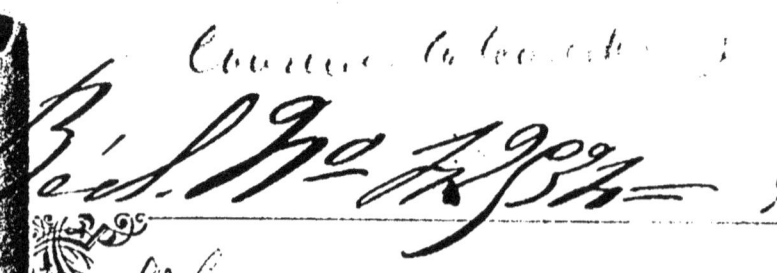

F. MUGNIER

LE THÉATRE EN SAVOIE

LES VIEUX SPECTACLES

LES COMÉDIENS

DE MADEMOISELLE ET DE S. A. R. LE DUC DE SAVOIE

LA COMÉDIE AU COLLEGE

LES TROUPES MODERNES

(AVEC FAC-SIMILE)

PARIS
H. CHAMPION, LIBRAIRE, 9, QUAI VOLTAIRE
—
1887

LE THÉATRE EN SAVOIE

LES VIEUX SPECTACLES

LES COMÉDIENS

DE MADEMOISELLE ET DE S. A. R. LE DUC DE SAVOIE

LA COMÉDIE AU COLLEGE

LES TROUPES MODERNES

PAR

F. MUGNIER

Conseiller à la Cour d'appel,
Président de la Société savoisienne d'histoire et d'archéologie,
Correspondant du ministère de l'Instruction publique
pour les travaux historiques, etc.

CHAMBÉRY
IMPRIMERIE MÉNARD, RUE JUIVERIE
1887

LE THÉATRE EN SAVOIE

LES VIEUX SPECTACLES

LES COMÉDIENS DE MADEMOISELLE

ET

DE S. A. R. LE DUC DE SAVOIE

LA COMÉDIE AU COLLÈGE

LES TROUPES MODERNES

CHAPITRE I.

Les Mystères ; les Moralités ; les Comédiens de campagne ; les Opérateurs ; les Comédiens italiens.

L'attrait pour les spectacles a été en Savoie aussi vif que dans le reste de la France ; aujourd'hui encore les représentations théâtrales, depuis celles des artistes en renom jusqu'aux bruyantes parades de la foire, constituent l'une des distractions les plus courues.

Au moyen âge, la Cour, les grands seigneurs, les gens de justice et les hommes d'armes assistaient aux joutes et aux tournois ; le menu peuple, voire les bourgeois, ne les voyaient que de loin.

4

Les villes, des communes rurales même, eurent les *Mystères* et les *Moralités*.

Les *Moines de la Bazoche*, comprenant gentilshommes et bourgeois, et plus tard, les *Enfants de ville*, remplissaient ordinairement les rôles fort nombreux de ces compositions compliquées dont la représentation durait deux, trois, cinq et même dix journées. Parfois c'étaient des habitants d'un simple village, non associés, qui en étaient les acteurs, sous la direction de l'auteur ou plutôt de *l'arrangeur*. Nous ne croyons pas, en effet, que chaque pièce jouée dans telle ou telle ville, dans tel ou tel village, fut ordinairement une production du crû. Presque toujours ce devait être ce que nous appellerions aujourd'hui une *adaptation*.

Un certain nombre de représentations semblables nous sont connues, et quelques-unes ont fait l'objet de lectures fort intéressantes dans divers Congrès des Sociétés savantes de la Savoie. Ce sont, à Chambéry : *l'Histoire de saint Sébastien et de sainte Anastasie*, 1446; *l'Histoire du Bienheureux saint Laurent*, 1468; la *Moralité de sainte Suzane*, jouée devant le Duc et la Duchesse de Savoie par 50 gentilshommes, bourgeois et autres, venus de Montmélian, 1470 (1); la *Passion de Notre-Seigneur*, 1516 (2); à Modane, le

---

(1) Léon Ménabréa. *Chronique de Yolande de France*, page 77.

(2) Voir *Document I*.

Mystère du Jugement dernier, 1572, 1574, 1580 ; à St-Martin-la-Porte, l'*Histoire de la Vie de saint Martin*, 1565 ; à Lanslevillard, village plus important alors que de nos jours ; la *Dioclétiane* et le *Mystère de Monseigneur St-Sébastien* (1). Remarquons, en passant, que toutes ces représentations s'échelonnent de Chambéry et Montmélian jusqu'au pied du mont Cenis, c'est-à-dire sur la route incessamment sillonnée par les armées d'Italie, les ambassadeurs et les clercs allant à Rome ou en revenant.

Les *Enfants de ville* jouent aux *Pardons septennaires* d'Annecy jusqu'en 1661 ; ils représentent en 1621 la *Mort de Jules César*, sujet de pièce très recherché ; en 1633, l'*Histoyre de*

---

(1) Voir les travaux de M. Florimond Truchet, membre de la Société d'histoire et d'archéologie de Saint-Jean de Maurienne, aux *Mémoires* de cette Société, tome V, p. 200, et dans les comptes rendus des Congrès de Saint-Jean de Maurienne, 1878, et d'Aix-les-Bains, 1882 ; — ceux de M. François Rabut, *Mémoires et Documents de la Société savoisienne d'hist. et d'arch.*, tomes XIII, XVI, p. 235 ; — de M. André Perrin, *les Moines de la Bazoche*, etc., aux *Mémoires* de la même Société, tome IX, p. 8 et suiv. Voir aussi SAINT-GENIS, *Histoire de Savoie*, tome II, p. 43 ; LECOY DE LA MARCHE, *la Société au XIIIe siècle*, p. 287, et l'analyse détaillée qui y est donnée du *Mystère de saint Bernard de Menthon*. Pour Genève, l'on devra consulter les *Mémoires et Documents de la Société d'hist. et d'arch.*, tome I, p. 153, 164 ; tome II, p. 22.

Mattathias ou d'Antiochus (1) ; en 1654, l'*Histoire de saint Maurice*, patron d'Annecy ; en 1661, l'*Histoire de saint Alexis* (2).

Les *Momeries*, remplacées ensuite par les *Ballets*, étaient fréquentes à la Cour de Savoie ; la duchesse Yolande en donnait à chaque occasion. Nous n'en citerons qu'une, représentée à Thonon, le 3 janvier 1469, pour fêter l'ambassadeur de Venise. Elle fut exécutée par seize gentilshommes sous la direction de l'évêque de Genève, Jean-Louis de Savoie, beau-frère de la duchesse (3). Celle-ci y prit part et acheta, nous dit son trésorier, *un quartier de vellu cramoisi* du prix de trois florins pour sa coiffure (4).

Après cela vinrent les *Sottises* ou *Soties*, pièces de bien moins grandes dimensions et qui pouvaient être jouées par des acteurs de profession.

Au milieu du seizième siècle commença la grande vogue des *Comédiens italiens* ; elle dura environ cent ans. Mais en même temps l'on se

---

(1) Ce sujet vient de tenter un auteur dramatique parisien, Mlle Simonne Arnaud, dont la tragédie *les Fils de Jahel* a été représentée à l'Odéon en octobre 1886.

(2) Registres consulaires d'Annecy. L'auteur de l'*Histoyre de saint Alexis* est Amblard Comte, professeur, laïque semble-t-il, au collège Chapuisien dirigé par les Pères Barnabites.

(3) Nommé évêque à l'âge de quinze ans, il en avait alors environ vingt-quatre.

(4) L. MÉNABRÉA. Ouvrage cité, page 67 et *passim*.

mit en France à composer les *Comédies* et les *Tragédies*. Leurs auteurs sont nombreux : Jodelle, Saint-Gellais, Le Duchat, etc., etc. Au dix-septième siècle, ce sont Hardy, Bruscambille, Borée (1), Mayret, Scudéry, Benserade, Rotrou, Corneille, Molière, Racine, etc. Il se forma alors des troupes permanentes allant de ville en ville et dont Scarron, auteur dramatique lui-même, a décrit les mœurs dans le *Roman comique* (2). Le Directeur était souvent, comme Dorimond, son propre fournisseur de comédies (3). Quand ces troupes

(1) Nous citons cet auteur parfaitement inconnu, parce que deux de ses tragédies ont pour héros des personnages de notre histoire locale :*Rhodes subjuguée par Amé IV; Duc de Savoie, sur Ottoman, premier empereur des Turcs; Béral, victorieux sur les Genevois,* tragédies (*Histoire du Théâtre françois*, des frères Parfait, Paris, 1757, tome IV, p. 389; tome IX, p. 17). Ces deux pièces avec *Achille, prince grec,* et *Tomyre, reine des Scythes et des Amazones,* ainsi que des dédicaces à Charles-Emmanuel I, au Prince et à la Princesse de Piémont et au Prince Thomas de Carignan, ont été réunies en un volume imprimé à Lyon, chez Vincent de Cœursilly, 1625-1627. Vincent Borée était un jurisconsulte savoisien. Ses amitiés avec des chanoines de Lyon nous portent à croire qu'il était originaire de la Bresse.

(2) La composition de la troupe, dont les aventures constituent le thème du récit de Scarron, avait été l'objet de diverses suppositions. M. H. Chardon, dans son livre si curieux, *la Troupe du Roman comique dévoilée* (Paris et Le Mans 1876), établit que c'était celle de Filandre, dit Paphetin, soit du sieur Jean-Baptiste de Monchaingre.

(3) « Les autheurs célèbres estant quelquefois d'humeur

avaient eu la chance heureuse de jouer devant quelque prince, elles s'abritaient volontiers sous son nom et s'appelaient *la troupe de M. le Prince, de S. A. R., de Monsieur, de M*gr *le Dauphin, de Mademoiselle*. L'une d'elles, et non la moins célèbre, reçut le nom de *l'Illustre-Théâtre*. Molière ayant été l'un de ses premiers acteurs, son histoire est connue et tous les *moliéristes* s'intéressent encore aux compagnons des débuts du grand auteur comique.

Ces troupes, composées d'une dizaine d'acteurs et d'actrices *ayant part*, et de quelques gagistes (comédiens pris à l'essai, apprentis), emmenaient avec elles un personnel plus ou moins nombreux dans lequel étaient le *décorateur*, personnage cumulant sans doute les fonctions de fournisseur d'accessoires et de constructeur de décors, le *portier*, le *receveur*, le *copiste*, l'*afficheur*, les *violons*, etc., etc. (1). Elles se disloquaient assez fréquemment; après chaque saison, les acteurs qui n'avaient pas été applaudis au gré de leur vanité

à le porter un peu haut, les comédiens se roidissent de leur costé, et par une bonne esconomie tiennent toujours de leur crû quelque ouvrage prêt pour s'en servir au besoin, ce que ne peut faire une troupe où il n'y aura pas de comédiens-poëtes. » (CHAPUZEAU, le *Théâtre françois*, édition Fournier, 1867, page 55.)

(1) CHAPUZEAU. Ouvrage cité, pages 116, 117, 118. Dans les théâtres bien ordonnés il y avait deux moucheurs : l'un pour le devant du théâtre, l'autre pour le fond.

s'en allaient, et le chef les remplaçait par des comédiens d'une troupe voisine. Des mariages de sujets d'une compagnie avec ceux d'une autre produisaient aussi des changements de personnel. C'est pour cela que l'on rencontre rarement des troupes composées un peu longtemps des mêmes acteurs. Quand elles allaient en représentation devant quelque grand auditoire, elles se renforçaient et s'adjoignaient une *étoile*. Elles éprouvaient souvent une concurrence désastreuse de la part des *opérateurs* ; mais parfois elles exploitaient les villes de concert avec eux. Ceux-ci étaient des industriels qui vendaient des drogues, des panacées, et attiraient les clients en jouant des farces auxquelles le public assistait gratuitement, sauf à payer fort cher le remède souverain qu'on lui vendait. C'est ainsi qu'en 1653, la troupe d'Abraham Mittallat jouait, paraît-il, de concert avec l'opérateur Jacques de Gorla (1). L'opérateur *Barry* eut dans sa troupe les plus belles femmes de l'Europe et le plus magnifique théâtre qui fut jamais, soit pour les acteurs, soit pour les riches décorations qu'il avait apportées de Venise (2).

(1) Le père de la célèbre *Marquise-Thérèse de Gorla*, qui épousa le comédien du Parc.
(2) *Histoire du Théâtre françois*, tome XIV, p. 268 ; tiré du *Voyage à Guibray*, petit ouvrage curieux que M. H. Chardon a analysé, dans la *Troupe du Roman comique dévoilé*, mais seulement pour la partie qui se rapportait à son sujet.

Les industriels de ce genre ne négligeaient pas la Savoie. Nous en rencontrerons à Annecy et à Chambéry.

Les troupes de campagne, dont on peut évaluer le nombre à dix ou douze au plus à cette époque, sont maintenant l'objet de recherches persévérantes et souvent heureuses.

Après MM. Fournier, Despois, Fournel, Moland, E. Soulié, etc. (1). M. Henri Chardon, dans le Maine, et MM. Péricaud et Brouchoud, à Lyon, ont fait sur les *Comédiens de campagne* des travaux qui se rectifient et se complètent les uns les autres.

Si les *Mystères* ont été à plusieurs reprises, en Savoie, l'objet des recherches des érudits, nous ne pensons pas qu'il en ait été de même pour le théâtre à partir du dix-septième siècle. Nous n'avons du moins rien su trouver à ce sujet dans nos auteurs savoisiens, et nous serions heureux si notre

---

(1) Ceux-ci sont nos contemporains. Parmi les auteurs anciens, les frères Parfait, Chapuzeau, le chev. de Mouhy, l'acteur Lagrange, ont laissé des ouvrages, imprimés ou manuscrits, qui sont le point de départ de toutes les recherches actuelles.

Ayant dû demander à M. Monval, bibliothécaire-archiviste de la *Comédie française*, et à MM. Chardon, Brouchoud et Vingtrinier, des renseignements que nos bibliothèques locales ne pouvaient pas nous fournir, ces savants nous les ont transmis avec un empressement dont nous ne saurions trop les remercier.

petite étude appelait l'attention sur nos théâtres, leur composition et leur répertoire.

Nous parlerons plus loin des représentations dans les colléges, assez nombreux en Savoie dès le XVII° siècle. Notons cependant ici les remarquables représentations de *tragico-comédies* données, de 1619 à 1703, à Annecy, par les élèves du *collège Chapuisien*, dirigé par les Pères Barnabites (clercs réguliers de St-Paul), tantôt dans l'intérieur du collège, tantôt, à l'occasion des *Pardons de la Nativité*, sur la place de la première église de St-Maurice.

La Savoie eut encore au XVI° siècle et au XVII° les *Comédiens italiens*. Henri II et ses fils, puis Henri IV et Louis XIII s'efforçaient de les enlever aux Ducs de Mantoue leurs patrons attitrés. Quand ils se rendaient en France, la Cour de Savoie les arrêtait au passage et les retenait assez longtemps. Ils jouèrent certainement à Chambéry à l'aller et au retour. C'est sans doute à l'occasion d'une série de représentations qu'en 1613 le gouverneur de Chambéry leur fit cadeau de 50 ducats. En 1620 l'acteur jouant le rôle de *Léandre*, dans la troupe d'Arlequin (Tristano Martinelli), mourut à Chambéry (1).

A l'époque où les *Comédiens de Mademoiselle* vinrent dans cette ville, les troupes demandaient

---

(1) ARMAND BASCHET. *Les Comédiens italiens à la Cour de France; passim.*

déjà l'autorisation de jouer au Lieutenant-Général, au Gouverneur (1) ou au Conseil de ville. On ne la leur accordait qu'à la condition de donner une représentation au bénéfice des pauvres ou de remettre une certaine somme aux hospices (2). C'est de cette coutume qu'est né le *droit des pauvres*.

Il y avait certainement beaucoup de pauvres à Chambéry ; cependant les registres des délibérations du Conseil et les comptes des syndics, si l'on excepte quelques lignes pour 1665 et 1787, se taisent complètement à ce sujet. Les archives du Sénat, dont le Premier Président (3) était souvent Gouverneur de Savoie, n'ont pu nous fournir non plus aucune indication, et les quelques vieux registres des hôpitaux qui n'ont pas disparu ne mentionnent aucune recette provenant de cette source. Nous avons été plus heureux avec les minutes des notaires et les registres paroissiaux. Grâce au notaire *Georges*, nous savons que la

---

(1) « La Rappinière se chargea d'obtenir du Lieutenant-Général permission de jouer. » (*Roman comique*, Ire partie, VIII).

(2) A Lyon, à Dijon, etc. V. MM. Chardon et Brouchoud.

(3) Barry... à Rouen « alla saluer le Premier Président et lui offrit ses services. Le Premier Président fut fort aise de... il le reçut avec bonté et lui donna le choix de tous les quartiers de la ville pour placer son théâtre. » (Le *Voyage à Guibray*, dans l'*Histoire du Théâtre françois*, tome XIV, p. 277.

Troupe de Mademoiselle joua à Chambéry en août et septembre 1659.

Nous allons rechercher les origines de cette troupe et les circonstances de son séjour en Savoie. Nous dirons ensuite ce que devinrent les acteurs et les actrices dont elle se composait à Chambéry; nous rapporterons enfin les renseignements que nous avons retrouvés sur les autres troupes qui ont donné des représentations en Savoie.

CHAPITRE II.

Les Comédiens de Mademoiselle à St-Fargeau; à Lyon, en 1658; à Chambéry, en 1659. Le Jeu de Paume; les pièces de Dorimond.

Durant sa retraite à St-Fargeau dans l'hiver de 1652 à 1653, Mlle de Montpensier (1) cherchait des distractions à l'ennui de l'exil auquel les vicissitudes de la Fronde l'avaient condamnée. Etant allée visiter son père à Orléans, elle y rencontra des comédiens. « C'était une très bonne
« troupe, dit-elle dans ses *Mémoires* (2), qui
« avoit été tout l'hiver de devant à Poitiers avec
« la Cour et l'avoit suivie à Saumur. Elle avoit eu
« beaucoup d'approbation. Je la fis jouer un soir
« à mon logis où S. A. R. vint (*son père*).

« De retour à St-Fargeau, je ne songeai qu'à
« faire accomoder un théâtre en diligence; il y a
« une grande salle qui est un lieu fort propice pour

---

(1) Anne-Marie-Laure d'Orléans, née le 29 mars 1627, morte le 5 août 1693; souveraine des Dombes, princesse de la Roche-sur-Yon, dauphine d'Auvergne, duchesse de Montpensier. Elle était fille de Gaston Jean-Baptiste d'Orléans et de Marie de Bourbon, qui fut elle-même la fille et unique héritière d'Henri de Bourbon, duc de Montpensier.

(2) *Mémoires de Mademoiselle de Montpensier;* Maestricht; Dufour et Roux, 1776; tome II, pages 348, 358, 379.

« cela. Le théâtre étoit bien éclairé et bien dé-
« coré ; la compagnie à la vérité n'étoit pas grande;
« il y avoit des dames assez bien faites. Après le
« plaisir de la comédie que le carême fit finir, le
« jeu du volant succéda. »

Les comédiens quittèrent St-Fargeau ; dans
l'été suivant, Mademoiselle les retrouva à Tours,
où elle assista chaque jour à leurs représentations.
Il semble qu'ils jouèrent encore à son théâtre de
St-Fargeau en 1654 et en 1655. Quelques années
plus tard, à la fin de novembre 1658, elle les rencontra de nouveau. Elle s'était rendue à Lyon avec
la Cour pour assister à l'entrevue de Louis XIV,
d'Anne d'Autriche et de Mazarin avec Christine
de France, son fils le Duc de Savoie Charles-Emmanuel II et sa fille Marguerite que Mazarin
feignait de vouloir faire épouser par le jeune roi de
France (1). Le théâtre fut, comme d'habitude,
l'un des plaisirs les plus recherchés des princes et
de leurs suites.

« J'oubliais de dire, écrit encore Mademoiselle
« de Montpensier, qu'il y avoit à Lyon deux trou-
« pes qui étoient fort bonnes. Ils affichoient *les*

(1) Louis XIV avait alors 20 ans, Charles-Emmanuel 22
ans, et sa sœur Marguerite-Yolande 25 ans et demi. Elle
était née le 15 mai 1633 ; elle épousa, le 20 août 1660, Ra-
nuce Farnèse II, duc de Parme et de Plaisance. Sa sœur
cadette, Adélaïde-Henriette de Savoie, s'était mariée en décembre 1650 avec Ferdinand-Marie, fils aîné de Maximilien,
duc de Bavière. (GUICHENON. Tome III, p. 162.)

« *Comédiens de Mademoiselle,* et ils avoient
« raison ; ils avoient joué trois hyvers de suite à
« St-Fargeau. Monsieur y alla aussitôt qu'il fut
« arrivé, pour moi j'attendis au lendemain (1). »
La petite Cour de Savoie suivit certainement les
représentations de la troupe de Mademoiselle.
Elle fut satisfaite des acteurs et des actrices, et
c'est alors sans doute que Charles-Emmanuel leur
permit de prendre le nom de *Comédiens de S. A. R.*
Il fut aussi convenu dès ce moment qu'ils viendraient jouer à Chambéry et à Turin. Le roi rentra à Paris ; le duc, sa mère et sa sœur, à Turin.
La troupe de Mademoiselle continua ses représentations à Lyon jusqu'au printemps de 1659. Elle
y était encore le 14 avril, jour où Marguerite Prunier, l'un de ses premiers sujets, devenue récemment veuve de Hugues de Lan, accoucha d'un posthume qui eut pour marraine Françoise de Lan,
tante paternelle de l'enfant, et pour parrain le sieur
Abraham Mittallat, vieux comédien établi à Lyon
depuis assez longtemps déjà.

Les Comédiens partirent pour Chambéry, en
mai ou en juin, au nombre de douze à quatorze.
C'étaient le poète auteur et acteur *Nicolas Dorimond* et sa femme *Marie Dumont, Abraham
Mittallat* dit *La Source*, de Metz en Lorraine ;
Jeanne du Ronserre, sa femme (2), *Nicolas Biel*

---

(1) *Mémoires*, tome IV, p. 265.
(2) Il est possible qu'elle ne fut plus vivante à cette époque.

dit *de Beauchamp,* de Senlis en Picardie, et *Françoise Petit* sa femme; *Joseph Dupin,* de Nantes en Bretagne; *Philippe Millot,* de Dijon, et *Anne Millot,* sa sœur; *Louis Dorimond; Marguerite Prunier,* veuve de *Hugues de Lan; Catherine Bidaut,* veuve de *Charles Perroux; Guérin (François-Isaac),* gagiste peut-être; *François de Beaulville,* décorateur de Paris (1); enfin, *Pierre Oyzillon,* de Montpellier, gagiste ou sigisbée de la femme de Dorimond, ou peut-être déjà *portier* de la troupe, comme il le fut plus tard à Paris.

Où jouèrent-ils et quel fut leur répertoire? Nos actes sont muets à cet égard; cependant il n'est pas trop difficile de trouver une réponse plausible.

Le théâtre, bâti sur l'emplacement de notre belle salle actuelle, n'a été édifié qu'en 1775; quant à la *salle de Villeneuve,* derrière la rue nouvelle des Portiques (côté ouest), nous pensons qu'elle n'a été convertie en salle de spectacle qu'en 1770 ou 1771. Nos comédiens firent donc à Chambéry ce qu'ils faisaient presque partout: ils jouèrent dans le *Jeu de paume.* La construction de cet édifice avait été ordonnée en 1629 par le prince Thomas

---

(1) Peut-être était-il le frère de cette Marie Boilduille (ou Beaulville), femme de Claude Pelissier, comédien du Roi, dont l'enfant fut baptisé à Lyon le 1er août 1659, et qui eut pour parrain Abraham Mittallat, aussi comédien du Roi, et pour marraine damoiselle Marie Dumont. (BROUCHOUD. *Les Origines du théâtre à Lyon,* p. 52.)

qui gouvernait alors la Savoie, *par l'Altesse de Monseigneur le prince Thomas,* disent les registres consulaires (1).

La ville acheta le terrain d'un sieur Carral, et chargea de l'entreprise son maçon et son charpentier habituels, honorables Nicolas Didier et François Mattet; elle dépensa en 1629 et dans la première partie de 1630, environ 3,000 florins. Les travaux furent suspendus en 1630 par l'occupation française et par la peste qui la suivit. Le maître maçon Didier, qui mourut à cette époque, fut probablement l'une des très nombreuses victimes de la *contagion.*

En 1632, le Conseil ordonne le *parachèvement* du Jeu de paume; il ne fut pourtant à peu près terminé qu'en 1638, par le maçon Claude Vivian et le charpentier Benoît Deguevisse. Les dépenses s'élevèrent à environ 14,000 florins.

Après avoir fait peindre à l'intérieur les armes

(1) Comptes du trésorier de la ville de Chambéry; dépenses, années 1629 et suivantes.

Le prince Thomas de Savoie était fils de Charles-Emmanuel Ier et frère de Victor-Amédée I, le duc régnant. La ville lui donna pour ses étrennes, le 31 décembre 1629, cent pistoles d'Espagne valant 1,950 florins.

Le Jeu de paume est ce long bâtiment sur la rive gauche de la Leysse, converti aujourd'hui en maison d'habitation, ayant au sud-est un café et un jardin. On l'appelait et on l'appelle encore indifféremment le *Jeu de paume* ou le *Tripot.* Le pavé de la salle était formé de dalles de *mollasse* (grès tendre).

de S. A. R. et de Son Excellence (le gouverneur de Savoie), par Jean-Charles Labiche, le ville qui, déjà en 1636, avait placé une inscription au-dessus de la porte du midi (1), en fit poser, en 1638, une seconde qui est ainsi conçue :

AN^O DO^I   1638

HVNC PILÆ LVDVM
FŒLICIBUS COEPTVM
AVSPICIIS
FŒLICISSIMIS PERFECTVM
TANDEM VOBIS
RELINQVVNT
NOBILISSIMI CONSVLES
CAMBERIENSES
N^S IO. GASPARD FAVIER
ANTONIVS GAVD
PETRVS DOLIN
IO. BONAVEN^A PLANCHE (2).

Malgré cette annonce à leurs concitoyens et à

---

(1) Elle est aujourd'hui à peu près indéchiffrable, ayant été mutilée à la Révolution. On y distingue pourtant les noms des syndics Jean-Louis Balland, Louis Jacquier, Balthazard Mottet et Jean Pointet.

(2) En voici la traduction : *L'an du Seigneur 1638, les très-nobles syndics de Chambéry, nobles Jean-Gaspard Favier, Antoine Gaud et Jean Bonaventure Planche vous laissent enfin ce Jeu de paume commencé sous d'heureux auspices, achevé sous de plus heureux encore.*

Cette inscription, fort bien conservée, se trouve dans le corridor du rez-de-chaussée de l'imprimerie Chatelain, partie ouest de la maison.

la postérité, le Jeu de paume n'était peut-être pas complètement achevé. Ce fut le 14 septembre 1641, après la confection du dallage, qu'il fut donné à bail pour la première fois.

Il fut loué ce jour-là et pour six ans, à raison de 1,000 florins par an, à honorable Jacques Arestan, marchand et bourgeois de Chambéry. Il est toutefois possible que la ville l'ait géré elle-même durant quelque temps. Quoi qu'il en soit, il y eut en 1641, dans le nouvel édifice une joute solennelle en présence de Madame Royale, Christine de France, et de son jeune fils Charles-Emmanuel II, ainsi que de Dom Félix de Savoie, gouverneur du pays. Les syndics eurent encore le soin d'en conserver le souvenir dans cette inscription lapidaire, placée au-dessus de la porte du tripot, au levant.

ANNO DOM. M DC XLI
REGNANTE CAROLO EMANVELE CAMB RESIDENTE
REGENTE CRISTINA
GVBERNANTE D. FOELICÉ A SABAVDIA
CONSS NOBIL GASPAR CRASSVS GASPAR DEMOT
GVIDO LABREVILLE IOANN DVNANT CAMB
POSVERVNT
AD LVDENTES
LVDITE FELICES CRASSO PONENTE CORONAS
HOC PILA FLECTENTI NVMINE FAVSTA CADET
SPHINX LVDIT
VENTRIS CARCER OVIS STAT DUM FIT VENTER
[ARACHNES
PLANVM ANGIT PVNCTIS SPHÆRA LIGATA TRIBVS.

Essayons de traduire cette inscription :

L'an du Seigneur 1641, sous le règne de Charles-Emmanuel résidant à Chambéry, et la régence de Christine, D. Félix de Savoie (1), gouverneur, les syndics de Chambéry nobles Gaspard Crassus, Gaspard Demotz, Guidoz La Breuille, Jean Dunant, ont établi [le cadetage] (dallage) du Jeu de paume [pour la commodité] des joueurs ;

Jouez, heureux [lutteurs], Crassus vous donne des couronnes ; sous le regard de cette divinité la paume tombera heureusement.

Le Sphinx plaisante :
(propose cette énigme)

La prison du ventre d'agneau (c'est-à-dire les *boyaux*) devient le ventre de la raquette ; la sphère (*la paume*) retenue en trois points, (devant le joueur, à sa droite et à sa gauche?) frappe la terre ?

Dans le premier distique il y a peut-être un calembourg sur le mot *cadet* et les cadettes du dallage.

Dans le second, *Arachné* signifie le treillis de la raquette ; parce que Arachné qui avait disputé le prix de la tapisserie à Minerve fut changée en araignée. (*Interprétation de M. F. Rabut.*)

---

(1) Frère naturel du prince Thomas et oncle naturel du jeune duc ; il avait pris parti pour la régente Christine de France contre les beaux-frères de celle-ci.

Il y a enfin dans le dernier vers une antithèse entre la *sphère* et le *plan*.

Tout cela est bien entortillé et alambiqué.

Si le mot de l'énigme n'était pas alors connu couramment, les promeneurs du Verney et les clients du tripot ont dû s'exercer souvent à le chercher.

En 1659, le Jeu de paume (maison et jardin) fut loué à Jean de Lafond dit *la Violette*, à raison de 400 florins pour six mois. Le locataire fit de bonnes recettes, car, aux enchères de 1660, la ferme fut adjugée à honorable Claude Bolliet pour 1,200 florins par an ; 400 de plus que l'année précédente.

Au Mans, à Lyon, à Dijon, où nos comédiens jouèrent souvent, à Paris même, les troupes de campagne s'établissaient volontiers dans les jeux de paume (1), salles plus vastes et d'un accès facile, auprès desquelles le tripot et le jardin offraient des lieux commodes pour causer avec les dames et faire du bel esprit suivant la mode de l'époque (2).

---

(1) H. CHARDON. *Nouveaux Documents sur les troupes de campagne et la vie de Molière.* Revue historique du Maine, tome XVIII, pages 32, 34, 48, 149. H. CHARDON. *La Troupe du Roman comique*, p. 73.

(2) *Tripot* et *Jeu de paume* sont synonymes. Cependant il semble qu'on appelait déjà parfois *tripot* une pièce où l'on venait causer et se rafraîchir, puisque le traité des comédiens de Mademoiselle est fait et signé dans le *petit tripot derrière le théâtre*.

Il est probable que l'*ascensateur* Jean de Lafond dit *la Violette,* sous-louait le théâtre aux comédiens. Peut-être même le leur cédait-il pour rien et leur laissait-il le prix des chaises, se contentant de la vente des rafraîchissements aux spectateurs. Chapuzeau dit, en effet, que parmi les employés du théâtre il y avait les distributrices de limonade et autres liqueurs qui ne reçoivent rien, mais qui paient au contraire une grosse somme ; *car à la comédie chacun n'est pas d'humeur à demeurer trois heures sans se réjouir le goust par quelque douce liqueur* (1).

Dans leur traité du 14 septembre, les comédiens attribuent trois parts sur onze à Dorimond, tant pour lui que pour la damoiselle sa femme (Marie Dumont), *et cette prérogative ne lui est accordée qu'en considération de sa poésie à laquelle il s'applique particulièrement.* Ce furent donc les pièces de Dorimond qui constituèrent à Chambéry, comme déjà l'année précédente à Lyon, le répertoire de la troupe de Mademoiselle. Le *Festin de Pierre* (2) avait eu du succès à Lyon ; Dorimond y jouait le rôle de Don Juan et d'une fa-

(1) Chapuzeau, ouvr. cité, page 124.
(2) Cette pièce était imitée de l'espagnol et de l'italien. C'est peut-être Dorimond qui le premier lui donna le titre inepte de *Festin de Pierre* au lieu du *Convive de pierre,* qui eût été la traduction exacte des titres italien et espagnol ; peut-être aussi ne fit-il que consacrer la désignation usitée en France. L'acteur-auteur *de Villiers* fit à son

çon fort brillante, si l'on en croit ce que rapportent les frères Parfait.

Les autres pièces connues de Dorimond sont : l'*Amant de sa femme*, l'*Inconstance punie*, la *Femme industrieuse*, la *Précaution inutile*, les *Amours de Trapolin*, la *Comédie des comédiens*, le *Médecin dérobé*, la *Rosélie ou Dom Guillot*.

Toutes ces comédies sont en vers et en un seul acte, sauf la dernière qui en a cinq. L'analyse que les frères Parfait en ont donnée (1) montre que l'intrigue n'était pas neuve, que la versification était trop facile et l'intérêt médiocre. Cependant avec des acteurs tels que le vieux Mittallat, Dorimond (2), Millot, Beauchamp et Guérin, des comédiennes *bien faites* et alertes, les applaudissements pouvaient être aussi nombreux qu'à de meilleurs ouvrages.

Voici comment, dans le *Roman comique*, le continuateur de Scarron raconte l'effet produit au Mans par l'arrivée d'une bonne troupe. Il ne dut pas en être bien autrement à Chambéry en 1659 :

tour un *Festin de Pierre*; Dorimond ne joua toutefois sa pièce à Paris qu'après que de Villiers y avait déjà représenté la sienne. Le *Festin de Pierre*, de Molière, ne vint que plus tard. (*Histoire du Théâtre françois*, tome VIII, p. 256 et 257 ; tome IX, p. 4.)

(1) Tome IX, pages 3, 6, 7, 22, 30, 51, 53.

(2) Il semble que Dorimond tenait les premiers rôles, car en 1661, il joua celui de Don Juan à Paris, comme il l'avait fait à Lyon en 1658, et sans doute à Chambéry en 1659.

« La pauvre troupe n'avait pas encore bien fait
« ses affaires, mais un homme de condition qui
« aimait fort la comédie suppléa à l'humeur chiche
« des Manceaux..... .

« Le Mans se trouva donc plein de noblesse
« grosse et menue. Les hôtelleries furent pleines
« d'hôtes, et la plupart des gros bourgeois qui lo-
« gèrent des personnes de qualité ou de nobles
« campagnards de leurs amis salirent en peu de
« temps leurs draps fins et leur linge damassé.
« Les comédiens ouvrirent leur théâtre en humeur
« de bien faire, comme des comédiens payés par
« avance. Le bourgeois du Mans se réchauffa pour
« la comédie. Les dames de la ville et de la pro-
« vince étaient ravies d'y voir tous les jours des
« dames de la Cour, de qui elles apprirent à se
« bien habiller au moins mieux qu'elles ne fai-
« saient, au grand profit de leurs tailleurs à qui
« elles donnèrent à réformer quantité de vieilles
« robes. »

Et ailleurs : « On joua après dîner. Mademoi-
» selle de l'Etoile y ravit tout le monde par sa
« beauté ; Angélique eut des partisans pour elle ;
« l'une et l'autre s'acquittèrent de leurs person-
« nages à la satisfaction de tout le monde.... Je ne
« dirai pas si les comédiens plurent aux dames du
« Mans autant que les comédiennes avaient fait
« aux hommes ; quand j'en saurais quelque chose
« je n'en dirais rien (1). »

(1) Le *Roman comique*, 2e partie, XVII.

Après la pièce principale venait d'ordinaire *la farce,* où les vieux comédiens et les seconds rôles *s'enfarinaient* et où leur verve, plus libre encore, provoquait ces gros éclats de rire après lesquels les spectateurs s'en vont joyeux et satisfaits (1).

La troupe de Dorimond plut certainement aux seigneurs de Chambéry, car Françoise Petit, femme de l'élégant Biet de Beauchamp, étant accouchée, son petit garçon fut baptisé le 31 août à l'église de St-Léger, et eut pour parrain et pour marraine le plus grand seigneur et la plus grande dame de Chambéry : François-Thomas de Chabod, marquis de St-Maurice, qui donna à l'enfant l'un de ses prénoms, et Catherine de Sciturier femme du Premier Président Guillaume de Blancheville. (V. *Document* II.) Il fallut que la troupe eût une vogue bien grande pour que de tels personnages, à l'exemple des princes français et italiens du reste, consentissent à lui faire un pareil honneur (2).

A côté du jeune marquis de St-Maurice, nous trouvons un membre du Sénat et un avocat, Gaspard Thomassin, sénateur et auditeur de camp (3), et son frère spectable Pierre Thomassin. Nous aimons à croire que ces amateurs de comédies, sinon de comédiennes, ressemblaient plus au jeune

---

(1) Le *Roman comique,* 1re partie, XVI.

(2) On a parfois fait deux personnages de Biet de Beauchamp ; on voit qu'il n'y en a qu'un.

(3) Sénateur le 16 février 1631, il mourut le 18 mars 1661.

conseiller de Rennes, M. de Garouffière, qu'à La Rappinière et à Ragotin (1), et que ce n'est pas eux que Dorimond met en scène dans sa *Comédie des comédiens* (2).

(1) *Roman comique, passim.*
(2) *Hist. du Théâtre françois*, tome IX, pages 30, 31.

CHAPITRE III.

Contrat de mariage de Philippe Millot et de Marguerite Prunier; accords des Comédiens avant de partir pour l'Italie ; retour d'Italie, arrivée de la troupe à Paris.

Nous venons de voir un baptême, nous allons assister à un contrat de mariage

Grâce à la protection de Richelieu, les comédiens étaient alors plus considérés qu'ils ne l'avaient été auparavant et qu'ils ne le furent depuis. Leur talent s'était accru depuis qu'ils jouaient des pièces de Rotrou, de Corneille, etc., etc. Leur conduite, si l'on en croit Chapuzeau, qui fut des leurs, et qui écrivit son *Théâtre françois* en 1673, donnait peu de prise à la critique. Ils étaient mariés pour la plupart, et quand ils devenaient veufs ils se remariaient bientôt. La charge d'enfants, nombreux parfois, les obligeait à la prévoyance et à une certaine régularité de vie.

La *Demoiselle de Lan*, c'est-à-dire Marguerite Prunier, femme de Hugues de Lan, était devenue veuve dans l'hiver de 1658-1659. Elle eut, avons-nous dit, un enfant qui fut baptisé à Lyon le 14 août 1659 (1). En ayant encore d'autres dont il fallait assurer le sort, elle chercha pour elle-même et pour eux un protecteur qu'elle pensa trouver en

(1) C. BROUCHOUD. Les *Origines du théâtre de Lyon*, p. 53.

Philippe Millot, son camarade. Cet acteur devait être l'un des meilleurs sujets de la troupe, car en 1644 il faisait déjà partie de l'*Illustre théâtre* avec Molière.

De son côté, Philippe Millot avait auprès de lui une sœur, Anne Millot, qui n'était pas encore mariée. Il y avait ainsi dans les deux familles des intérêts divers auxquels il fallait pourvoir. Les futurs prirent conseil des jurisconsultes de leur connaissance ; et le 8 septembre ils se présentèrent devant le notaire Georges, assisté de noble Gaspard Thomassin, de son frère Pierre Thomassin, avocat au Sénat (1), et accompagnés de leurs camarades.

Ils promettent (*Document III*) de s'épouser, à la première réquisition de l'un ou de l'autre, en *face de nostre Sainte Mère Eglise*. La future se constitue en dot tous ses biens, et particulièrement tous ses habits de comédie estimés 1,200 livres tournois. Philippe Millot affecte à la restitution de la dot tous ses biens qui consistent surtout aussi en ses *habits de comédie* (2).

---

(1) Le Sénat de Chambéry était une compagnie judiciaire semblable aux Parlements français.

(2) Les habits de comédie avaient alors une très grande importance et, quand une troupe arrivait, le public s'inquiétait de savoir si elle en avait de beaux. « Les gentils-
« hommes saluèrent Destin et lui demandèrent toutes les
« particularités de la troupe : s'il y avait de bons acteurs,
« s'ils avaient de beaux habits et si les femmes étaient

Cependant, afin d'assurer le sort de sa sœur, il se réserve le droit de lui donner une dot de 600 livres tournois, et il stipule que s'il vient à prédécéder, elle partagera avec sa veuve ses habits de comédie à *l'arbitrage des principaux de la troupe qui savent leur valeur et en quoi ils consistent*. Les futurs conviennent encore de mettre en commun tous les profits de leur profession, mais à la charge d'entretenir les enfants de Marguerite Prunier jusqu'à ce qu'ils soient en état de se soutenir par leur propre industrie.

Si nous savons que Hugues de Lan était déjà mort le 14 avril 1659, nous ignorons la date précise de son décès, qui pouvait être tout récent alors. Il est donc très probable qu'en septembre, l'année de veuvage de Marguerite Prunier n'était pas expirée; c'est pourquoi nous ne nous étonnons pas de n'avoir pas retrouvé l'acte de mariage dans les registres paroissiaux de Chambéry. La célébration a dû s'en faire à Turin, où la troupe allait se rendre. Voulant avoir un acte écrit dans leur langage et craignant de ne pas trouver en Italie un notaire qui comprît bien les conditions de leur contrat, Philippe Millot et Marguerite Prunier passèrent cet acte en Savoie, bien qu'il dût s'écouler peut-être encore quelques mois avant la réalisation de

---

« belles. » (*Roman comique*, 3ᵉ partie). Voir aussi, dans Arsène Houssaye, l'énumération de la garde-robe d'Armande Béjart, et CHAPUZEAU, ouvr. cité, pages 92 et 156.

leur union. Une mention en marge de la minute indique qu'ils s'en firent remettre une expédition avant de quitter Chambéry.

Ce furent des motifs semblables, c'est-à-dire le désir de voir leurs accords fidèlement stipulés et d'avoir un titre écrit en langue française qui, huit jours après, portèrent les Comédiens à demander au notaire Georges de dresser le traité que nous reproduisons (1). Le 14 septembre donc, les Comédiens de S. A. R. le Duc de Savoie et de Mademoiselle d'Orléans, réunis dans *le petit tripot derrière le théâtre*, comparaissent devant Me Georges, et affriandés sans doute par l'accueil reçu à Chambéry, divisent entre eux les cadeaux qu'ils espèrent recevoir en Italie.

Nicolas Dorimond, acteur et auteur, reçoit trois parts tant pour lui que pour la demoiselle sa femme (*Marie Dumont*). Outre ses comédies, Dorimond tournait sans doute les compliments aux princes, princesses et grands seigneurs devant qui la troupe jouait, et attirait ainsi sur elle leur générosité. Sa femme n'a pas laissé un grand renom d'esprit, mais elle avait, a-t-on dit, des succès de corsage (2).

Les Comédiens décident que tous les cadeaux, de quelle nature qu'ils soient et de quelle cause qu'ils proviennent, faits à la Compagnie, à un ac-

---

(1) *Document IV.*
(2) H. Chardon, d'après les frères Parfait, tome XI.

teur ou à une actrice en particulier, *seront mis au bloc de la Compagnie et divisés en onze parts*. Les maris seront responsables du fait de leurs femmes. Si l'un des Comédiens, homme ou femme, est convaincu d'avoir caché un présent quel qu'il soit, d'habit ou autre chose, il sera obligé de payer à la troupe une amende de 300 écus de France. Quant aux profits provenant du prix des places (1) ou des récompenses qui seraient données par Leurs Altesses Royales, ils seront partagés en dix lots à *l'accoustumée* sans aucune prérogative des uns aux autres.

En 1620, le duc Charles-Emmanuel Ier avait gratifié les *Comédiens italiens* de cadeaux magnifiques. Arlequin, leur chef (*Tristano Martinelli*), les énumère ainsi au duc de Mantoue, son patron.

« Ledit cousin (*le duc de Savoie, cousin du
« duc de Mantoue*) me fit don d'un magnifique
« vêtement tiré de sa garde-robe. Il a com-
« mandé pour moi une médaille et un cordon de
« chapeau avec joyaux sur le côté et, à notre dé-
« part pour la France, un beau cheval sera tout
« prêt pour la Compagnie. Et puis on parle d'un

---

(1) A Dijon, en 1657, la permission de jouer, accordée aux Comédiens du prince de Conti, fixait le prix des places à 20 sols pour les pièces nouvelles et à 10 sols pour les anciennes. Le *tripotier* ne devait pas exiger plus de 2 sols pour la location d'une chaise, à peine de 50 livres d'amende. (*La Troupe du Roman comique*, p. 72.)

« millier de ducatons! Madame, femme du Prince
« (Christine de France, femme de Victor-Amé-
« dée I)... m'a promis un joyau. Le Prince, son
« mari, m'a commandé une chaine de cent
« doublons et m'a dit de faire tenir en son nom
« mon prochain enfant, selon la mode française
« qui est d'avoir deux parrains et une seule mar-
« raine. Dom Emmanuel... m'a fait aussi don
« d'un riche vêtement d'écarlate brodé d'or....
« Parlons maintenant de notre Compagnie. En
« dix-sept représentations elle a fait 250 ducatons,
« et presque tout le monde est entré gratis avec
« les Princes. Le prince Thomas a donné à *Lelio*
« 200 doublons et un beau vêtement d'écarlate,
« à *Florinde* un joyau, à *Lidia* une belle toi-
« lette. Tout le monde a donc été régalé. « (Traduction de M. Armand Baschet) (1)

Si Charles-Emmanuel II était aussi généreux
que son grand-père, la troupe de *Mademoiselle*
ne dut pas se repentir des fatigues et des dépenses
qu'un voyage au delà des monts entraînait alors.

Il semble bien que la troupe de Dorimond se
composait de dix personnes ayant part. Aux
huit comédiens qui ont signé le traité : N. Dorimond, Mittallat dit la Source, N. Biet de Beauchamp, Millot, de Louis (*Dorimond jeune*), Marguerite Prunier, du Pin et Catherine Bidaut, il

---

(1) ARMAND BASCHET. *Les Comédiens italiens à la Cour de France*, p. 288.

faut ajouter d'abord Marie Dumont, et probablement Guérin, qui a signé au contrat de mariage de Philippe Millot, ou bien s'il n'était alors que gagiste, Françoise Petit qui n'était peut-être pas encore relevée de ses couches. Le décorateur François de Beauleville et le *portier?* Pierre Oyzillon (1) recevaient sans doute un salaire payé par la Compagnie.

Ce chiffre de dix était exactement celui de la troupe que Molière conduisait à ce même moment de Rouen à Paris : dix comédiens et un gagiste, outre le décorateur et le portier (2).

On peut se demander comment tous les acteurs, sauf Dorimond, avaient des parts égales, leurs talents devant être assez inégaux. Il est probable que ceux d'un mérite inférieur jouaient à la *farce*, indigne des premiers rôles, et se rendaient utiles en aidant le portier à recevoir l'argent, et le décorateur à placer ses décors.

Nos comédiens arrivèrent bientôt à Turin, en octobre sans doute. Des fêtes furent célébrées dans cette ville en décembre 1659, à l'occasion de la

---

(1) Son nom paraît bien être Oyzillon et non Auzillon, comme on l'a parfois écrit. Il devint *portier* de comédie à Paris après avoir épousé la veuve de N. Dorimond; il est possible qu'il eût déjà cet emploi à Chambéry. Le portier devait être *brave* et poli, afin de mettre civilement à la raison ceux qui voulaient entrer sans payer, fussent-ils des mousquetaires. (CHAPUZEAU, page 120.)

(2) Molière avait joué à Grenoble en 1658.

paix de la Bidassoa, et au commencement de 1660, à la restitution de Verceil au Duc de Savoie. Le 29 avril 1660, la princesse Marguerite qui, en décembre 1658, avait plu un instant à Louis XIV, épousa le Duc de Parme, Ranuce-Farnèse II. (V. GUICHENON, tome III.) Après la noce, les seigneurs piémontais et parmesans, saturés de plaisirs et épuisés d'argent, donnèrent congé à la troupe de Dorimond, qui avait reçu à Turin le nom de *Comiques parisiens*.

Suivant les comptes du trésorier ducal, Jean-Pierre Forneri, la troupe obtint un salaire de 2,700 livres d'argent, valeur de 200 doublons d'Italie. S. A. R. Charles-Emmanuel II donna en outre à l'un de ses membres, au moment de leur départ, un collier d'or avec médaille valant 675 livres d'argent (1).

Nous ne savons pas à qui, acteur ou actrice, le Duc remit ce riche cadeau ; mais certainement celui qui le reçut dut croire qu'il était la récompense de son seul mérite, et éprouver quelque peine à le mettre au *bloc de la Compagnie*.

La troupe rentra en France, une partie du

---

(1) On lit dans le compte du trésorier Gioanni Pietro Forneri de 1660, au n° 430 : « Più livre due mila settecento « d'argento, valuta di doppie 200 d'Italia a liv. 13,10 ca- « duna, fatte dare alli *Comici Parisieni* » ; et au n° 432 : « Più livre seicento ottantacinque d'argento pagate in va- « luta di doppie 50 d'Italia in proprie mani di S. A. R. in

moins. Nous la retrouvons le 28 mai 1660 à Dijon; elle y obtient du Conseil de ville la permission de représenter à condition de ne pas commencer le spectacle après cinq heures du soir, afin qu'il fût terminé avant la nuit. La même année elle y est remplacée par les *Comédiens du Roi* (1). Elle s'était rendue à Paris, où elle s'établit *rue des Quatre Vents*, au faubourg Saint-Germain :

« Une troupe toute nouvelle
« Qui se dit à Mademoiselle »
« Qu'on attendait de longue main
« Joue au Faubourg de Saint-Germain (2). »

M. H. Chardon (3) raconte, d'après le chevalier de Mouhy, que « Dorimond avait un frère (4), valet de chambre de *Mademoiselle*, et qu'il espérait pouvoir, par son entremise, entrer chez les Comédiens du Roi. En attendant la réalisation de ses désirs, il montra à sa nièce à jouer la comédie. Elle était fille du frère de sa femme, chez lequel il

---

« une colana d'oro con medaglia, e donate alli *Comici Pa-*
« *risieni* nella loro partenza. »

Ces renseignements nous été gracieusement fournis par M. le baron Bollati de Saint-Pierre, surintendant des archives piémontaises.

(1) La *Troupe du Roman comique*, pages 74, 152.
(2) *Muse historique de Loret* du 1er janvier 1661. *Hist. du Théâtre françois*, tome IX, p. 1.
(3) La *Troupe du Roman comique*, page 153.
(4) *Un beau-frère*, voir cinq lignes plus loin.

avait un appartement. Son élève fit en trois mois de grands progrès, ce qui lui donna, de concert avec son frère, l'idée de ménager une surprise à *Mademoiselle*, et de jouer la veille de sa fête une comédie improvisée, l'*Amant de sa femme,* une des meilleures du poète. Dorimond reçut les éloges de la royale princesse. Il lui dit qu'il serait heureux de se produire en public sous son patronage, et lui demanda l'honneur de faire prendre à sa troupe le nom de *Comédiens de Mademoiselle.* La fille de Gaston accorda cette permission à condition que le roi ne s'y opposerait pas. Quinze jours après, elle était définitivement obtenue. Dorimond forma sa troupe de comédiens qui n'avaient pas été reçus dans les troupes de Paris. Il ouvrit son théâtre le 17 décembre 1660, par la représentation du *Festin de Pierre* et de l'*Amant de sa femme.* »

Il y a là bien des erreurs. Dorimond n'eut pas, en 1660, à solliciter pour sa troupe le nom de *troupe de Mademoiselle,* puisqu'elle le possédait déjà depuis longtemps, qu'elle le prenait à Lyon en 1658, à Chambéry en 1659 et à Dijon en 1660 même. Pourquoi, d'ailleurs, s'il fit sa comédie pour la fête de *Mademoiselle,* ne la lui dédia-t-il pas, au lieu de la dédier à M. de Buré; pourquoi, s'il apprit la comédie à sa nièce et s'il fit sa pièce afin d'obtenir de *Mademoiselle* d'entrer chez les Comédiens du Roi, lui demanda-t-il de devenir son comédien à elle? S'il forma sa troupe à Paris, comment y était-elle *attendue de longue main;*

enfin qu'est devenue cette nièce, fille de son beau-frère, une Dumont par conséquent?

Nous pensons qu'en 1660, l'intervention de *Mademoiselle* dut se borner à faire obtenir à Dorimond la permission d'ouvrir son théâtre au faubourg Saint-Germain. Si le chevalier de Mouhy a laissé beaucoup de renseignements de cette valeur, c'est un guide bien peu sûr.

La concurrence des autres troupes fut trop forte pour Dorimond. On croit qu'il ne resta à Paris que jusqu'à la fin de la foire de Saint-Germain. Il semble que la *Troupe de Mademoiselle* lui survécut et que peu de temps après 1660, elle était devenue distincte de la *Troupe de S. A. R. le Duc de Savoie*.

Il se rendit dans les Pays-Bas en 1662, 1663; joua avec son frère à La Haye et à Bruxelles, et sans doute à Anvers, où il fit imprimer une de ses pièces (1). Peut-être mourut-il vers cette époque.

Nous donnerons, dans un chapitre spécial et sur chaque comédien, les détails qui n'ont pas pu trouver place dans les lignes précédentes. Ajoutons seulement ici que si les troupes peuvent se confondre facilement à cause de leurs fréquents changements, il en est de même des acteurs, qui prenaient des noms de théâtre communs à plusieurs. Ces noms, tirés le plus souvent des objets que la campagne étale à tous les yeux, doivent remonter aux

---

(1) La *Troupe du Roman comique*, pages 153 et suiv.

temps où les pauvres comédiens roulaient encore, de faubourg en faubourg, de village en village, le *chariot de Thespis*. Ils couchaient parfois à la *belle étoile*, ou bien dans une *grange* auprès d'une *source*, d'un *parc* ou d'un *étang*, en vue d'un *château*, etc., et plus d'un a dû recevoir le nom de l'endroit où il était venu au monde. En voici de nombreux exemples :

Deschamps, Beauchamp, Longchamp, Champmeslé, l'Espy, Beaumont, Dumont, Dorimond, Rosimont, Montfleury, du Parc, du Clos, du Verger, du Val, Grandval, Beauval, Longueval, du Pin, du Fresne, de la Tuilerie, de la Lande, de la Fontaine, des Fontaines, des Mares, de l'Etang, de la Source, de la Court, du Buisson, du Roncerre, la Rose, des Rosiers, Bellerose, Beausoleil, Bellecombe, Hautefeuille, *l'Etoile*, le Rebve, *la Caverne*, de la Grange, de la Chappe (*hangar*), Beauchasteau, Chateauneuf, Chateauvert, Hauteroche, Rochemore, etc., etc.

CHAPITRE IV.

Troupes de 1665 à 1675, à Turin, à Chambéry.

En 1665, le bail consenti le 8 septembre 1659 à Claude Bolliet était expiré. On remit aux enchères la ferme du Jeu de paume avec la maison et le jardin ; Bolliet resta adjudicataire au prix de 1,050 florins par an.

Il y eut cette même année une troupe de comédiens à Chambéry. Sa présence y est d'abord prouvée par deux actes de baptême du 31 mai. Ce jour-là on baptisa, dans l'église paroissiale de St-Léger, deux fils de *Jean le Macoy*, comédien, et d'*Honorée Rousseau*, sa femme. Ces comédiens, dont les noms ne se retrouvent pas parmi les acteurs dont nous allons parler, sont restés inconnus. Cependant ils devaient être d'assez brillants sujets, puisque leurs enfants eurent pour parrains et pour marraines les premiers personnages du pays (1).

(1) Voir *Document V*. Les deux jeunes garçons baptisés le même jour étaient-ils des jumeaux, ou bien s'agissait-il d'enfants d'âges différents, dont les hasards d'une vie errante avaient retardé le baptême ; ou bien encore étaient-ils de petits convertis juifs ou protestants ? Nous n'avons pu le savoir.

Le comédien *Le Macoy* n'est pas connu (peut-être l'est-il sous un *nom de guerre* qu'il n'a pas donné à l'église) ; mais on rencontre le nom de *Rousseau*, celui de sa femme. Il appartenait à Pierre Rousseau dit le sieur Duclos, premier mari de Jeanne de la Chappe, femme de l'acteur Montfleury. (Voir FOURNEL. *Les Contemporains de Molière*, t. I, p. XXXVIII.)

En juin ils étaient sur leur départ, mais ils devaient auparavant donner une représentation au bénéfice des pauvres, et l'on comptait sur une belle recette. Les personnes qui s'intéressaient à la chose voulaient qu'on divisât les profits entre l'hôpital de Saint-François et le couvent des Bernardines (1). Le Conseil de ville prit à ce sujet la délibération suivante :

« Sur la proposition verbale faite par sʳ Gai-
« dioz, syndic, disant que les comédiens qui sont
« à présent dans la ville et sur leur départ veu-
« lent jouer une comédie pour les pauvres, il y a
« diverses personnes qui s'y sont intéressées tant
« pour la charité pour les pauvres de l'hospital
« Saint-François, que pour les Bernardines, tel-
« lement que le Conseil doit délibérer à qui deli-
« vrera les prouficts de ladite comédie, la ville en
« exécution de ce que [a] esté cy-devant en usage
« a dit et ordonne que les prouficts de la comédie
« qui se doit jouer pour les pauvres seront deli-
« vres en entier à l'hospital de Saint-François
« qui en comptera au proufict des pauvres du dit
« hospital. » (Reg. des délibérations consulaires de Chambéry, 10 juin 1665, fᵒ 95.)

Il semble résulter de cette délibération que les troupes qui jouaient à Chambéry donnaient, avant de s'en aller, une représentation au bénéfice

---

(1) Cisterciennes réformées. Elles étaient assez pauvres. V. notre *Histoire de l'abbaye de Sainte-Catherine.*

des pauvres. En 1665 diverses personnes s'y intéressèrent, sans doute pour la rendre plus brillante et plus fructueuse ; malheureusement, nous n'avons pas retrouvé le programme de cette *fête de bienfaisance*.

En 1667, la troupe de Mademoiselle est à Dijon. Elle s'adresse au Parlement pour faire annuler une décision consulaire qui lui avait interdit de jouer. La troupe du Duc de Savoie y vint également à la même époque (1), et il semble qu'elle obtint du Conseil de ville d'y revenir chaque année au printemps, après avoir joué l'hiver à Turin. Elle joua également à Mâcon en 1670 (2). Nous pensons qu'elle donnait aussi des représentations à Chambéry, soit en revenant de Turin, soit plutôt avant de repasser les Alpes pour y retourner à l'automne.

L'une de ces troupes, dites du Duc de Savoie, qui jouèrent à Dijon, aurait eu pour chef, suivant M. Chardon, le sieur Jean Deschamps. Elle était à Mâcon en 1670, lorsqu'elle perdit sa meilleure actrice et un bon acteur : Jean Pitel, sieur de Beauval, et Jeanne Olivier sa femme, qu'un ordre du Roi appela à Paris pour jouer dans la troupe de Molière (3).

Pour 1670, Chapuzeau nous a donné les noms

---

(1) La *Troupe du Roman comique*, p. 81, note.
(2)   Id.   id.   p. 91 à 93.
(3)   Id.   id.   p. 91, note.

des acteurs de la troupe du Duc de Savoie ; ce sont :

les sieurs :	les demoiselles :
de Beauchamp,	de Lan,
Guérin,	Mignot,
Provost,	de Rozange,
de Rochemore,	de Valois (1).
de Rozange,	
de Valois.	

Nous ne retrouvons donc, de nos acteurs de 1659, que de Beauchamp, Guérin et la demoiselle de Lan.

M. Chardon se demande (2) si Chapuzeau ne se serait pas trompé en citant *Beauchamp* au lieu de *Deschamps*. Non certainement, car Biet de Beauchamp qui, dans l'acte de société de 1659, a signé immédiatement au-dessous de Dorimond et de Mittallat, est naturellement devenu le chef de la troupe après leur départ ou leur mort ; comme Chateauvert le deviendra après que Beauchamp sera fixé à Paris. Chapuzeau ne nomme pas plus Françoise Petit, femme de Nicolas Biet, qu'elle n'est indiquée dans nos actes de 1659 ; mais son existence à ce moment n'est pas contestable. C'est l'actrice qui fut appelée *la Belle brune* lors-

---

(1) CHAPUZEAU. *Hist. du Théatre françois*, édit. Fournier, page 111.

(2) CHARDON, ouvr. cité., p. 93.

qu'elle entra avec son mari dans les théâtres parisiens. Nous retrouvons ici le nom de *Guérin*; il est avec celui de Beauchamp et de la demoiselle de Lan, comme en 1659. L'on doit croire qu'il s'agit bien du même acteur, que nous allons revoir bientôt à Turin encore, mais sous le nom d'*Estriché*, et qui, en 1677, épousa Armande Grésinde Béjart, veuve de Molière. Les prénoms de ce Guérin étaient *Isaac François*. Dans le contrat de mariage de Philippe Millot, sa signature Guérin est suivie d'un signe qu'on peut lire *J*, première lettre du mot *Jsaac,* comme on l'écrivait alors, ou *f,* initiale de *françois*.

Ces divers comédiens et comédiennes formaient un excellent ensemble, si l'on en croit Chapuzeau qui les avait vus à l'œuvre, et peut-être avait fait partie de leur troupe. En dédiant son *Théâtre françois* à S. E. Mgr Truchi, comte de St-Michel, etc., président du Conseil des finances du Duc de Savoie, il lui rappelle que, dans l'un de ses deux voyages à Turin, il a eu l'honneur d'être reçu par lui et de l'entretenir du théâtre pendant une heure. Dans le corps de l'ouvrage, après avoir parlé des troupes de campagne en général, il ajoute :

« Je ne compte pas entre elles les trois qui sont
« entretenues par des princes étrangers, le Duc
« de Savoye, l'électeur de Bavière, et les ducs de
« Brunswik et Lunebourg. Le Duc de Savoye en
« a une fort belle et qui a été fort suivie dans nos
« provinces. La Cour de ce grand prince estant

« très polie et pleine de gens d'esprit (*se souvenir*
« *de la dédicace*), la comédie y est bien goustée,
« et les comédiens, s'ils n'estoient habiles, n'y
« plairoient pas..... Ceux qui connoissent mon-
« sieur Pasturel lui rendront ce juste éloge, et notre
« théâtre françois, ou pour mieux dire, le Par-
« nasse entier, luy est aussi redevable des ouvra-
« ges qu'il a faits pour le prince qu'il a l'honneur
« de servir. La comédie française a donc toujours
« esté très estimée à Turin, et l'on n'y gouste
« aussi que des gens qui la sçavent très bien exécu-
« ter; ce qui doit persuader que la troupe qui tire
« pension de Son Altesse Royale est fort accom-
« plie et pourvue de personnes fort intelligentes
« dans leur profession (1). »

La troupe qui parait avoir la première *tiré pension* du Duc n'est pas celle dont Chapuzeau donne la liste, mais une autre un peu différente qui joua durant l'hiver de 1671-1672. Charles-Emmanuel II en ayant été satisfait, lui accorda des lettres-patentes datées de la Venérie, le 10 mars 1672, et ainsi conçues :

« Comme les princes ne peuvent pas tous jours
« s'appliquer aux importantes affaires de leurs
« Estats et qui leur est nécessaire de prendre
« quelquefois des relâches pour se délasser des
« travaux dont ils sont de plus souvent accablés,
« nous avons estimé de ne pouvoir prendre un

---

(1) Chapuzeau, ouvr. cité, p. 110.

« divertissement plus agréable que celui de la
« comédie ; et puisque la troupe des Comédiens,
« composée des nommés d'Estriché, de Roche-
« more, de La Guiot, de Mignot, de Chateau-
« vert, de Rosanges, de Valois et des femmes de
« ces quatre derniers, y compris la femme de
« Valois et de (*le nom manque*), ont entière-
« ment acquis nostre estime pendant le temps
« qu'ils ont recitez par devant Nous..... l'avons
« constituée.... la troupe de nos Comédiens pour
« nous servir dorénavant, aux honneurs, préémi-
« nences, prérogatives, privileges et autres cho-
« ses en dépendants et avec les gages qui à part
« leur seront establis. »

Par un rescrit du même jour, le Duc fixa à la Compagnie un traitement annuel de 400 livres d'or (1), en ajoutant que « lorsque des comédiens
« viendront à manquer, la Compagnie en mettra
« d'autres à leur place (2). »

Nous aurions bien voulu savoir qui était ce *Monsieur Pasturel* dont Chapuzeau fait un si pompeux éloge, et connaitre les ouvrages dont le Parnasse entier lui était redevable ; mais nos recherches à ce sujet n'ont pas eu grand succès. Il

(1) Soit 6,000 livres. La livre d'or valait 15 livres d'argent de 20 sols.
(2) « Con dichiaratione che quando alcuni delli sudetti
« comici venissero a mancare dovrano surrogarne altri in
« luogo loro. » (Archives piémontaises : *Registro controllo*, 1671, 1672, folio 106.)

est probable que l'écrivain dont il s'agit est *Gabriel Pasturel*, gentilhomme de la chambre du Duc de Savoie et son historiographe. « A raison des bons services qu'il en recevait depuis plusieurs années, Charles-Emmanuel II le gratifia, le 10 avril 1660, d'une pension de 1,000 livres, et lui fit encore don, le 15 juillet 1673, de 250 livres (1). » Rien n'indique toutefois qu'il fut poète et surtout qu'il ait composé des pièces de théâtre.

En avril ou mai, les Comédiens revenaient en France ; ils allaient, comme nous l'avons vu, à Dijon, etc. Les principaux se rendaient peut-être à Paris tant pour se mettre au courant des nouveautés, étudier le jeu des acteurs en vogue, que pour fournir la troupe de nouveaux sujets. En avril ils se rapprochaient de Turin et s'arrêtaient à Chambéry. Nous les retrouvons en effet chez nous en avril et septembre 1673, ainsi que nous l'apprend M. A. D. Perrero, dans sa piquante étude sur la duchesse Hortense Mazarin (2).

Charles-Emmanuel II voulait connaître par le menu toutes les actions de la belle Hortense Mancini, pour laquelle il semble avoir eu une assez

---

(1) Reg. des concessions, 1659 1661, f° 179 ; Reg. du contrôle, 1673, f° 98.

(2) La duchessa Ortensia Mazzarino e la principessa Maria Colonna, dans : *Curiosità e richerche di storia subalpina*. Vol. II, pages 59 et suiv.

vive inclination ; il n'était pas fâché non plus de savoir ce que faisaient ses comédiens. Le comte Cagnol lui écrivit de Chambéry le 4 août 1673 :

« Les comédiens sont ici depuis cinq ou six
« jours ; ils doivent commencer demain par
« l'*Andromaque*; mais par malheur pour eux
« aussi bien que pour moi, la *Mignot* n'est pas
« encore arrivée; elle est demeurée malade à
« Marseille ; on ne sait qui d'eux ou de moi en a
« plus d'inquiétude. M. l'Evêque de Grenoble(1)
« est ici ; il a déjà prêché deux fois, il est dévot,
« mais il ne laisse pas d'aller visiter les dames. »

Le 11 août il écrit encore au Duc : « L'evêque
« de Grenoble prêcha dimanche passé à St-Léger,
« et mit si bien les dames en scrupule de la comé-
« die que la troupe en souffre. Cependant cela
« s'accordera fort bien, et nous les sollicitons si
« bien d'y aller, que les sermons seront à la fin
« inutiles. Madame Mazarin y alla mardi la pre-
« mière fois ; mercredi et jeudi elle n'y est allée
« que sur la fin. Elle s'est séparée du reste des
« gens par une loge qui l'élève par dessus tout le
« monde.

« Le même jour qu'elle y fut, M. Dom Antoine
« y fut aussi ; et comme il n'y avait pas encore
« été, Chateauvert lui adressa un long compli-
« ment sur ses grandes vertus et les rares qualités

---

(1) Etienne Lecamus, plus tard cardinal. Chambéry faisait alors partie du diocèse de Grenoble.

Les Comédiens de Mademoiselle
et de S.A.R. le Duc de Savoie (1659)

Philipe Millot

Marguerite prunier

Les Comédiens de Mademoiselle
et de S.A.R. le Duc de Savoie (1659)

Philipe Millot

Marguerite prunier

Dormonde Anne Millot

La Tourre   Guerin

N Bien de Beauchamps

I Du pin   Delouis

Catherine Gérauce

*Et moy tousiours lorges
aussy bien Acost e*

« de son ame. Madame Mazarin a été un peu fâ-
« chée du compliment que l'on fit à Dom Antoine
« et qu'on n'en fit pas un à elle, et elle dit que
« les comédiens ont perdu trente pistoles qu'elle
« leur aurait donné si l'on l'eut complimen-
« tée (1). »

Chateauvert avait sans doute pensé que le cadeau de Dom Antoine serait plus avantageux que celui de la Duchesse, dont la bourse ne devait pas être bien garnie.

De son côté, M. d'Orlier de St-Innocent écrit au Duc les 5 et 11 août : « ... aujourd'hui samedi
« Madame Mazarin a fait dessein d'aller à la co-
« médie ; elle a fait faire une loge. Elle entendit
« dimanche l'évêque de Grenoble à St-Léger où
« il déclama beaucoup contre les comédiens et
« ceux qui vont à la comédie. L'après dîner il
« vint faire une visite de quatre heures à Ma-
« dame Mazarin ; cela fut cause que le diman-
« che et le lundi elle ne fut pas à la comédie.
« Le mardi elle fut voir *Bajazet*... Le mercredi
« 16, M. l'Evêque de Grenoble vint lui dire adieu.
« L'après dîner elle alla se baigner au bain d'Al-
« fonse (2) et le soir elle fut à la comédie, où elle

---

(1) Dom Antoine de Savoie, abbé d'Hautecombe, sénateur, etc., fils naturel de Charles-Emmanuel I et de Marguerite de Roussillon, marquise de Riva, oncle du duc régnant, mort à Chambéry en 1688.

(2) Elle allait se baigner presque chaque jour dans l'Al-

« porta du pain et du fromage pour y manger....
« Les chaleurs sont si grandes qu'elle ne sort
« point que sur les huit heures du soir pour aller
« faire un tour au Verney et après à la comédie. »

Dans une lettre du 2 septembre, le comte d'Orlier dit encore :

« Samedi dernier, M. le commandant de la
« Perouse (1) donna la comédie à Madame la
« duchesse Mazarin au château, dans l'alcôve de
« S. A. R. Les comédiens représentèrent les
« *Femmes savantes*; ils firent très bien; il y eut
« très bonne compagnie. Les dames que Madame
« Mazarin convia ce furent : Madame la première
« Présidente et sa belle-fille, Madame la marquise de Grésy, Madame la comtesse du Villard
« et sa fille, Madame Duverger, Madame Delecheraine, Madame d'Oncieu, Madame des Charmettes, Madame La Saunière, Mademoiselle
« Favier, Madame d'Arbusigni et ma femme ; —
« pour les hommes : M. Dom Antoine, M. Delecheraine, M. de Lullin et son fils, M. des
« Charmettes, La Saunière, La Forest, Villarosset, de Pinshat et Maubour, mon frère l'abbé et
« moi (2). »... Au troisième acte de la comédie

---

bane, ou aux bains *des Nymphes,* près de la cascade de Jacob. Il y avait alors à Chambéry un chirurgien du nom d'*Alphonse.*

(1) Premier Président du Sénat.

(2) M. Perrero s'étonne de ne pas rencontrer dans cette liste l'abbé de St-Réal, qui était secrétaire de la duchesse ~~depuis~~.

Madame Mazarin fit « apporter une très belle
« collation et fit apporter pour elle du pain et
« du fromage. Elle est allée, ajoute-t-il, le 8
« septembre, deux fois à la comédie à la représen-
« tion d'*Arianne* et de la *Fille capitaine*. »

La maladie de la demoiselle *Mignot* se prolon-
gea assez longtemps, car elle joua pour la première fois le 14 septembre. Le comte Cagnol, qui
semble avoir été un bien vif admirateur de la
comédienne, l'annonce au Duc dans une lettre du
15 : « *La Mignot* commença de paraître hier sur
« le théâtre pour jouer la *Femme juge et partie*;
« elle prétend aussi jouer *Pulchérie* demain ; je
« crains bien qu'elle n'ait autant de force que de
« courage. »

On voit par ces citations que les comédiens
jouaient tous les jours et après huit heures du
soir.

Mais revenons à la troupe du sieur Deschamps.
M. Chardon fournit sur ce dernier d'abondants
détails; il l'identifie avec Jean de Villers, mari de
Catherine Raisin. En 1670 et 1671, c'est Jean
Deschamps qui aurait dirigé à Dijon la troupe du
Duc de Savoie qu'on y retrouve presque chaque
année jusqu'en 1678. Elle y joue des pièces nouvelles, quelques-unes à machines : *Iphigénie*,
Phèdre, *Hippolyte*, *Jephté* et *Adonis*; mais
quand on rencontre de nouveau Jean Deschamps
à Dijon, en 1687-1688, il figure comme directeur

d'une troupe de *Comédiens du roi* (1). C'était sans doute un homme habile et expérimenté, car il sut faire fortune, et passa pour un des riches comédiens de son temps. Nicolas Biet de Beauchamp avait abandonné la direction de la troupe, nous l'avons dit, lorsqu'il se fixa à Paris avec sa femme ; mais comme pour compliquer les faits, l'on rencontre à Dijon, en 1690, un sieur de Beauchamp, directeur d'une troupe. Il n'est pas probable que ce soit *Thomas* Biet, l'enfant né à Chambéry en 1659, car n'ayant que trente-un ans, il aurait été bien jeune pour être à la tête d'une compagnie.

Dijon, Grenoble, Chambéry, Lyon même, étaient alors des villes d'une importance à peu près égales au point de vue de la société qui fréquentait le théâtre et des cadeaux que les comédiens pouvaient en tirer.

Nous avons déjà dit que c'était au Jeu de paume que l'on jouait la Comédie. Pour des troupes d'été c'était le lieu le plus commode et le plus agréable. Il était situé au bord même de la promenade du Verney, et cette circonstance explique pourquoi Hortense Mancini s'y rendait dans la soirée après avoir pris le frais et s'être fait admirer sous les tilleuls. C'est là seulement, d'ailleurs, qu'il lui a été possible de faire élever *une loge au-dessus de tout le monde*, sans soulever contre elle la salle

(1) H. Chardon. Ouvr. cité, pages 93, 94.

entière. C'était là le théâtre public. Nous venons de voir qu'il y avait parfois une scène pour les privilégiés au château, résidence ordinaire du Gouverneur ou Commandant général.

En ce qui concerne Turin, les Registres du contrôle général fournissent des indications suffisantes pour savoir dans quels théâtres les comédiens français donnaient leurs représentations. Il y avait d'abord le *Théâtre des Comédiens*, au *Palais vieux de Saint-Jean*, situé à côté de la Cathédrale. Les Registres du contrôle mentionnent en effet des dépenses assez considérables faites en 1675 et 1680 pour la scène, les loges et les machines de ce théâtre : 400 livres en 1675 ; 5,000 en 1680 et 1681 (1).

Ce théâtre était certainement accessible au public. Il y en avait un autre, sans doute réservé à la Cour, c'était le salon du *Château*, appelé aujourd'hui le *Palais Madame*, et situé au milieu de la place *Château* à Turin. (*Palazzo Madama, in piazza Castello.*)

---

(1) 1685 : « Lire 400 a conto del Teatro delle Comedie e palchi e travagli di legno fatti al Palazzo vecchio di S. A. R. »

22 octobre 1680 : « Lire 2,250 a conto delle 5/m accordate per pagamento del palco e delle scene, proscenio, machine, ordegni per far movere dette scene, legnami, ed altre cose da esso e da detto palco dipendenti ed esistenti nel *teatro del nostro palazzo vecchio* vicino a San Giovanni (*voisin de la Cathédrale de Saint-Jean*). » (Arch. piémont. Reg. cont., 1680, fº 78.)

Enfin, et surtout en automne et à l'occasion des fêtes extraordinaires que les souverains y donnaient, les comédiens français et italiens étaient souvent appelés à jouer sur le théâtre du palais de la *Vénérie royale* (*Venaria reale*), à quelques lieues de Turin.

Charles-Emmanuel II était de plus en plus satisfait de ses comédiens, et ceux-ci, paraît-il, n'étaient pas mécontents du traitement qu'ils recevaient à Turin. Par un rescrit du 1er janvier 1675, le Duc se les attacha plus étroitement :

« La satisfaction que nous avons reçue de nos
« comédiens français, est-il dit dans cette ordon-
« nance, pendant le temps qu'ils nous ont servi,
« nous engage à fixer pour chacun d'eux une pen-
« sion annuelle et à certains une gratification en
« signe de notre reconnaissance. »

Il assigne, en conséquence, à la troupe une somme de 7,500 livres d'argent à répartir entre les acteurs dont les noms suivent, et qui leur sera payée intégralement quand ils serviront et jusqu'à concurrence de la moitié pendant les années où ils seront dispensés de venir ici.

La répartition est faite ainsi :

A *Chateauvert*,	pension..	500 liv.
Au *même*,	gratification.	300
A la *femme de Chateauvert*,	pension.	500
A *Rochemore*,	id....	500
Au *même*,	gratification.	500

A la *femme de Rochemore*, pension.	500
A *Prévost*,	id...	400
Au *même*,	gratification.	300
A *Valois et à sa femme*,	pension.	1,000
A *Rosange et à sa femme*,	id...	1,000
A *Chaumont*,	id...	500
A *Des Esserts*,	id...	500 liv.
Pour les onze acteurs ou actrices..	7,500 (1).

Le 6 avril de cette même année, *la Valois* reçut du Duc une gratification particulière de 400 livres.

Charles-Emmanuel II mourut à Turin le 12 juin 1675, laissant pour successeur un fils en bas âge, Victor-Amédée II. Pendant sa minorité, la régence fut exercée par sa mère Marie-Jeanne-Baptiste de Genevois-Nemours, dernière descendante de ce Duc de Nemours que Brantôme appelle *la fleur de toute chevalerie* (2). On la désigna sous le nom de *Madame Royale*, comme on avait fait pour Christine de France, sœur de Louis XIII, veuve du duc Victor-Amédée I.

Elle ne dut pas être moins généreuse que son mari. Le 4 juillet 1678, elle ordonna à la Chambre des comptes d'admettre en dépense le don de 330 livres qu'elle a fait délivrer à la cantatrice *d'Aubigny* ou *Daubigny*; il en est de même le 12 décembre 1679 pour une somme de 725 livres

---

(1) Reg. cont., 1675, fº 226.
(2) BRANTÔME. *Vies des capitaines illustres*

donnée à la *Designac* ou *de Signac*, *actrice de la Compagnie des Comédiens français*. C'est peut-être alors que Chapuzeau lui adressa sa dédicace de la *Dame d'intrigue* (1).

A la fin de l'année 1680, elle établit « *pour nos Comédiens français* » un traitement de 6,000 livres par an, sans indication du nom des personnes. En 1681, la troupe s'étant accrue, ou bien ayant recruté des sujets d'un plus grand renom, la Duchesse en porte les émoluments à 12,000 livres, le double (2). Cet état de choses dura jusqu'à la fin de février 1684. Le 28 de ce mois, Victor-Amédée II licencia les comédiens et leur fit compter cent doublons d'Espagne (1,500 livres) pour leur retour en France (3).

Bien qu'il fût déjà majeur depuis quelque temps, Victor-Amédée avait laissé l'exercice du pouvoir à sa mère, qui s'en montrait très jalouse. Au printemps de 1684, il alla réprimer une insurrection à Ceva et à Mondovi, et décida son mariage avec Anne d'Orléans, nièce de Louis XIV, fille de Philippe d'Orléans et d'Henriette d'Angleterre. Il sentit alors le besoin de mettre de l'ordre dans

---

(1) Voir Victor Fournel. *Les Contemporains de Molière*, tome I, p. 360.

(2) Nous avons vu ci-devant que la Duchesse avait accordé 5,000 livres en 1680 pour l'agencement du théâtre du Palais Saint-Jean.

(3) « Per il ritorno de' Comici francesi in Francia essendo stati da noi licenciati. » (Reg. cont., 1684-85, f° 164.)

les finances de l'Etat, et l'une des premières mesures prises dans ce but fut vraisemblablement le licenciement d'une troupe qui coûtait si cher.

Cependant, l'année suivante, il y avait de nouveau à Turin une troupe de comédiens français. Les Registres du contrôle des finances mentionnent en effet, aux dates des 10 et 14 mars 1685, des ordres du Duc de payer 375 livres au comédien français *François Rossolis*, et 400 livres à *Rochemore* et à sa femme. (Reg. cont., 1684-1685, f°s 167-8 et 182.)

En 1688, il semble que les comédiens ont un traitement ou une subvention fixe de 1,622 livres 10 sols, dont le paiement est ordonné, moyennant la quittance du comédien *de Valois* et des comédiennes *de Valois* et *Dubuisson*.

Le 13 février 1689, la même somme de 1622 livres 10 sols est ordonnancée en faveur des comédiens français. (Reg. cont., 1688, f° 22, et 1689.)

Enfin, un ordre du 19 décembre 1698 prescrit de payer aux comédiens français un don de 300 livres, sur la quittance de *Laurent Bonneval de Valenois*, probablement le chef de la troupe. (Reg. cont., 1698-1699.)

CHAPITRE V.

Antoine Pavy ; le théâtre de Don Philippe ; construction du théâtre de Chambéry ; discussion entre la ville et les actionnaires ; les troupes de 1775 à 1792 ; le *Casin* de la Noblesse.

Les guerres avec la France, qui durèrent presque sans interruption jusqu'à la paix d'Utrecht, en 1713, et le séjour en Sicile de Victor-Amédée II devenu roi, empêchèrent sans doute les comédiens français de se rendre en Piémont et de s'arrêter en Savoie. Du moins nous n'avons pas retrouvé de documents sur eux dans la première moitié du dix-huitième siècle. Le goût du théâtre n'avait pas disparu pour autant, et nous rencontrons même, en 1734 et les années suivantes, à Chambéry, un amateur de spectacles, auteur et acteur pour son propre compte. C'est *Antoine Pavy*. M. le marquis Tredicini de Saint-Séverin a découvert un volume de ses œuvres manuscrites et inédites (1). A l'occasion du traité de Vienne du 3 octobre 1735 (2), Pavy composa une pièce en vers appelée *les Fêtes de la Paix*, qui fut jouée, sans doute pendant les vendanges, à Chignin près de la cure, probablement par l'auteur, ses amis et ses amies.

---

(1) *Mémoires de l'Académie des sciences, belles-lettres et arts de la Savoie*, 3ᵉ série, XI, p. xlvi et suiv.

(2) Dessaix. *La Savoie historique*, tome I, p. 207.

Le manuscrit contient encore deux autres pièces : *les Amours magiques* et *le Jugement de Pâris*. Ce sont des pièces à machines qui, suivant l'auteur, auraient été représentées en 1736 à Chambéry : la première à l'hôtel de *Bellegarde*, la seconde à l'hôtel de *Mareste*.

M. Tredicini cite encore les titres de sept comédies d'Antoine Pavy : le *Dormeur éveillé*, le *Noble malgré lui*, le *Hardi poltron*, la *Chaste impudique*, la *Constance récompensée*, soit le *Magicien impuissant*, le *Tableau du mariage* et *l'Epouse fugitive*. Ces titres à antithèse étaient dans le goût de ceux de Dorimond et de beaucoup d'auteurs du siècle précédent.

En 1742, la Savoie fut occupée par les troupes espagnoles, et l'année suivante, l'infant Don Philippe (1) vint s'établir à Chambéry. Le château où il demeurait fut incendié dans la nuit du 28 février 1743. On se hâta de le réparer en partie, et l'infant profita de l'occasion pour s'y faire élever un théâtre complet, comprenant machines, décorations, orchestre, parterre, amphitéâtre, premières et secondes loges, balcons d'avant-scène, paradis et buvette. Les principaux décors repré-

---

(1) L'un des fils de Philippe V, roi d'Espagne, et d'Elisabeth Farnèse ; né en 1720, mort en 1765. Ce prince bienfaisant et éclairé devint duc de Parme, de Plaisance et de Guastalla à la paix d'Aix-la-Chapelle.

sentaient un château, — l'entrée d'un palais. Au frontispice du théâtre avaient été placées les armoiries du prince dans un cadre (1).

Cette construction était certainement terminée lorsque l'infant fit venir à Chambéry une troupe française. Il s'adressa, pour la diriger, à *Pierre Langlois* dit *Deschamps*, sociétaire de la Comédie française, qui demanda dans ce but un congé que le duc de Gesvres lui accorda en ces termes :

« Nous Duc de Gesvres Pair de France Premier Gentilhomme de la Chambre du Roi.

« Permettons suivant l'agrément de Sa Majesté au s^r *Deschamps* l'un des Comédiens de sa troupe françoise d'aller à Chambéri pour y en conduire une au service de Don Philippe infant d'Espagne et d'y jouer aussi la Comédie. Lui avons donné et donnons à cet effet un congé de trois mois passé lequel temps le s^r Deschamps reviendra à Paris pour y faire son emploi dans la troupe de Sa Majesté.

« Fait au château de Versailles, ce sixième décembre 1743. *Signé:* le Duc de Gesvres. » (2).

M. Monval, à qui nous devons ces renseignements, ajoute que Deschamps joua alors pour la dernière fois à Paris le lundi 16 décembre, et que de retour le 16 mars 1744, il reparut sur le théâtre le 21. La saison ne dura donc que trois mois.

(1) Voir *Document* VI.
(2) Voir *Document* VII.

Les années suivantes, les représentations reprirent et ne cessèrent qu'au départ du prince espagnol. « Don Philippe, dit en effet M. de Saint-Genis (1), avait mené joyeuse vie à Chambéry ; c'étaient chaque semaine des ballets et des comédies où les femmes les plus distinguées de la ville ne firent jamais difficulté de paraitre. »

Les Espagnols évacuèrent la Savoie au commencement de 1749, et la ville délibéra que le jour de leur départ « l'on donnerait un bal aux dames dans la salle de la Comédie (2). » Le représentant du roi de Sardaigne arriva à Chambéry le 19 février. Il s'occupa aussitôt de faire dispatre les traces des étrangers, et l'un de ses premiers soins fut de supprimer le théâtre du château. Les bois, les décorations, les sièges, etc., avaient une certaine valeur. R^d Girod, promoteur du Décanat de Savoie et recteur de l'hospice des Incurables, demanda au roi les matériaux du théâtre condamné. Charles-Emmanuel III les lui accorda à titre *d'aumône*, c'est-à-dire gratuitement. Le promoteur les vendit, sans doute pour en appliquer le prix au soulagement de ses malades. L'inventaire qui en fut dressé a été conservé, et nous le publierons aux Pièces justificatives (3).

---

(1) *Histoire de Savoie*, III, p. 78.
(2) Il s'agit probablement de la salle construite par les ordres de Don Philippe.
(3) *Document* VI.

Le *Jeu de paume* (1) avait été converti en magasin à fourrages pendant l'occupation espagnole. Il est possible qu'il eût déjà reçu cette destination auparavant et qu'il l'ait conservée encore quelque temps, car, pendant de longues années, le prix de ferme ne se rapporte qu'à la maison et au jardin, et non à la salle de jeu elle-même.

Il semble qu'il n'y eut pas de troupe de comédie à Chambéry jusqu'en 1770. Nous lisons en effet dans un *Mémoire* de la Société d'actionnaires, dont nous allons parler bientôt, ce passage : « Depuis la dernière guerre, il n'y avait plus eu de théâtre à Chambéry. En 1770, une troupe de comédiens s'étant offerte de représenter pendant le Carnaval, on construisit à la hâte un mauvais théâtre dans une grande salle appartenant à un particulier, et c'est dans cette salle qu'on a toujours représenté lorsqu'il y a eu des spectacles, jusqu'à l'arrivée de Votre Majesté (2). »

En 1775, Victor-Amédée III, qui avait succédé à son père depuis deux ans, vint en Savoie. Il y arriva le 20 juin et y resta plusieurs mois. Ce fut

(1) On peut voir le dessin de ce bâtiment dans le plan de Chambéry, au *Theatrum Sabaudiæ*, ouvrage publié en 1725.

(2) Archives départementales. Nous pensons qu'il s'agit de la salle dite *de Villeneuve*, dont l'appropriation aux représentations théâtrales remonterait ainsi à 1770.

durant ce séjour qu'eut lieu à Chambéry le mariage du prince de Piémont avec Marie-Clotilde de France, sœur de Louis XVI.

Dans le but de procurer des distractions à la Cour qui allait arriver, mais surtout afin de satisfaire leur goût pour les spectacles, divers membres de la bourgeoisie formèrent, à la fin de 1774, une Société ayant pour objet la construction d'un théâtre à Chambéry et la direction des représentations qui y seraient données. Nous trouvons à sa tête un membre de la famille Pavy, spectable Pierre-François Pavy (1).

Le 28 mars 1775, les directeurs en fonction, P.-F. Pavy, Jean-Honoré Jaume de la Villette (2) et Joseph Jacquemard, adressent à la ville une requête pour obtenir la permission de construire leur théâtre sur un terrain de 20 trabucs 2 pieds de long et de 5 trabucs 2 pieds de large (3), à prendre sur le fossé près de la porte dite de Montmélian, et d'en appuyer le toit sur le mur d'en-

---

(1) *Spectable*, titre donné en Savoie aux docteurs en droit ou en médecine. Pierre-François Pavy est dit fils de François et natif de Saint-Jean-d'Arvey. Il était sous-lieutenant des Chevaliers-Tireurs de Chambéry en 1763, et fut élu capitaine le 15 avril 1775. (V. à ce sujet, *Mémoires de la Société sav. d'hist. et d'arch.*, tome XXIV. p. xxv.)

(2) Natif de Nice, secrétaire du Gouverneur de Savoie.

(3) *Trabuc*, mesure piémontaise égale à 3 mètres 082; le pied est égal à 0m 513. Le théâtre avait ainsi environ 62 mètres de long sur 16 de large.

cointe (1). Le Conseil acquiesça à cette demande, et par un acte du notaire Joseph Saint-Martin, du 8 avril 1775, il albergea à la Société le terrain qu'elle demandait, moyennant une redevance annuelle de dix livres.

Le nouvel édifice était situé à environ 220 mètres au midi du Jeu de paume, à l'endroit même où se trouve le théâtre actuel. Il fut rapidement construit, et le 5 juillet, le Conseil approuva le tarif des places dressé par le marquis de Faverges, premier syndic de la ville (2).

Les prix étaient ceux-ci : « 30 sols pour les premières et les deuxièmes loges, ainsi que pour le parquet; 25 sols pour les troisièmes loges et le parterre; 10 sols pour le paradis, avec liberté à MM. les syndics d'augmenter ou de diminuer ces prix suivant les occurences, et avec cette condition que MM. les syndics, avocat, procureur, secrétaire et trésorier *de ville* auraient l'entrée libre et franche à la comédie. » (3).

« Les dépenses pour construction et décorations s'élevèrent à 74,820 livres, y compris 4,128 livres

---

(1) V. *Document* VIII.

(2) Joseph-Joachim; son habitation était dans la rue Saint-François.

(3) Archives consulaires; reg. des délib., n° BB, 1771 à 1779, fos 95 et 169. Pour la première représentation, et par exception, le prix du parquet, des premières loges et des secondes, fut de 40 sols.

pour l'élévation de la loge du Roi, et 1,791 livres pour deux lustres que les directeurs firent venir de Paris et qui, suivant les volontés du Roi, furent transportés à Turin pour le service de la Cour, dont il faut distraire 7,000 livres que S. M. fit gracieusement donner aux actionnaires à son départ (1). »

Nous ne connaissons pas la troupe qui vint jouer à Chambéry dans l'été de 1775. En 1776, les comédiens étaient dirigés par le sieur *Senepard*. Les directeurs de la Société du théâtre, sieurs François Clerc, Jean-Honoré Jaume de la Valette et Joseph Jacquemard, s'adressèrent à la ville pour obtenir la permission de faire jouer cette troupe. Le Conseil modifia alors le prix des places et limita les représentations à la durée du Carnaval.

« La ville leur a permis de faire jouer la comédie par le sieur Senepard et sa compagnie, dans la salle du théâtre, pendant le courant de ce mois jusqu'au mardi de Carnaval inclus, en se procurant, par un préalable, l'agrément de S. E. M. le Commandant ; la ville a en outre taxé les places, savoir : 20 sols le parquet et le premier et le second rang de loges, 15 sols le troisième rang, 10 sols le parterre et 7 sols 6 deniers au paradis ; elle a encore délibéré qu'il sera délivré, à la manière accoutumée, un billet à chacun de MM. les syn-

---

(1) Extrait d'une supplique au Roi du 7 août 1782. (Archives départementales.)

dics, avocat, procureur et trésorier de ville, et que les comédiens ne joueront que des pièces orthodoxes (1). »

La Société du théâtre avait, à la même époque, demandé au Roi un privilège exclusif. Il lui fut accordé en ces termes par une lettre du 29 janvier 1776, adressée à *M. de la Tour*, commandant-général en Savoie :

« Monsieur, Je dois vous faire connaître que le Roy quoiqu'éloigné d'accorder des privilèges exclusifs a néanmoins daigné se prêter favorablement et jusqu'à nouvel ordre aux remontrances de la Société du théâtre de Chambéry.....

« Il sera uniquement permis à la Société de donner dans la ville et ses faubourgs des opéras en musique, des comédies, des danses sur la corde et autres spectacles quelconques pendant toute l'année. Conséquemment, il sera défendu à tout particulier à la réserve des collèges et des maisons des particuliers où l'on représentera gratis et des danses sur la corde, comédie et semblables que l'on joue sans paiement sur les places publiques et avec l'agrément de la ville, aux droits de laquelle le Roy ne prétend aucunement préjudicier.

« De plus Sa Majesté veut qu'il soit permis à tout particulier ou Compagnie de donner moyennant paiement et l'agrément que dessus des spectacles avec le consentement de la dite Société du théâtre et sous une rétribution honnête qui sera établie de gré entre eux ; et en cas de contestation V. E. réglera le montant et les conditions

(1) Archives consulaires, reg. cité, fº 184 vº.

de la manière qui lui paraîtra plus conforme à l'équité et à la justice.

« Voila Monsieur quelles sont les déterminations provisionnelles du Roy à ce sujet; si cependant V. E. prévoit qu'il puisse se présenter quelques difficultés dans l'exécution elle voudra bien m'en aviser aussi tost.

« *Signé :* comte Melina, secrét. du cabinet de S. M. »

En décembre 1776, les directeurs, spectable Pierre-François Pavy, M⁰ Gaspard Girard et M⁰ Antoine Monet, demandèrent l'autorisation de faire jouer durant le Carnaval prochain, ainsi que le relèvement du prix des places. Le 18, le Conseil leur accorda la permission et porta à 25 sols le prix du parquet et des premières et des deuxièmes loges, et à 20 sols celui des troisièmes loges. Le prix des places de parterre et de paradis resta le même (1). »

Dans l'été de 1780 (juin), Chambéry posséda la troupe de *Saint-Gérand*. Celui-ci n'en était que *l'impresario*, car M. Monval nous apprend qu'elle était dirigée par le sieur *Deval*. Elle ne séjourna pas longtemps à Chambéry. En novembre de la même année, elle passa quatre semaines à Yverdon. En 1781, Saint-Gérand obtint le privilège des spectacles pour la Bourgogne ; en 1790, il était encore directeur en province (2).

La troupe de Saint-Gérand fut remplacée à

---

(1) Archives consulaires, reg. cité, f⁰ 207 v⁰.
(2) Renseignements dus à l'obligeance de M. Monval.

Chambéry par celle du sieur *Saint-Ange*. Le 13 décembre 1780, la ville autorisa les directeurs de la Société, MM. Duroch, Dubettier et Favre, à faire jouer cette troupe pendant le Carnaval, à la charge de communiquer aux syndics les pièces qu'ils voudront représenter. Prix des places : 25 sols le parquet, les premières et deuxièmes loges ; 10 sols le parterre ; 7 sols 6 deniers le paradis.

A cette époque, le Comité des actionnaires se pourvut auprès du Roi pour obtenir l'approbation de son règlement. Il demanda aussi que le Roi prît le théâtre sous sa protection. Ces faveurs furent accordées, et depuis ce moment la salle de spectacle fut appelée le *Théâtre Royal*. Les sociétaires avaient été appuyés par le Gouverneur de Savoie. Il avait estimé que leur demande pouvait être accueillie favorablement, « car, quand même la Compagnie n'est pas composée de personnes de condition noble, ceux qui en sont membres ne sont pas moins des personnes des plus apparentes et aisées de la bourgeoisie de cette ville. Il paraît d'ailleurs qu'on doit avoir un égard particulier à la circonstance que ce théâtre a été édifié à l'occasion de l'arrivée de la Cour en Savoie, et que, pendant son séjour, Leurs Majestés et tous les princes ont daigné l'honorer souvent de leur présence (1). »

Une difficulté s'éleva bientôt pour savoir si le

(1) Rapport du 7 août 1780. Archives départementales.

théâtre avait le monopole des bals publics. Le 20 décembre, le comte Melina répondit négativement au gouverneur, le chevalier Tarin Impérial, parce que « les bals forment une autre espèce de divertissement (1). »

En août 1783, le Duc et la Duchesse de Chablais firent un voyage en Savoie. Le 16 août, le Conseil de ville mit au nombre des fêtes à leur offrir « un bal au grand théâtre auquel seront admis les deux états (la noblesse et la bourgeoisie). »

C'est très probablement alors que fut faite et jouée à Chambéry une pièce de circonstance intitulée : *le Prince bienfaisant*, comédie en deux actes et en prose, œuvre de la *jeune première* Madame *Delavigne* (2).

La distribution des rôles nous indique la composition de la troupe :

Louis, amant de Julie.....	M. Belval.
Julie..................	Mme Delavigne.
M. Delorme, père de Julie.	M. Dugrénet.
Le Prince...............	M. Dorville.
Un écuyer du prince.....	M. Despallière.
Jeannette	Mlle Deville.
Babet..................	Mme Renaud.

Paysans et Paysannes.

La scène est dans la maison de M. Delorme, des environs de Chambéry.

----

(1) Archives départementales.
(2) Imprimée à Chambéry, chez Marc-François Gorrin, M DCC LXXXV. Le permis d'imprimer est du 9 août 1785. La pièce est précédée d'une dédicace de Mme Delavigne à la Duchesse de Chablais. (*Bibliothèque du marquis Costa.*)

L'intrigue est des plus simples :

Deux amants séparés par les préjugés sont réunis, grâce au Prince qu'ils rencontrent au moment où il se promène incognito dans les environs de la ville. Tous les personnages, suivant la mode de l'époque, y sont des *cœurs sensibles*. Le Prince se piquait sans doute d'être sensible lui-même (1).

L'impression du *Prince bienfaisant*, en août 1785, semble indiquer qu'il y eut cet été une troupe de comédie à Chambéry.

Quatre mois après les célèbres ascensions de Pilâtre des Rosiers et de Charles et Robert, Chambéry jouit à son tour de ce spectacle nouveau. Le 6 mai 1784, deux aéronautes amateurs, *Louis Brun*, jeune ingénieur de Chambéry, et *Xavier de Maistre*, volontaire au régiment de la *Marine*, partirent en ballon de Buissonrond et allèrent atterrir à Challes, après 25 minutes de navigation aérienne. A leur retour les deux jeunes gens furent acclamés par la foule et par leurs amis. Un banquet de 90 couverts, dans lequel on porta de nombreux toasts, rassembla une société joyeuse. Il fut

(1) La *sensibilité* était tellement alors dans le langage, sinon dans les mœurs, que l'année suivante, M. de Saint-Germain, écuyer du Prince de Piémont, annonçant le départ du Prince, d'Evian pour Chambéry, écrit aux syndics à propos des fêtes qu'ils préparent : « Vous n'ignorez pas que la « simplicité qui doit accompagner ces sortes de fêtes fait « beaucoup plus de plaisir aux âmes *sensibles* que tout ce « qu'on dépenserait pour les rendre plus brillantes. » (Arch. municip. Délib. de 1784, f° 90 v°.)

« terminé par un bal superbe qui réunit tout ce que nous possédons d'aimable : assemblée charmante, où le plaisir si souvent banni par la triste étiquette tint ses états jusqu'à six heures du matin... Après les premières contredanses, les voyageurs entrèrent et furent présentés par Mmes de Cevins et de Montailleur. Un nombre infini d'accolades leur prouvèrent que même en descendant du ciel, on peut s'amuser sur la terre; le rire était sur toutes les lèvres, la joie dans tous les cœurs; et chacun se retira pénétré de respect pour la physique et la folie (1). »

Le 25 janvier 1786, la ville délibéra « de permettre au sieur *Deville* et à sa troupe de faire jouer la comédie au Théâtre Royal pendant tout le Carnaval, en se procurant, par un préalable, l'agrément de S. E. Monsieur le Gouverneur, se conformant aux usages et aux prix ci-devant fixés, à l'exception cependant que les jours que *Mademoiselle de S^t (le reste est en blanc)* (2) représentera, le prix du parquet, des premières et des secondes loges sera de 30 sols, des troisièmes loges de 20 sols, du parterre de 10 sols et du paradis de 7 sols 6 deniers. »

---

(1) *Lettre de M. de S... à M. le comte de C..., contenant une relation de l'expérience aérostatique de Chambéry,* dans *les Premiers Essais de Xavier de Maistre,* édités par J. Philippe, Annecy, 1874.

(2) Peut-être Mlle de *Saint-Val* aînée, actrice de la Comédie française, qui jouait en province depuis novembre 1779.

En l'honneur de l'*étoile*, les premières places payaient 5 sols de plus; heureux temps!

Le nouveau directeur, le sieur *Deville*, était peut-être le père de Mlle Deville, la soubrette du *Prince bienfaisant* dans la distribution de 1783 ou 1785. Il avait sans doute aussi dirigé les troupes des années précédentes.

Le 9 mai 1787, la ville accorde aux directeurs de la Société du théâtre « l'autorisation de faire jouer des comédies et des opéras, à la charge d'une représentation au bénéfice des *pauvres honteux*, lesquels seront indiqués par les syndics (1). »

Bien qu'en 1665 la ville ait déclaré qu'il était *ci-devant en usage* que les comédiens donnassent, avant leur départ, une représentation au profit des pauvres, nous pensons que cette habitude n'était pas réelle. Si elle eût existé, le Conseil n'aurait pas manqué de la mentionner dans l'acte de concession du terrain du théâtre, et de la rappeler dans chacune des permissions qu'il accordait, ce qu'il n'a jamais fait.

L'année suivante, le sieur René *Desplasses* (ou *Déplace*), directeur d'une troupe de comédiens, joue à Chambéry, Annecy et Grenoble (2). Nous connaissons son existence par la discussion qu'il

---

(1) Reg. des délib. de 1786-1787, f{os} 125, 174.

(2) Les directeurs font parfois encore de même aujourd'hui; et grâce au chemin de fer, cela est devenu une habitude pour les théâtres de Chambéry et d'Annecy.

eut avec M. Tholozan, secrétaire du Gouvernement, auquel il refusait de donner une gratification que ce fonctionnaire était dans l'habitude de recevoir, en échange de la permission de jouer accordée par le Gouverneur. L'usage était que les directeurs remissent gratuitement au secrétaire trois billets de premières par représentation. A l'appui de sa réclamation, M. Tholozan produisit un certificat qu'en homme avisé il s'était fait remettre, le 22 juin 1780, par le directeur Saint-Gérand. On y lit que « la petite rétribution au secrétaire est insignifiante, tandis que le cinquième de la recette retenu par les actionnaires met une troupe dans l'impossibilité de faire sa dépense, et qu'il appert par là que le spectacle ne peut prospérer à Chambéry. »

Sous ce rapport encore, rien de nouveau sous le soleil.

Le 21 novembre 1788, le chevalier de Perron, commandant-général de Savoie, ordonna au directeur de s'arranger avec le secrétaire. Desplasses dut comprendre à demi-mot et s'exécuter.

Cette troupe joua à Chambéry certainement les mêmes pièces qu'à Annecy. Ce furent notamment, ainsi que nous le verrons quand nous parlerons du théâtre de cette ville : la *Lingère*, *Nina*, l'*Ami de la maison*, opéra-comique de Grétry, le *Belle Arsène*, de Monsigny, et le *Dot*. Cette dernière pièce est une comédie en trois actes de Desfontaines, avec ariettes de Dalayrac ; elle était toute nouvelle, puisqu'elle date de 1785. *Nina* ou la *Folle par amour*, était plus récente encore et ne datait que de mai 1786.

Vers 1788, les Comédiens de Chambéry jouèrent peut-être une pièce de celui qui fut plus tard le général Doppet. Nous trouvons, en effet, dans ses mémoires manuscrits, ce passage :

« En 1788, je fis imprimer à Chambéry une petite pièce de théâtre intitulée : *les Rivalités villageoises*. C'était un bouquet donné à l'occasion d'une fête qui avoit lieu dans la ville, et c'est la seule de mes productions où j'aye à me reprocher des fadeurs qui n'étoient que trop en usage avant la révolution (1). »

Dans le courant de 1789, durant la belle saison, le théâtre fut occupé par un opérateur, « le sieur « *Bonthoux*, mécanicien, qui donnait le spectacle « de ses machines et de ses tours. » Le commandant-général lui interdit de jouer le jeudi, parce que ce jour de la semaine, il y avait réunion au *Casin*... « Les bourgeois de Chambéry murmu- « rèrent, trouvant injuste que tandis que la no- « blesse s'amuse au *Casin*, le reste de la ville soit « privé d'un spectacle public qui devait aller son « train. » L'interdiction fut supprimée.

(1) Au cours de son aventureuse jeunesse, Doppet avait été comédien en province pendant quelques mois (1777). Il prétend avoir fait, vers 1780, une pièce appelée *le Courrier de l'hymen*, qu'il avait confiée à *Dancourt* et que celui-ci aurait voulu s'approprier. (Voir au chapitre IX.)

Ce que l'on appelait le *Casin* était un cercle formé à l'instar de celui de Turin. On y donnait des bals et probablement de petits spectacles; nous pouvons donc en raconter l'histoire.

Il y avait d'abord eu, en 1782, un cercle de 20 gentilshommes destiné à donner des *assemblées* à la noblesse, mais il s'était dissous dans l'été de 1786, parce qu'il n'était pas assez nombreux et que son local se trouvait à l'une des extrémités de la ville. Un mois après, le 11 septembre, quelques-uns de ses membres se réunirent chez le marquis de Bellegarde et y dressèrent une liste de 88 nobles que l'on supposa vouloir faire partie d'un nouveau cercle. Ces personnes furent convoquées le 21 janvier 1787, avec l'agrément du Gouverneur de Savoie ; 66 vinrent à la réunion ou s'y firent représenter. On arrêta alors rapidement et d'une façon définitive à 66 le nombre des membres du *Casin*. Quelques jours après le 11 septembre, le comte de Lazary fils et le marquis de Clermont Mont-Saint-Jean, qui n'étaient pas des 88, demandèrent d'être inscrits, mais la réunion ne voulut admettre que les 66 tirés des 88. Le comte de Lazary, dont la conduite n'avait pas toujours été irréprochable, se plaignit vivement et adressa un Mémoire au Roi. Nous avons sous les yeux la copie des documents qui furent transmis à cette occasion au ministre Corte, avec une partie du projet de rapport du Gouverneur, le chevalier Tarin Impérial.

Le Comité du cercle, invité à se justifier, donna les raisons de sa manière de procéder. Partant de ce principe que Chambéry pouvait aussi bien que Turin avoir un cercle affecté exclusivement à la noblesse, il a pensé qu'il valait mieux que le nombre des membres fût limité dès sa formation, afin de n'avoir pas à examiner la situation de personnes « qui se croyant nobles ne sont pas regardées comme telles dans l'opinion publique ni même par le Gouvernement. »

Puis, passant aux personnes, il dit : « le Marquis de Clermont, loin de faire des plaintes, a trouvé très justes les raisons qui ont empêché de le recevoir; si le marquis Coste, le comte de Menthon de Rosy et M. de la Palme, ont témoigné qu'ils auraient été charmés d'être de la société, ils se sont bornés à dire que lorsqu'il y auroit des places, ils se présenteroient. M. le comte de Lazary n'a pas pris ce sage parti... On se flatte que le Roi verra d'aussi bon œil dans cette ville qu'à Turin une société particulière de noblesse dans laquelle on a même cru que des ecclésiastiques pouvoient entrer et dont le but principal a été de tirer la jeunesse des cafés, de procurer dans une société choisie des délassements honnêtes aux personnes d'un certain âge, de fournir deux jours de la semaine une maison d'assemblée aux personnes des deux sexes, et d'étendre de cette manière les relations entre les familles et les individus qui restent, depuis quelques années, isolés dans quelques cotteries particulières, puisqu'il n'y a point de maison où il y ait des assemblées générales. »

Dans un rapport confidentiel au ministre, le chevalier Tarin, après avoir indiqué le but général du cercle, reconnait en définitive qu'on a voulu exclure M. de Lazary à cause de sa conduite passée, et de son amour pour le jeu qu'il partageait avec une autre personne que le cercle désirait ne pas recevoir (1).

Le 21 février 1787, le comte Corte écrivit au gouverneur que le Roi estimait que « du moment où il avait approuvé ce qui s'était fait le 11 septembre et le 11 janvier pour l'établissement du *Casin,* il n'y avait plus à faire de réflexions à ce sujet ; ... étant à présumer que le nombre de 66 a été fixé sans contemplation personnelle, puisque le nombre des nobles qui n'en sont pas est supérieur à celui des associés. » Le ministre fait connaître en même temps que le Roi a fort goûté l'article 57 des statuts, qui prohibe absolument tous les jeux de hasard.

Le Gouverneur avait joint à son dossier des catalogues contenant la liste des 88 et celle des 66

---

(1) « Aggiungero confidentemente che nell'escludere il sig. di Laz. si è avuto in considerazione sia la di lui passata condotta, come anche l'opinione pubblica che di lui si ha riguardo ai giuochi; opinione anche commune con qualche altro soggetto che la società, non stimando di ricevere, ha perciò pensato d'evitare ogni personalità odiosa dichiarando che il numero di 66 non sarebbesi accresciuto... »

ainsi que les noms des nobles de Chambéry ne figurant ni dans l'une ni dans l'autre. On y trouve ainsi la nomenclature de toutes les personnes à qui la noblesse n'était pas contestée à cette époque et le tableau de l'aristocratie de la capitale savoisienne. C'était, avec les bourgeois aisés, la société qui garnissait ordinairement les loges du théâtre ; aussi croyons-nous devoir publier ces listes aux documents (1).

Dans l'été de 1789, une nouvelle troupe arriva à Chambéry, celle de *Hugues Didollet*. Le 8 juillet, le conseil autorisa le directeur à donner des représentations et permit d'élever de 5 sols le prix des premières et deuxièmes places les jours où l'acteur *Larive* jouerait (1). Larive tenait alors le premier rang sur la scène française, où il avait remplacé Lekain et n'avait pas encore été tout à fait éclipsé par Talma.

Le 23 décembre suivant, le directeur de la Société du théâtre, le sieur P. Morel, demande à la ville la permission de faire représenter la troupe du sieur Deplace, directeur de la Comédie, à partir du lendemain de Noël. La ville, « vu la cherté des bleds et denrées de première nécessité dit n'y avoir lieu aux fins de la supplique. »

Ce refus, signé par M. de Buttet, premier syndic, ne fut pas accepté par le Comité. Il se pourvut

---

(1) Voir *Document* VII. (Arch. départ. de la Savoie.)
(1) Archiv. municipales. Délibérations de 1789.

à la Cour qui autorisa les représentations par une décision du 5 janvier 1790. Les syndics essayèrent d'avoir leur revanche. Ils adressèrent au Roi un Mémoire où ils exposent que :

« La ville a pensé que dans un temps de disette imminente (1), elle ne devait pas fournir à ses concitoyens un moyen de luxe et de dépense déplacée et les mettre dans le cas d'employer leurs ressources à des amusements frivoles. »

Après avoir dit que les étrangers se trouvant à Chambéry (*les premiers émigrés*), n'ont pas d'argent pour aller au théâtre, et que ce n'est donc pas pour leur procurer des distractions que l'on devrait jouer, le Mémoire continue ainsi :

« C'est l'annonce des pièces nouvelles qui attire le plus au spectacle. Elles ont été courues dans les pays voisins parce qu'elles renferment quelques allusions et des sentiments qui portent à l'indépendance. Des spectateurs (les étrangers) peuvent les faire sentir par des applaudissements réitérés ou par des murmures, exciter des bruits ou rappeler le souvenir de ces événements qui ont souvent troublé la tranquillité publique et pris naissance au théâtre......

« Ce fut le 23 décembre dernier que les actionnaires du théâtre, pour se conformer à ce que prescrit l'article 68 du règlement de police ou la disposition de la lettre écrite le 29 janvier 1776 par M. le comte Melina, se pourvu-

---

(1) Leur crainte n'était que trop fondée; ils eurent en 1790 les plus grandes difficultés pour se procurer des blés en Piémont et en Suisse afin d'alimenter Chambéry.

rent pour obtenir la permission de la ville. Elle a cru devoir la refuser.

« Elle a aussi considéré que le théâtre ayant été occupé pendant tout le cours de l'année dernière, un seul acteur (1) avait attiré la foule et emporté un numéraire considérable, et que les autres avaient quitté le pays sans payer leurs dettes. Elle a voulu prévenir ce désagrément cette année; elle n'a pu croire que l'avantage particulier des actionnaires l'emportât sur celui du public. »

Les syndics, MM. de Buttet de Tresserve, Marin, Gariod et Peyssard, reçurent cette réponse laconique et sèche, après laquelle ils durent se tenir pour définitivement battus :

« Turin, 17 février 1780.

« Messieurs,

« J'ai reçu le Mémoire que vous m'avez adressé pour établir les droits du Conseil de Chambéry relativement aux représentations dans le théâtre de la même ville ; je ferai usage de ces réflexions si les circonstances l'exigent et ai l'honneur d'être avec considération, Messieurs, votre très humble et très obéissant serviteur.

« *Signé :* Graneri. »

Cette lettre n'était pas de nature à réconcilier les adversaires. Les directeurs, MM. Peyssard, Clerc et Le Breton, recoururent encore à Victor-Amédée III pour faire affirmer leurs privilèges. Ils avaient sans doute de puissants appuis à la Cour, car le Roi prit de nouveau le théâtre sous sa protection par des lettres-patentes que le ministre

---

(1) Sans doute *Larive.*

Graneri fit connaître aux syndics dans la lettre suivante :

« Turin, ce 26 mars 1790.

« Messieurs.... Les associés du théâtre construit en 1775, à l'occasion de notre séjour à Chambéry, ont recouru à nous, ainsi que vous en êtes informés, en nous exposant le modique avantage qu'ils en retirent annuellement ; ils ont imploré quelques concessions et privilèges qui puissent en assurer la stabilité.

« Nous étant fait rendre un compte détaillé de tout ce qui a rapport à l'état actuel de cet établissement formé sous nos yeux et auquel vous avez vous-mêmes concouru par la cession de l'emplacement nécessaire, nous sommes déterminé de condescendre aux supplications desdits associés..... Nous avons en conséquence, par nos lettres-patentes de ce jour, pris la Société sous notre protection, et nous avons pourvu sur d'autres articles de manière qu'en autorisant un spectacle qui ne peut que contribuer à l'embellissement de votre ville et à en rendre le séjour de plus en plus agréable, nous avons donné les dispositions les plus propres pour que la religion, le bon ordre et les mœurs n'en souffrent aucune atteinte... Nous avons rencontré l'occasion de manifester à votre corps le cas que nous en faisons en réservant à vos quatre syndics une loge distinguée et les entrées au même théâtre sans paiement.

« *Signé :* Victor Amé, et *plus bas*, Graneri. »

Le 30 mars, les syndics répondirent que la ville avait reçu avec soumission le billet de Sa Majesté (1).

(1) Archives consul. Reg. des délib., n° 57, f°s 62 v°, 63, 64 v°, 87 v°.

Les actionnaires étaient ainsi complètement rassurés contre la mauvaise volonté des syndics. Ils n'eurent d'ailleurs plus à la redouter bien longtemps, car, dix-huit mois après, le 22 septembre 1792, Montesquiou et son armée entraient à Chambéry, et la Savoie devenait française.

CHAPITRE VI.

Le théâtre au collège. Le théâtre à Annecy; à Carouge.

Annecy a toujours été une petite ville. Toutefois, tant qu'elle fut la capitale des comtes et ducs de Genevois, xiie, xiiie et xive siècles, puis celle de l'apanage des comtes et ducs de Genevois-Nemours, xvie siècle et première moitié du xviie, son importance égala presque celle de Chambéry. Le collège savoyard de Louvain, fondé en 1550, par Eustache Chapuis, conseiller et ambassadeur de Charles-Quint, l'agrandissement et la généreuse dotation du collège d'Annecy par le même bienfaiteur, le collège des Savoyards à Avignon, fondé en 1424 par un autre enfant d'Annecy, le cardinal de Brogny, y avaient singulièrement favorisé la culture intellectuelle. La présence dans cette ville, au commencement du xviie siècle, du président Favre, d'Honoré d'Urfé, de saint François de Sales qui, en 1607, y créèrent l'*Académie florimontane*, la première académie française; celle de René Favre de la Valbonne, et de son frère Favre de Vaugelas, y augmentèrent encore le goût des lettres et des beaux-arts (1).

En 1614, la ville confia la direction de son col-

(1) Antoine Favre, sénateur au Sénat de Savoie à Chambéry, fut nommé président du Conseil de Genevois en 1596, et alla prendre possession de son siège en juin 1597. (Voir

lège aux Clercs réguliers de Saint-Paul, plus connus sous le nom de Barnabites. Ceux-ci, suivant une habitude ancienne et générale (1), faisaient jouer des pièces par leurs élèves aux fêtes des écoliers, la Saint-Nicolas, la Sainte-Catherine, la Saint-Martin et l'Epiphanie. Il en fut sans doute de même à Chambéry, chez les Jésuites, et aussi dans les autres collèges de la Savoie, à Rumilly, à la Roche et à Saint-Jean de Maurienne ; mais nous n'avons rencontré de documents à cet égard que pour les collèges de Chambéry et de Thonon.

En remettant son collège aux Barnabites (2), la ville d'Annecy leur avait imposé l'obligation de faire représenter une *Hystoire* par leurs élèves dans les fêtes des *Grands Pardons* ou jubilés, qui se célébraient dans cette ville tous les sept ans, le 8 septembre. Ils la remplirent de 1614 à 1724, époque à laquelle ils demandèrent au Conseil de les en exempter, tant à cause du deuil résultant de la mort de Madame Royale, Marie-Jeanne-Baptiste, qu'en raison des dépenses que ces espèces de représentations entraînaient pour la ville elle-même.

F. MUGNIER. *Saint François de Sales, docteur en droit, avocat*, page 47.) Il avait fait imprimer en 1589, chez Pomar, à Chambéry, une tragédie en vers, intitulée : *les Gordians et Maximins, ou l'Ambition*. Il est possible que cette pièce ait été représentée à Annecy ou à Chambéry, mais nous n'avons trouvé aucun renseignement de ce genre.

(1) Voir la *Comédie au collège*, par Ernest Boysse, dans la *Revue contemporaine*, 1869.

(2) Ils en prirent possession le 5 juillet 1614.

Les archives d'Annecy contiennent à ce sujet un document important, c'est le registre latin des annales du collège : *Acta Collegii Chapuisiani Clericorum regularium Sancti Pauli urbis Annecij*. Quoiqu'on y constate d'assez nombreuses lacunes, il nous fournira cependant des renseignements curieux et abondants. Mais ce n'étaient pas seulement les écoliers du collège Chapuisien qui jouaient à Annecy ; les *Enfants de la ville* n'avaient pas abdiqué, et ils continuèrent à donner des représentations. Les archives municipales renferment aussi quelques renseignements à ce sujet.

Le 6 juillet 1617, le professeur de rhétorique fit représenter une églogue latine de 800 vers en l'honneur de saint Pierre et de saint Paul. Dix-huit élèves la jouèrent dans l'église du collège en présence des trois ordres de la ville, le Conseil, le Conseil ducal et la Chambre des comptes, ainsi que devant M. *de Corbéozon*, lieutenant du Duc de Nemours, et autres hommes et femmes.

Le 27 mai 1618, une tragi-comédie du professeur de rhétorique D. Candide Postrolumna, intitulée : *Daphnis célébrant l'Ascension du Christ*, fut jouée sur une double scène avec accompagnement d'une assez bonne musique. L'évêque François de Sales et Antoine Favre, devenu premier Président du Sénat de Savoie, y assistèrent (1).

(1) Antoine Favre avait été président du Conseil de Genevois à Annecy, et plusieurs de ses fils furent élèves du collège Chapuisien.

Les premiers *Grands Pardons* auxquels les Barnabites eurent à prendre part furent ceux de 1617. Ils y firent jouer le 9 septembre une pièce latine, *Sardanapalus damnatus*, et le 10, une pièce française, *Sedecias prisonnier*.

En 1621, les *Enfants de ville* jouèrent la *Mort de Jules César*; le Conseil mandata une somme de deux ducatons pour la construction du théâtre, qu'on élevait d'habitude sur la place de l'église de Saint-Maurice (1).

En 1626, le 2 juin, à la Fête-Dieu les écoliers jouèrent *Abraham revenant de combattre les cinq rois*, et le *Sacrifice de Melchisédech* (2).

Au *Pardon* de la même année, le 9 septembre, ils jouèrent, dans la cour du collège, *Sephoe*, tragédie-comique du P. D. Amédée, chancelier du collège. S'agirait-il de Sephora, femme de Moïse (*Exode*, Chap. II.) ?

Les préparatifs des fêtes religieuses et profanes données par la ville à l'époque des Pardons lui causaient des frais assez élevés ; mais il n'y avait là qu'une avance. Elle plaçait dans les églises et au théâtre des troncs qui se garnissaient plus ou

---

(1) Il ne s'agit pas de l'église actuelle de Saint-Maurice, mais d'une autre église du même nom, située sur le coteau, au levant de la rue de *Sainte-Claire*.

(2) In supplicatione corporis Cri sodales Parthenis (les Compagnons de la sagesse?) exhibuerunt historiam Abrahami revertentis a cœde quinque regum, unacum sacrificio Melchisedech. (Genèse, chap. XIV.)

moins suivant l'affluence ou le contentement des fidèles. L'excédent des recettes était partagé entre l'hôpital et le chapitre de l'église de Notre-Dame, où les cérémonies religieuses avaient lieu.

Au Jubilé de septembre 1640, la recette des troncs fut de 574 florins, et la dépense, de 346. La différence fut attribuée par moitié au chapitre et à l'hôpital.

Le 26 juillet 1631, le prince Thomas de Savoie arriva à Annecy, où il était attendu depuis quatre jours par les citoyens qui s'étaient mis sous les armes pour le recevoir (*quatuor diebus ab armatis civibus fere omnibus expectatus*). C'est vraisemblablement pour le fêter que l'on joua à Annecy une pièce dont l'existence nous est révélée par un exemplaire existant dans la bibliothèque de M. le marquis Costa : la *Pyrocarie de la ville d'Anici, ou la Représentation de la princesse Oravie, par le prince Neciphire*, à Son Altesse Sérénissime, in-8°, 1631 (à Annecy) (1).

Les 16 et 17 août 1631, il y eut au collège des Barnabites une représentation donnée au milieu d'une grande affluence d'auditeurs nobles et autres. On joua le *Triomphe d'Octave César*, tragi-comédie du Père D. Charles-Jérôme Rosario, de Crémone. Soixante élèves environ prirent part à

---

(1) Ce petit volume contient des strophes manuscrites en l'honneur de saint François de Sales, l'évêque mort neuf ans auparavant.

l'action, et *tous s'en tirèrent bien*. Il y eut trop
d'intermèdes ; des chants de femmes s'y firent
entendre à plusieurs reprises. Une pluie battante
empêcha de finir dans la journée (1). En enregistrant cet événement, le secrétaire semble exprimer
un regret : de pareilles représentations, dit-il, ne
doivent être entreprises que rarement. Leur préparation troublait sans doute les études, et l'action
durait trop longtemps.

Le 12 janvier 1633, époque des déclamations
habituelles, le P. D. Cyrille Borella, lecteur de
rhétorique, fit donner par les meilleurs de ses élèves
la représentation d'une pièce agréablement mélangée de vers et de prose · le *Retour des Trois
Mages après l'adoration du Christ* (2).

(1) 1631. Augusti 16 et 17. P. D. Carolus Hyeronimus
Rosarius, cremonensis, institutam tragico-comediam cui
titulus erat : *Ottavij Cesaris Triomphus*, recitandam curavit, cui frequens nobilium et popularium concursus interfuit. Actores discipuli fuerunt circiter sexaginta, omnes bene
admodum se gesserunt, attamen hujusmodi tragico-comediæ, aut Historiæ, parve admodum sunt instituendæ ; quam
plurima et nimia fuerunt intermedia ; cantus mulierum in
ea adhibitus satis frequens extitit et pluvia vehemens in
causa fuit ne predicta die tota actio perficeretur. (*Acta collegii,* fo 69.).

(2) Pulcherrimam et elegantissimam representationem de
Trium Magorum post Christi Domini adorationem recessu,
ab insignioribus rhetoricæ discipulis recitandam curavit quæ
jucunda et perpolita versuum et prosæ varietate distincta
audientium animos mirifice oblectavit. (*Acta,* fo 70.)

Le *Pardon* de 1633 paraît avoir été l'objet des soins spéciaux des syndics, et ils en ont laissé une longue description dans les registres consulaires.

On y lit : « Cy commence la célébration du Saint Jubilé soit Pardon général concédé à perpétuité en la présente ville et cité d'Annessy par nos Saints Pères les Papes confirmé de temps en temps, durant troys jours se solemnisant dans l'église collégiale de Notre Dame D'annessy au huitième de septembre jour de l'heureuse et glorieuse nativité de la glorieuse vierge Marie mère de nostre Sauveur et créateur et pour la présente année 1633,

« La célébration d'icelluy a esté observée ainsy que s'ensuyt »

Préparatifs par les syndics.....

« Plusieurs belles hystoires se présentent pour jouer. Les R^{ds} P. Barnabites en font leurs projects de leurs coustés. Monsieur Comte, régent de l'Humanité travaille à son dessein. Les religieux de St François en projettent d'autres sujets. Enfin tout le monde est porté d'un zèle ardent à solemniser ces saints pardons. » Feux d'artifices. Commencement du Jubilé le mardi 6 septembre après les vèpres ; le mercredi, 7, procession. Puis : « sur le midi, à une heure, le temps se montrant un peu élevé cela donna occasion aux acteurs de l'hystoire de Matthathias de jouer leur dessein estant le théâtre dressé vers [l'église de] Saint-Maurice, laquelle fut glorieusement parfaite à l'honneur des acteurs qui s'acquittèrent très bien de leur debvoir et particulièrement encore de M. Comte qui fut auteur du suject... lequel se voit dans l'ancien testament au 1ᵉʳ chapitre (1) des Machabées où se trouve au long l'hystoire de la défaite d'Antiochus prince des Assyriens par Matthathias (2). »

Les registres consulaires ont conservé le prologue et l'épilogue de la pièce d'Amblard Comte. Bien que les vers de ce professeur d'humanités n'offrent rien de remarquable, nous les publions comme exemple de ce genre de littérature.

PROLOGUE
DE L'HISTOIRE TRAGIQUE D'ANTIOCHUS (3).

A la faveur des cieux paroystront des athlettes
De différente humeur et de religion
Tres tous espris d'amour pour l'antique Syon
Mais par diverses fins et par différents gestes

L'un c'est Antiochus avare sanguinaire
L'Antechrist de son temps, fauteur d'impietté
Nommé par l'escrit saint source d'iniquité
Equipé de son train comme lui sanguinaire

(1) Plutôt aux livres 2ᵉ et suivants.
(2) Registres des délib. de 1633.
(3) Nous avons débarrassé beaucoup de mots de consonnes inutiles, mis des accents sur les *e* et quelques signes de ponctuation, redressé aussi certains vers que la copie du secrétaire Champrond avait rendus boiteux. L'*e* muet après une voyelle est compté pour une syllabe.

L'autre Matthathias surnommé Machabée
Grand serviteur de Dieu gardien de sa foy
Boclier (1) des oppressez protecteur de la foy
Comme un autre Joseph sauveur de la Judée

L'un sans avoir saoulé son extreme avarice
Par desgats de pays et par saccagements
Du peuple, de l'autel et sacrés ornements
Qui servoient pour offrir au vray Dieu sacrifice,

Commande par édict d'authorité royalle
De brusler en public l'arche du Testament
Les livres de la foy, voire plus il desfend
De circoncir du lit d'aucun juif l'enfant masle

Et soub peyne de mort que la maistresse ville,
Trosne du Tout-puissant, et tout le peuple Hébreu
Renonce sa croyance et renie son Dieu
Pour rendre à ses faux Dieux un homage servile.

Et l'autre plein de zèle au péril de sa vie
Reveillant les esprits de son age chenu,
Pour maintenir a Dieu l'honneur qui lui est du
S'oppose corageux a cette tiranie

Se targue du pouvoir de la toute puissance
Résoud de perdre tout pour ne perdre les Cieux
Employe ses enfants ses amis ses nepveus
Et ceux qui aboroyent telle impie sentence

Ils entrent au combat l'un bouffi d'arrogance
Et puissant en soldats s'estime ia vainqueur ;
L'autre foible de gens, mais genereux de cœur
Loge en Dieu, non au fer, toute son espérance ;

Les conflits sont divers, l'issue dissemblable.
Ors, s'il vous plait messieurs, l'un et l'autre voir,

(1) *Dissyllabe.*

Prestés nous vostre oreille et le Ciel son pouvoir ;
Le vers est mal poli, l'hystoire est véritable,

L'un tenoit en suspend, l'autre a poussé ma lyre
D'estaller a vos yeux ainsi grossierement
Un si tragique exploit, un si riche argument;
Mais triés le meilleur et [dé]laissés le pire (1).

ÉPILOGUE.

L'auguste piété d'une sage valliance
N'a pas plus tost guindé vers le ciel ses eslans
Que soudain du bon Dieu l'inefable clémence
Favorise les vœux et desseins des vaillants

Nous venons d'en produire un rare formulaire
Qui parut glorieux parmi l'antiquité
Et auquel en nos jours un *Amed* debonnaire
Ressemble de touts points au niveau adjusté

Car si onc le nepveu a ses ayeux ressemble
Si du père aux enfants s'escoulent les vertus.
Si le fils, de tous deux les lots en soy rassemble,
Si rien n'est plus esgal à Phœbus que Phœbus

Plus que nul autre aussi le grand Duc Amédée
Porte empreint en ses mains, en ses meurs, en son cœur
Tout le train des vertus de l'ancien Machabée
Ains sans luy céder rien, il reste seul vainqueur

Autant qu'il vous plaira tirés de paraboles
De tous les potentats remarqués les rapports
Puis dites s'il s'en peut trouver de plus fidelles
Qui du centre a leur point se trouve mieux d'accord

C'est la que pour chevir de ce que Dieu l'inspire
Du Pontife Lévi emploit la charité

(1) Voilà deux bonnes strophes.

Pour apaiser le ciel, pour rasserener l'ire
De Dieu qui bras ouverts reçoit leur piété

Il emprunte de plus l'avis, le bras, l'adresse
De ses fils et germains et alliés guerriers
Qui de mesme courage et parfaite prouesse
Gagne sur leurs haineux maints verdoyants lauriers.

Ce parallèle est clair, aussi m'en veux je taire ;
Vous mêmes s'il vous plait nivellés ces rapports,
Pour moi je n'y vois rien qui ne m'induise à croyre
Qu'une mesme et sainte ame anime divers corps

Quand ie jette les yeux sur le preux Machabée
Il m'est avis de voir le Duc Savoysien
Quand ie contemple après notre grand Amédée
C'est celui qui chassa (dis-je) l'Assirien

Et establit sur pied l'honneur de Palestine,
Le temple, les vaisseaux, le sacré-saint autel.
Et le culte requis à la grandeur divine
Quand il tira des ceps le peuple d'Israel ;

Car il n'entreprend rien sans consulter l'oracle
Du Pontife son frère, honneur des cardinaux,
Le lustre des vertus qu'ornent le Tabernacle
Le phénix de ce temps, l'amour des grands héraulx

A sa gauche ie vois ainsi qu'une autre espée
Ainsi qu'un seul boclier lheroïque Thomas
Un cinquieme Amédée un second Machabée
Le Mars des martiaux, le fouldre des combats.

Vous fils de ces héraulx, croissés, douce espérance,
Vous Prince de Piémont, Prince de Carignan,
Pour faire quant et eux triompher la vaillance
Comme d'un Saint Louis contre le grand Sultan

Entre mille nepveux fleurons de vostre race
Voyez les trois germains Messeigneurs de Nemours

Qui desia font paroir au cristal de leur face
Le service qu'ils ont vouez à vos amours

Le champ, champ plantureux de semblable entreprise
C'est l'ile de Cypris dont Victor est le Roy
Comme l'a proclamé Urbain chef de l'Eglise
Ou ils restabliront le flambeau de la foy.

Attendant le bonheur d'en rendre au ciel la grace
Chantons pour maintenant leur rare pietté
Priant Dieu que leurs fils succèdent à la place
Et vertu des Ayeux iusqu'à l'éternité.

O germe Impérial et Royal et habille
De regir l'Univers, Royne regnés sur nous
Royne selon le cœur du corps de cette ville
Corps qui n'a point de cœur qui ne vive pour vous,

Mais Cœur de tout ce corps, Altesse souveraine
Qui s'immole à vos pieds. Si le monde estoit sien
Il vous en offriroit le souverain domaine
Pour le remettre en paix et le rendre chrétien.

Au reste a notre insuffisance'
Ce trait (messieurs) provient? de ses amis vainqueurs
Qui nous donnant crédit survie patience
Nous ont fourny d'esprit, de parole et de cœur

Quand tous nous fondrions en action de grace
De les remercier ne pouvons dignement ;
C'est en quoy la grandeur de leurs bienfaits surpasse
Qu'il faut estre muet pour leurs remerciements.

(CHAMPROND, *secrétaire*.)

FIN DE L'ÉPILOGUE.

Les personnages auxquels s'adressent les louanges hyperboliques de l'épilogue sont : Victor-Amédée I, duc de Savoie, qui, l'année précédente et en sa qualité de roi de Chypre, avait pris le titre d'Altesse *royale* et *fermé* sa couronne ducale (1); sa femme Christine de France, sœur de Louis XIII; leur fils François-Hyacinthe, âgé d'un an; les frères du Duc, le cardinal Maurice de Savoie et Thomas-François; le petit prince de Carignan, Emmanuel-Philibert-Amédée, fils du prince Thomas; enfin, les trois princes de Nemours Louis de Savoie, Charles-Amédée de Savoie et Henri II de Savoie, fils de Henri I de Savoie et d'Anne de Lorraine (2).

En 1638, Geoffroi Dufour imprima, à Chambéry, l'*Innocence reconnue*, du P. Cerizier (3). On peut en conclure que la pièce avait été jouée chez les Jésuites cette même année ou un peu auparavant.

Le 17 juillet 1639, Dom Juste Guérin, nommé évêque de Genève (4), arriva à Annecy. Pour fêter le nouveau prélat qui était de leur ordre, les Barnabites lui donnèrent, le 21 août, le spectacle

(1) Victor-Amédée avait *fermé* sa couronne ducale selon la mode royale, à l'exemple du Doge de Venise et à la suite d'un décret d'Urbain VIII, relatif au titre d'*Eminence* que tous les princes devraient donner aux cardinaux. Les rois pourraient continuer de les appeler *illustrissimes*.

(2) MUGNIER. *Chronologies pour les études historiques en Savoie*, p. 56.

(3) *Mémoires et Documents de la Société savoisienne d'histoire et d'archéologie*, tome XVI, p. 86.

(4) Les évêques de Genève avaient cessé d'habiter cette ville en 1535 et avaient, un peu plus tard, fixé leur résidence à Annecy.

d'une tragi-comédie du professeur de rhétorique R⁴ D. Fortunat. *Apollon descendant du ciel pour paître les troupeaux du roi Admète,* tel était le nom de cette pièce destinée à louer le religieux quittant sa solitude pour venir diriger ses ouailles. Le prélat goûta l'allégorie, car, dit l'annaliste, la comédie fut très agréable à toute la ville, à commencer par l'évêque (1).

En 1645, nous notons des fêtes scéniques données dans l'église du collège, les 14 et 21 mai et le 6 juin.

En 1646, dans la semaine après Pâques, le professeur d'humanités D. J.-B^te Mermillod, fit jouer par ses élèves, en mode de tragédie, des chants latins et français intitulés : *la Conversion de Celse enfant.* Une autre représentation est encore indiquée au 13 août.

Ce fut encore le P. Mermillod qui fit les frais de la représentation du *Pardon* de 1647. Nous lisons dans le Registre des délibérations (f° 259) :

Le 8e jour après midi, « pour recréer le cœur de ceux qui s'étoient tout le matin attachés à la dévotion, se joua a la place de St Maurice sous le Chasteau une très belle hystoyre le subject de laquelle estoit l'*Ynnocence recogneue* qui fut composée par le R^d P. Mermillod, barnabite, originaire de n^re ville, et recitée par les escholiers du collège,

---

(1) Hœc tragicomedia fuit toti civitati gratissima, prœcipiendo episcopo. (*Acta,* f° 95.)

lesquels par les grandes peynes qu'il y apporta.... dura l'action l'espace de trois bonnes heures. »

Nous avons vu que ce sujet avait déjà été traité par un jésuite de Chambéry, le P. Cerizier. A la Sainte-Catherine (novembre) de 1640 et aux Rois de 1645, les principaux rhétoriciens prononcèrent des déclamations publiques en vers et en prose.

La dernière représentation publique mentionnée par les *Actes* est du 26 juillet 1651. Ce fut le *Triomphe de la patience de Job*, du P. Meilleur, professeur de rhétorique, joué par trente-cinq élèves sur un double théâtre richement orné. L'annaliste fait une description pompeuse de ce spectacle qui dura sept heures, en présence d'une foule que la cour du collège pouvait à peine contenir. Il y note la splendeur et la variété des costumes et des décorations (1).

(1) Mense julio 1651. Die 26. Habita est in propatulo clarissima necnon piissima Tragicomedia *de triumphante sanctissimi Jobi patientia*, a trigenta quinque actoribus hujus Collegii alumnis vestimentorum vario luxu multities mutato splendentibusque cujus apparatus duplici theatro triplicique decorabatur ornatu, vituplicis versuum generis latinorum elegantia necnon gallicorum varietate distincta, nobilibus hujusce urbis consulibus dicata. Intra septem circiter horarum spatium feliciter peracta, spectantibus Illustrissimo episcopo (2), Marchione Favergie, aliisque baronibus et innumeris spectatoribus adeo ut vix area omnium capax fuerit, omnibus autem plaudentibus atque acclamantibus. Dictante Patre D. Mansueto Meliore, Rhetorices professore. (*Acta*, fo 115 vo.)

(2) Charles-Auguste de Sales, successeur de D. Juste Guérin.

7

Les *Pardons* de 1654 furent assez brillants. Dès le mois de mai, les *Enfants de ville* et les *Escoliers* se disputaient le jour de la Nativité pour représenter leur histoire. C'était le jour de la fête, celui où l'affluence était le plus considérable, et comme un peu de jalousie se joint souvent à l'émulation, l'on comprend que chaque compagnie voulut obtenir ce jour pour elle seule.

La ville décida que les *Escholiers* joueraient les deux premiers jours, les *Enfants de ville* le troisième, et que le même théâtre servirait à tous. Elle accorda neuf ducatons aux Barnabites pour la décoration dont, le 7 août, elle donna l'entreprise à des charpentiers, moyennant cent florins.

Les registres consulaires nous apprennent que la pièce des *Enfants de ville* était l'*Hystoire de saint Maurice*, patron de la ville, œuvre d'Amblard Comte (1). Ils sont muets sur celle des écoliers ; nous la connaissons pourtant, les Barnabites l'ayant fait imprimer à Annecy, chez Martin Dufour. C'est, pour la première journée : « *Sainte Barbe, vierge et chrestienne, tragi-comedie*, à messieurs les nobles syndics d'Annessy, et à la

(1) Les Barnabites avaient, en 1651, renvoyé Amblard Comte de sa chaire de régent d'humanités. Il s'en plaint au conseil en faisant remarquer qu'il a été remercié « sans sujet, après avoir avec toute sorte d'affection élevé la jeunesse, mesme après avoir fait tant de belles tragi-comédies tant aux grands Pardons qu'en d'autres temps. »

seconde journée pour être représentée le 8ᵉ de septembre, *Sainte Barbe, martyre. Tragedie à illustre seigneur Gabriel-Philibert Faure* (1). »

Au *Pardon* suivant, le 5 septembre 1661, les *Enfants de ville* jouèrent l'*Hystoire de Sᵗ Alexis;* à celui de 1668, les Barnabites firent jouer une pièce, sur la place Saint-Maurice, à *l'accoutumée.* En 1682, la ville leur accorde 10 écus pour les aider dans les dépenses du théâtre; il devait y avoir des violons. Le conseil dut examiner les précédents pour vider des questions de préséance entre les différents corps qui assistaient au spectacle.

En 1689, les Barnabites avertissent les syndics qu'ils leur dédient l'*Hystoire* faite par le P. Ribiollet; en 1696, la ville accorde au Rᵈ *père rhétoricien* la permission de faire jouer une *hystoire;* même permission pour 1703. Enfin, en 1724, comme nous l'avons dit, la ville renonce à son droit d'exiger des Barnabites une représentation à chaque *Pardon.*

Nous avons retrouvé l'analyse de deux pièces de collège, jouées à Thonon et à Chambéry en 1663.

Le collège de la *Sainte-Maison* avait été établi au commencement du dix-septième siècle à Thonon, pour devenir un centre d'études scientifiques, littéraires et industrielles, et faire concurrence aux établissements d'instruction de la ville calviniste de Genève. Après avoir été dirigé par les Jésuites,

(1) Seigneur de Félicias et de Bracorens; quatrième ou cinquième fils du président Favre, juge-maje du Chablais.

puis par des prêtres séculiers, il avait été confié aux Barnabites vers 1615.

Dans les premières années de l'épiscopat de François de Sales, la Sainte-Maison avait été dotée d'une imprimerie. Il semble que cinquante ans plus tard cette imprimerie ne fonctionnait plus, ou bien qu'elle avait été transportée dans le collège Chapuisien, puisqu'en 1663, ce fut celle du collège d'Annecy qui publia le *Martyre de sainte Agnès, ou la Foy triomphante, tragédie chrétienne* (1).

La pièce est dédiée, *par les acteurs de la comédie*, à ... François-Michel de Gerbaix de Sonnaz, seigneur de l'Annonciade, et des Forest, sénateur, juge-maje du Chablais.

La brochure de huit pages donne d'abord l'argument ou analyse des cinq actes. On y lit ensuite :

« Après l'acte 1, l'infortune d'un écolier débauché servira d'agréable divertissement ;

« Après l'acte 2, les galanteries de quelques Pages feront un intermède ;

« Après l'acte 3, on entendra le chant mélodieux d'un chœur d'Anges consolant sainte Agnès pendant sa prison ;

« Après l'acte 4, l'agréable accident qui arrive à des Filous composera le Dilude (intermède) ;

---

(1) Voici le reste du titre ; L'action sera représentée à Thonon par les Escholiers de la Sainte-Maison des R. R. Barnabites, l'année 1663 le... du mois de...
Ecusson de la famille de Gerbaix de Sonnaz.
M DC LXIII. Annessy. De l'imprimerie du Collège.

« Après l'acte 5, l'Epilogue sera récité par un chœur d'Anges qui fermeront le théâtre par un chant de triomphe. »

Puis vient la distribution de la pièce. Elle contient le nom des écoliers-acteurs et leur lieu d'origine. Il y en avait de toutes les parties du Chablais, et quelques-uns de la Franche-Comté qui n'était pas encore française. Ce document curieux, et peut-être unique, nous a paru bon à conserver. Nous croyons donc devoir le publier en entier.

LES ACTEURS :

SAINTE AGNÈS	Prosper de Dingi, de Passy.
SAINTE EMÉRENTIANE........	Prosp.-Gabl. Musy, de Viuz.
LIVIE, confidente de Ste-Agnès.	Melchior Livet, de Moisy.
DIOCLÉTIEN, empereur........	François Martini, de Thonon.
MAXIMIAN GALÈRE, empereur..	François De Lac, de Thonon.
SIMPHRONE, gouverneur de Rome, beau-père de Procope.	François-Nicolas de la Rive, de Taninge.
PROCOPE, eslu consul, amant de Sainte-Agnès	Jacques Faiague, d'Evian.
CALISTE, eslu consul, ami de Procope.................	Gabriel Masson, de Ville-la-Grand.
MAXIME, pontife des Dieux....	Marc Morel, de St-Claude.
CAMILLE, rival de Procope....	Pierre Gros, de Chesery.
EMILE, gouverneur de Sicile...	Anne de Levaux, d'Annemasse, de Thonon (sic).
LUCULLUS, sénateur..........	Pierre Favre, d'Abondance.
MARCELLUS, sénateur	François Jacquinot, d'Evian.
DOROTHÉE, mignon de l'Empereur....................	Fabien La Combaz, de Thonon.
AURÉLIAN, id. id.....	Joseph Brunet, de Cholex.
VALÈRE, chevalier...........	Henry d'Aubry, de Thonon.
METELLUS, id..............	Jean André de Brotty, id.

Septime, chevalier.......... .. Melchior Vulliet, de Boëge.
Aristandre, astrologue et magicien................... Jacques Paraz, de Thonon.

CHOEUR D'ANGES :

Paul-François Moginier, de Thonon.
Christophe de Tornéry, du Miroir.
François Michoud, de Thonon.
Alexandre Chapuis, de Thonon.
Antoine Fournier, de Thonon.
Joseph Fournier, de Thonon.

PAGES :

Aristor.. .... Antoine Rebut, de Thonon.
Philidor .... Jacques Grivel, du Biot.
Losis .... Jacques Favi, de Thonon.
Polidor.......... Renard de Nambride, de Six.

GARDES :

Philisthenès...... André Communaux, d'Evian.
Aristomenès ...... Guillaume Mudry, du Biot (1).

Cette même année 1663, les Jésuites de Chambéry firent aussi imprimer une analyse de pièce. C'était une *Comédie héroïque* qu'ils avaient jouée dans leur collège, devant le duc Charles-Emmanuel II et sa première femme, Françoise d'Orléans-Valois.

L'analyse est précédée d'une préface qui contient les louanges les plus hyperboliques qui se puissent inventer, et donne une idée de l'allégorie développée dans la comédie.

(1) Il y avait encore un écolier de *Lyon-le-Saunier*, dont le nom a été rayé.

Le Printemps victorieux de l'hyver et de l'automne (1) fut joué par vingt-quatre élèves du collège de Chambéry ; on y retrouve les noms de toutes les familles nobles ou demi-nobles de Chambéry et des environs, notamment les deux frères de Chabod, fils de Thomas-François de Chabod, qui fut le parrain de Thomas Biet. (*Document* II.)

La dédicace commence ainsi :

« Monseigneur, quelque petit que soit ce théâtre pour le plus grand Prince du Monde, il ne laisse pas d'être Auguste pour la gloire qu'il a de se voir élevé sous les yeux de vostre ALTESSE ROYALE aux piez de laquelle l'Amour abbaisse aujourd'hui tous les suiects et luy attire la vénération de tous les Peuples. Ce qu'il produit n'a rien que de grand, puis qu'il fait l'allégorie de son mariage avec la plus grande princesse de l'Univers et qu'il ne tend qu'à représenter l'empressement de trois Saisons, pour la solennité d'un Hymen qui a esté le vœu public de tant d'années et duquel doit naistre l'Eclat de tous les siècles, etc., etc. »

La pièce est en trois actes, la scène se passe au Valentin (*résidence ducale, sur la rive gauche du Pô,* à Turin).

---

(1) *Le Printemps victorieux de l'hyver et de l'automne,* comédie héroïque, jouée devant Leurs AA. RR. au collège de la Compagnie de Jésus, à Chambéry. Par les FF. Dufour, imprimeurs de S. A. R., 1663.

Cette plaquette et la précédente nous ont été communiquées par M. le marquis Albert Costa de Beauregard.

NOMS DES ACTEURS :

Prologue... { Charles de Chabo, comte de Jacob.
Maurice de Chabo, baron de Lupigny.

Junon .... Georges-Joseph de Chamosset.
La Renommée... Antoine Pignier.
Le Printemps... Centorio de Bertrand de la Pérouse.
L'Hyver......... Claude-Henri de Raidelet.
Pomone......... Pierre Fichet.
L'Automne...... Joseph Carron.
L'Abondance.... André Excoffon.
L'Hymen .... Jean-Baptiste de Castagnère.
L'Amour........ Marc-Antoine Fichet.
Mars........... Charles Videt.
Saturne........ Jean-Antoine Morand.
L'Amour déguisé. Pierre-Antoine de Chasteauneuf.
L'Alpe......... Joseph de Lescheraine.
Le Zéphire ..... Philibert de Merandes.
La Rose........ Pierre-Antoine de Castagnère.
Le Lys......... Pierre Fichet.
L'Hyacinthe.... Pierre-Antoine D'Avrieux.
La Marguerite . Claude Noyret.
L'Impériale..... Jean-Baptiste Costa.
Le Tournesol... Philibert de Merandes.
Le Narcisse..... Jean Roglia.
L'Amaranthe ... Aymé Bailli.
L'Epilogue...... Maurice de Chabo.

Les Jésuites jouèrent encore devant le Duc et la Duchesse un ballet intitulé : *l'Hymen d'Hercule avec la Déesse Hébé* (1). La préface est signée par les élèves de rhétorique.

(1) *Ballet pour la nopce de Leurs Altesses Royales en leur collège de la Compagnie de Jésus;* à Chambéry, par

Au Collège Lambertin (1), de Saint-Jean-de-Maurienne, les premières représentations ne datent que de la fin de l'année 1760. Au Carnaval 1761 on y joua le *Malade imaginaire*.

En 1770, le professeur d'éloquence, Louis-François Truchet, docteur *in utroque jure* et chanoine de Maurienne, fit donner, par les élèves de rhétorique, devant l'évêque, le cardinal de Martiniana, une représentation d'une espèce assez rare. C'était un débat judiciaire latin : *Accusation portée devant le roi Tullus contre Marcus Horatius, à raison du meurtre de sa sœur* (2).

Les acteurs sont au nombre de dix :

LE ROI TULLUS........	Noble Joseph Darve.
L'ACCUSATEUR.........	Etienne Séchal.
L'accusé M^{cus} HORATIUS.	Joseph Salomon.
PUBLIUS HORATIUS, *père de Marcus Horatius*.	Joseph-Alexandre Rival ; il intercède auprès du Roi, en faveur de son fils.
DUUMVIRS...........	Jean-Michel Didier. } Ils condamnent l'accusé. Jean-Bapt. Coster.
HOMMES DU PEUPLE...	Claude Petit. Alexis Bérard. Jean-Félix Collet. J^h-Chrysost. Damé. } Ils acquittent l'accusé.

les frères Dufour, 1663, in-4º de 54 pages. Voir aux *Mémoires de la Société savoisienne d'histoire et d'archéologie*, tome XVI, *les Imprimeurs en Savoie*, par MM. Dufour et Rabut, pages 107 et 235.

(1) Fondé vers 1572, par l'évêque de Maurienne, Pierre de Lambert.

(2) *Exercitium juridicum ex Titi Livii Romanarum Historiarum, libro 1º, decad. 1ª, de intentata in Marcum*

Les spectacles au collège continuèrent jusqu'à la Révolution. A la Restauration la tradition n'était pas perdue ; l'on recommença à jouer dans nos collèges de Savoie des mystères arrangés au goût du jour, tels que : *Joseph vendu par ses frères*, le *Martyr de saint Agapit* (1), etc. Le théâtre du P. Du Cerceau et certaines pièces de Molière, adaptées *ad usum collegii* : l'*Avare*, le *Malade imaginaire*, *Monsieur de Pourceaugnac*, etc., constituaient un fonds où l'on puisait ordinairement ; l'on jouait aussi, parfois, à l'occasion de fêtes de supérieurs, des pièces allégoriques (*Rumilly*, 1845, etc.).

En 1835 ou 1836, les dimanche, lundi et mardi-gras furent signalés au collège des Jésuites de Chambéry par des représentations assez remarquables et qui attirèrent un grand concours de spectateurs. Le dimanche on joua les *Fourberies de Scapin*. L'élève *Babuty* s'y montra plein d'entrain. Le lundi, on représenta *les Plaideurs* ; le rôle

---

Horatium apud Tullum, ob necatam sororem accusatione ; chez GAI, typ. et bibl. à Saint-Jean-de-Maurienne.

L'abbé RAMBAUD. *Histoire du Collège de St-Jean-de-Maurienne*, p. 145 et 153.

Nous avons vainement recherché d'autres pièces du théâtre des collèges. La Bibliothèque publique de Lyon en contient beaucoup des collèges de Clermont, Paris, etc., mais aucune de Savoie.

(1) Sujet traité bien souvent, notamment par le P. Porée, avec des vers chantés sur la musique de Campra (n° 3643 du Catalogue de Soleinne, par le bibliophile Jacob). A Chambéry, on y adapta la musique des chœurs de *Zampa*.

de Petit-Jean fut tenu par un ancien élève nommé Cavallero, qui était doué d'un talent comique remarquable. Ce joyeux garçon, plein d'humour et de fantaisie, animait toutes les fêtes. Le mardi enfin, on donna *Jean de Paris*, de Boieldieu (1812). Il existait en ce moment, au collège de Chambéry, un ensemble de très jolies voix (1) qui, dirigées par un maître habile, le P. Cotel, professeur de rhétorique et musicien consommé, interprétèrent ce charmant opéra avec beaucoup de succès.

En mars 1849, au *Collège national*, qui avait remplacé le collège des Jésuites, on joua la *Berline de l'émigré*; en juillet, l'abbé Farnier, professeur de troisième, fit représenter par ses élèves le *Paresseux*, pièce de sa composition.

Notre compatriote Mgr Dupanloup essaya bien, dans son collège d'Orléans, de remettre en honneur les représentations en grec et en latin ; mais son entreprise, qui souleva tant de clameurs, fut bientôt abandonnée sans avoir eu d'imitateurs, du moins en Savoie. Aujourd'hui nos lycées dédaignent les exercices de la scène ; les élèves, entraînés pour le baccalauréat, n'ont sans doute plus le loisir d'étudier des rôles et de répéter. Il est permis de le regretter.

---

(1) Notamment celle de notre excellent collègue M. Ed. P.., à qui nous devons ces souvenirs de 1836.

Ce ne fut guère, semble-t-il, que quand l'usage des *Histoires* y fut tombé en désuétude, qu'Annecy reçut la visite d'acteurs de profession. Cependant, en 1668, nous y rencontrons un *opérateur*, le sieur *D'ulis* ou *Drulis*. Sa présence occasionna un conflit d'autorité entre le Conseil de ville et le comte Olgiati, commandant pour le Duc de Savoie.

Le registre des délibérations municipales en a tenu note. Nous y lisons :

« Le s^r premier sindic propose qu'estant arrivé un certain batteleur nommé d'Ulis lequel s'etant adressé à Messieurs les sindics pour leur demander permission de faire dresser son théâtre pour vendre ses médicaments, ce qu'ils lui avoient accordé facilement. Le s^r comte Olgiat lui auroit fait défendre de monter sur le dit théâtre, qu'il eut à le faire abattre sinon que lui-même le feroit faire sous prétexte que la connaissance de bailler la permission lui appartenoit. »

Après une conférence des syndics avec le comte Olgiat, celui-ci rabattit de ses prétentions. Il déclara « qu'il ne voulait pas empêcher le batteleur de monter sur son théâtre ni heurter les priviléges de la ville, mais qu'il pouvait empêcher que des étrangers comme eux (les acteurs) ne montassent sur le théâtre pour éviter les inconvénients qui pourraient exister entre les soldats et les bourgeois. »

On s'accommoda. Les syndics prièrent le comte Olgiat « de faire contenir les soldats afin qu'ils ne fassent point de désordre, et les syndics feront aussi leur possible pour contenir les bourgeois. »

L'entente la plus cordiale ne régnait pas alors entre les habitants d'Annecy et la garnison.

Pour lutter par tous les moyens contre l'hérétique Genève, le catholique Roi de Sardaigne avait créé, presque de toutes pièces, une nouvelle ville savoisienne, *Carouge*.

En 1757, une troupe de comédie s'y transporta sous la direction du sʳ Lemoyne, qui paraît avoir joué pendant l'été précédent à Dijon. Les termes de la lettre de recommandation qu'il obtint du Gouverneur de Bourgogne, M. de Saulx Tavannes, auprès du Gouverneur de Savoie, semblent même indiquer qu'il y allait pour la seconde fois :

« Monsieur, le sʳ Lemoyne directeur d'une troupe de comédie auquel Votre Excellence a bien voulu donner la permission d'aller représenter à Carouge me flatte par un endroit bien sensible en se persuadant qu'elle voudra bien avoir égard a ma très humble prière pour que je puisse lui refuser d'avoir l'honneur de lui écrire en sa faveur ; il veut supplier Votre Excellence de lui accorder la même grace et de lui permettre de retourner avec sa troupe à Carouge après Paques prochain jusqu'au mois de novembre suivant. Oserais-je espérer que vous voudrez bien ne pas désapprouver que j'aye l'honneur de vous demander cette grace, etc.

« *Signé :* Saulx Tavannes.
« A Dijon ce 27 septembre 1757 (1). »

Le théâtre n'était pourtant pas au nombre des

(1) Archives départementales de la Savoie.

entreprises que Charles-Emmanuel II dirigeait contre Genève, car, dans une lettre adressée le 21 février 1759, à ce même Gouverneur de la Savoie, M. de Sinsan, on lui annonce que « le Roi a témoigné sa satisfaction d'apprendre qu'il n'y a plus de comédie à Carouge (1). »

Annecy n'eut de théâtre permanent que fort tard, et non sans de nombreuses difficultés.

Il y avait bien une place du *tripot*, mais l'on croit qu'il n'y eut jamais là qu'un marché. Près des jardins du château il y eut un *mail* où l'on joua à la paume. On y avait probablement élevé au moins un hangar.

Le 30 avril 1666, les habitants du faubourg du Sépulcre demandèrent la permission d'établir un autre *mail* dans la prairie de leur quartier et de l'entourer de petits tilleuls. Elle leur fut sans doute accordée, et c'est vraisemblablement à ce *mail* que faisaient allusion les Lazaristes d'Annecy lorsqu'ils disaient, en 1678, qu'ils ne pouvaient construire le séminaire au quartier du Sépulcre, la ville *y ayant son divertissement* (2). On lit enfin dans le *Theatrum Sabaudiæ*, imprimé en 1725 : « il y a devant la porte du Pâquier un lieu ou la Jeunesse s'exerce à la course, à sau-

---

(1) Archives départementales de la Haute-Savoie. Carouge fait actuellement partie du canton de Genève.

(2) F. Mugnier. *Notes sur les Evêques de Genève*, dans la *Revue savoisienne*, 1886, page 385.

ter, à tirer de l'arc, de l'arbalète, du fusil et à tous les autres exercices du corps. » Il ne paraît pas, toutefois, que ce léger édifice, qui n'a été détruit qu'en 1864, ait jamais servi de théâtre.

Aussi, en 1785, le Gouverneur-général de Savoie, agissant sans doute à la sollicitation de quelques personnes d'Annecy, saisit le Conseil de ville du projet d'établissement d'une véritable salle de spectacle, et le 5 décembre le Conseil prit une délibération à ce sujet. Il y déclare qu'eu égard au petit nombre des habitants et à la médiocrité de leur fortune, un théâtre serait plus nuisible qu'utile. *L'occasion prochaine et la curiosité* peuvent entraîner bien des personnes au spectacle, qui est encore une cause de dissipation pour la jeunesse. Le Conseil ne veut donc pas de théâtre en règle, et prie S. E. de prendre en considération les motifs qu'il lui expose.

Le Gouverneur atermoya. Cependant les amateurs de l'art dramatique n'avaient pas abdiqué, bien au contraire. Forts sans doute de l'approbation tacite du Gouverneur, ils mirent eux-mêmes la main à l'œuvre. C'est ce qu'a raconté M. A. Burdet, dans le *Palais de l'Ile* :

« En 1787, les esprits étaient fort agités à Annecy par l'établissement d'un théâtre. Des amateurs s'étaient formés en troupe dramatique, et on construisit au Pâquier une salle de spectacle en planches. A la tête de ces jeunes gens étaient l'avocat Tochon (Joseph-François), d'Annecy, tout à la fois auteur et acteur, et qui préludait par ses bagatelles littéraires aux études sérieuses qui, plus tard, le placèrent au nombre des plus illustres numismates et archéologues, et lui ouvrirent les portes de l'Institut de France. »

L'année suivante, une troupe vint à Annecy. « L'opéra la *Belle Arsène* fut même, le fait est sûr, dit Jacques Replat (1), joué au Pâquier par de vrais comédiens. » Le spirituel écrivain demandait en 1854 quels étaient ces collatéraux de *La Rancune* et de *Mademoiselle de l'Etoile*. Si nous ne les connaissons pas, nous savons du moins que c'était la troupe de René Desplaces, qui jouait alors, comme nous l'avons dit, à Chambéry, Grenoble et Annecy. Nous savons aussi qu'elle représenta encore *Nina*, la *Lingère*, la *Dot*, l'*Ami de la maison*. L'opuscule dont nous allons parler nous apprend même que la troupe joua pendant trois mois à l'automne de 1788, qu'elle donna cinq représentations par semaine, ayant produit sept louis chacune en moyenne, « faisant ainsi 8,000 livres prélevées sur le superflu des habitants, outre les fruits du travail dont on s'est relâché par les préludes, la durée et la suite des spectacles et toutes les menues dépenses d'accompagnement (2).

(1) *Esquisse du vieux Annecy*.
(2) *Lettre à un Ami retiré à la campagne, sur le projet d'établissement d'un théâtre dans la ville d'Annecci;* 56 pages. Annecci, chez C. M. Durand. (Le permis d'imprimer est du 31 juillet 1789.)

Le succès de la troupe de Desplaces était un encouragement. Un nouveau directeur, le sieur *Romainville*, demanda, en juillet 1789, « l'agrément de tenir pendant deux mois un spectacle ouvert au public. » La lutte entre les partisans du théâtre et ses adversaires recommença. C'est alors que parut la *Lettre sur les spectacles*, adressée à un ami retiré à la campagne.

Par un artifice ingénieux, l'auteur anonyme conclut en faveur des théâtres et des spectacles ; mais après avoir exposé dans toute leur force les raisons défavorables, il a soin de ne les combattre qu'à l'aide d'arguments peu concluants, de sorte que la victoire reste à la thèse qu'il attaque. Dans des notes qui sont censées émaner de l'éditeur, l'auteur prend encore le soin de se réfuter lui-même.

Cette brochure, œuvre d'un érudit et d'un homme d'esprit, donna le coup de grâce au projet. La ville refusa la permission demandée, et Romainville ne put en appeler au Gouverneur de la Savoie. Le 31 décembre 1788, le ministre *Corte* avait en effet écrit à ce fonctionnaire, non pas il est vrai d'interdire les spectacles à Annecy, mais d'y empêcher la construction d'un théâtre (1).

(1)   Monsieur,
Le Roi ayant été informé que quelques personnes de la ville d'Annecy cherchoient à y établir un Théâtre, quoiqu'il n'y en ait jamais eu aucun par le passé, S. M. m'a ordonné de vous écrire, Monsieur, que son intention est que vous dé-

Victor-Amédée III était décidément moins favorable aux spectacles que ne l'avaient été ses prédécesseurs. Rappelons-nous cependant que, déjà en 1759, Charles-Emmanuel III avait appris avec plaisir *qu'il n'y avait plus de comédie à Carouge.*

Si, dans l'été de 1789, la ville d'Annecy ne put jouir de la troupe de Romainville, elle ne fut pas cependant privée de tout spectacle. Le célèbre écuyer *Avrillon*, natif de Thônes, petite ville voisine, y installa son manège le 16 août, au bord de la promenade du Pâquier. Après avoir donné quelques représentations publiques, il fit contruire une clôture en planches, ce qui occasionna, le dimanche 23 août, une échauffourée dont l'intendant d'Annecy, le comte Ballada, rendit compte au Gouvernement. Nous puiserons quelques renseignements dans son rapport.

« Annecy, 25 août 1789.

« Le n⁶ Avrillon très habile écuyer a commencé

fendiés un tel établissement dans la dite ville à cause du préjudice qui ne pourroit qu'en résulter et par rapport aux mœurs et même pour les intérêts temporels des habitants de la dite ville, où il n'y a qu'un petit nombre de familles qui jouissent d'une certaine aisance.

En me donnant ces ordres, S. M. a daigné ajouter que c'étoit d'après de tels motifs qu'Elle s'est déterminée de faire fermer le théâtre qu'on avoit établi dans la ville d'Aqui, et j'ai l'honneur d'être, etc.

Turin 31 décembre 1788.   *Signé :* Corte.
A M. de Perron, Commandant général à Chambéry.
(Arch. départ. de la Haute-Savoie. Corresp.-Genevois.)

à donner spectacle de manége en public le 16 dans un pré tout ouvert attenant au Pâquier et a annoncé que n'étant pas dans l'usage et ne lui étant pas trop facile de travailler ailleurs que dans un emplacement clos, il en faisoit construire un, moins dans l'intention de gagner sur ses patriotes, qu'animé du désir de les contenter et de les amuser pendant quelques jours. On pourroit bien l'on croire sur sa parole, car on prétend que l'entretien de ses chevaux et de sa nombreuse suite lui coûte quatre louis par jour, tandis qu'en moyenne chaque représentation ne peut ici lui en valoir deux.....

« Pour la formation de ce clos qui pouvoit avoir vingt-cinq toises de circuit (*voilà le premier cirque en Savoie*), Avrillon s'étoit arrangé avec un charpentier qui avoit fourni le bois et la façon moyennant le huitième de chaque recette... Pour ne pas multiplier ses frais il n'avoit pris que quatre soldats de garde.... mais comme ils étoient repoussés, ayant été contraints de lâcher quelques bourrades ils ont reçu quelques coups de pieds, de pierres ; ils vinrent pourtant à bout de saisir un homme qui faisoit plus l'insolent que les autres... La barraque fut enfoncée..... le spectacle finit.... Le Commandant de la place fit abattre la barraque.... relâcher le prisonnier.

« Certains propos équivoques parmi le peuple commencent déjà à prendre depuis trois ou quatre jours, et quoi qu'il ne murmure pas contre le Gouvernement l'on aperçoit qu'il y a un certain levain qui pourroit donner des soucis le cas echéant de la moindre émotion, s'il n'est pas contenu.... Il va nous arriver des ouvriers savoyards qui se retirent au défaut de pouvoir gagner leur vie en France ; mais leur ton d'esprit francisé pourroit prendre le dessus et insinuer rien qui vaille parmi le peuple..»

Le 26 septembre 1792, Annecy est à son tour occupé par les troupes françaises. En octobre, les habitants de la Savoie votent la réunion de leur pays à la France et, le 27, la Convention nationale la promulgue par décret.

CHAPITRE VII.

Les ballets de la Cour de Savoie.

Afin de ne pas interrompre l'ordre chronologique, nous parlerons ici d'un genre de spectacles qui fut assez en faveur au xvii° siècle, le *Ballet héroïque*.

La Cour de Savoie avait suivi à Chambéry Madame Royale Christine de France, tutrice de Charles-Emmanuel II. Il y eut au château, en 1640 et en 1647, des ballets composés, le premier tout au moins, par le célèbre Philippe comte d'Aglié, l'ami dévoué de la régente, à l'occasion de l'anniversaire de la naissance de cette fille de Henri IV. (10 février.)

Le premier est appelé : *Hercule et l'Amour applaudissant à la naissance de Madame Royale* (1). Tous les seigneurs piémontais et savoisiens, ainsi que des nobles français, y prennent part. Ce sont d'abord : D. Félix et le comte d'Aglié, puis le comte de Saint-Maurice (de Chabod) ; deux membres de la famille Maillard, de Rumilly, le marquis de Saint-Damian et M. de Tournon ; le baron de Saint-Jeoire, le commandeur des Lances, le marquis de Caraglio, le chevalier Gonteri ; MM. de

---

(1) *Hercole et Amore*. Voir l'article de V. P. (Vincenzo Promis) dans la cinquième livraison de *Curiosità e Ricerche di Storia subalpina*. Turin, Bocca, 1875.

Montpezat, de Vettier, Seize, Guerra, Tana, d'Ortri, d'Aretel, de Palonghera, la Croys, de Rasigli, de Vocovourt. Il y avait encore l'escouade des jolies femmes et demoiselles : M??? la Princesse, la marquise Palavicina, les comtesses de Camerano et Bobba ; M??? de Saint-Germain, d'Allemogne, de Saint-Maurice, des Lances, Ferrera, de Rossillon, de Damas et de Favria.

Ces ballets remplaçaient les momeries et les carrousels d'autrefois. C'étaient des compositions galantes, souvent assez compliquées ; les chants y alternaient avec la musique et la danse. La richesse, la bizarrerie et la variété des costumes faisaient l'attrait de ces spectacles où, sous le voile d'allégories transparentes, la flatterie envers le maître se donnait libre carrière.

A titre de spécimen, nous traduisons l'argument ou analyse d'*Hercule et l'Amour* :

« La guerre envoie son héraut appeler aux armes les peuples et les guerriers des Alpes, mais les Magiciennes Urgande et Mélisse font surgir au sommet des monts un palais enchanté, transforment en bêtes une partie des habitants et les autres en insensés. Obéissant au charme, les uns forment un ballet composé d'*Ours*, de *Moutons*, de *Cerfs* et de *Chevaux*, conduits par des *Montagnards*, des *Bergers*, des *Chasseurs* et des *Ecuyers* ; les autres, de héros devenus insensés, ridicules, furieux, mélancoliques, amants ou jaloux, dansent en simulant la passion à laquelle ils sont livrés.

« Hercule, Dieu des Alpes, indigné de l'arrogance des Magiciennes qui troublent ainsi son royaume, frappe les Alpes de sa massue et fait paraître un antre d'où l'on découvre l'île de Chypre. Là, il prie le Dieu de l'Amour, comme souverain des deux royaumes, de s'unir à lui pour combattre les enchantements. L'archer divin accourt avec une escorte de petits amours, et dans un gracieux ballet, il arrache les Héros à leurs folies; il s'élance ensuite dans le sein de sa céleste mère et dépose arcs et flèches à ses pieds.

« Urgande, reconnaissant que les forces d'Hercule et d'Amour dépassent les siennes, s'enfuit désespérée. Pendant qu'un chœur de bergers chante les louanges de Madame Royale, les Héros reviennent vêtus des plus riches habits et forment un somptueux ballet.

« L'antre s'ouvre de nouveau, un chœur de mariniers cypriotes dépeint la grandeur et la beauté de la Reine, et, aux accords d'une symphonie, apparaît une nef fendant la mer et portant une escouade de dames cypriotes qui, se rendant aux Alpes, réunissent la joie et la pompe des deux puissants royaumes et forment un charmant ballet qui termine la fête. »

Les deux *montagnards*, conducteurs de l'*ours*, sont le comte de Saint-Maurice et M. Vettier; les deux *bergers* sont le baron de St-Jeoire et M. de Tournon; les *écuyers*, MM. Scize et Guerra; les *chasseurs*, le marquis de Saint-Damian et

M. d'Ortri; les *fous joyeux*, MM. E. Tana et de Rasigli; les *superstitieux*, le commandeur des Lances et M. de Montpezat; les *furieux*, le comte Philippe d'Aglié et le marquis de Caraglio.

Les *amants* sont D. Félix et M. d'Aretel; les *jaloux*, MM. de Polonghera et de Vococourt; les *mélancoliques*, M. La Croys et le chevalier Gonteri.

Chaque couple chante un quatrain; voici celui des amours:

> Si l'amour est folie, je te jure Amour,
> Que toujours je serai un fol amant,
> Car sans magie et sans enchantement
> J'ai le feu au sein, mille traits au cœur (1).

L'amour, c'est S. A. R., c'est-à-dire le petit Charles-Emmanuel II, âgé de six ans. « Il a une chevelure blonde couronnée de fleurs, le corps couvert d'un filet d'argent, des ailes, le carquois au flanc, l'arc en main. Suivi d'une nichée de petits amours, et avec une admirable *maestria* bien supérieure à son âge, il feint tantôt de voler, tantôt de lancer des flèches, et ravit les cœurs en même temps que les yeux. »

Les deux royaumes sont: celui des Alpes (Savoie et Piémont) et le platonique royaume de Chypre.

> (1) Se pazzia è l'amor, ti giuro Amore,
>   Ch' io per sempre sarò tra pazzi amanti,
>   Già che senza magia, e senz' incanti
>   Ho 'l fuoco in seno e mille stralli al core.

La qualification d'Altesse *royale*, prise par Victor-Amédée I, lui avait été contestée assez longtemps par l'Espagne et par la France. Christine avait tenu beaucoup à ce titre, afin d'être, autant que possible, l'égale de sa sœur Henriette-Marie, l'épouse du malheureux Charles 1er. La duchesse de Savoie, âgée alors de 34 ans et veuve depuis trois ans, était dans tout l'éclat de sa beauté. Philippe d'Aglié, l'âme de toutes les fêtes, ne tarda pas à être emprisonné à Vincennes, par les ordres de Richelieu. Il fut mis en liberté en 1642.

Le 10 février 1647, à l'occasion du même anniversaire, la Cour donna encore un ballet à Chambéry : LES CONQUÉRANS LIBRES ET CAPTIFS (1). Il est de bien moins grandes dimensions que celui de 1640. Les acteurs appartiennent presque tous à la noblesse savoisienne. Voici la distribution des rôles que M. le baron Antoine Manno a bien voulu rechercher dans le texte de la brochure, car cette composition n'a pas d'*index* :

L'Amour............	Le petit Monsieur de Saint-Séverin.
Le Grand Seigneur.	M. de Beaumont.
Les Indiens........	} M. le comte de Saint-Maurice et le sieur de Breuil.
Les Persans.......	
Les Mores.........	MM. le marquis de Bernaix, le comte de Saint-Alban et Vettier.
Les Egyptiens	MM. de Montfalcon-St-Pierre, de Pingon, Dunoyer et de la Barre, pages de Madame Royale.

(1) Imprimé à Chambéry, par Louis Dufour, imprimeur de S. A. R., in-4°, 19 p.

La Sibylle........	Mme Sarde.
Les Bergères......	Mmes la marquise de Bernaix et Gantelet.
Les Nymphes.......	Mmes Daretel et Favier.
Les Amazones......	Mme la comtesse de Saint-Alban et Mme Vichard.

Ces ballets n'ont pas été les seuls qui aient été donnés en l'honneur de Christine de France (1). Il ne se passa presque pas d'année que l'anniversaire de sa naissance ne fût célébré par quelque fête galante. On en trouvera la longue nomenclature dans la *Bibliothèque historique de la monarchie de Savoie* (2). Nous citerons, toutefois, les ballets suivants, tous représentés à Turin à l'occasion de cet anniversaire : *Comus, Dieu de la joie et du plaisir*, 1634; le *Jugement de Pâris*, 1635; le *Théâtre de la gloire*, 1637; le *Phénix renaissant*, 1644; puis la *Cécité*, ballet pour l'anniversaire de la naissance du cardinal Maurice; *Hercule au Jardin des Hespérides*, 1637; le *Tabac*, 1650; les *Bacchantes anciennes et modernes*, 1655; grands ballets offerts aux Dames le dernier jour du Carnaval (3). Le 22

---

(1) La seconde *Madame Royale*, Marie-Jeanne-Baptiste, eut aussi ses fêtes.

(2) *Bibliografia storica degli Stati della monarchia di Savoia*, da Antonio Manno e Vincenzo Promis; Torino, fratelli Bocca, vol. I, p. 52 à 57, 307 à 390.

(3) Un ballet *sur le sujet des Bacchanales*, vers de Théophile, Saint-Simond, etc., avait été dansé au Louvre le 26 février 1623. — (Catalogue Soleinne, n° 3263.)

décembre 1650, aux noces de la princesse Adélaïde de Savoie et de Ferdinand-Marie, fils de l'Electeur de Bavière, on joua aussi un grand ballet : *l'Education d'Achille et des Néréïdes ses sœurs dans l'île d'Or.* En 1660, pour le mariage de Marguerite de Savoie avec Ranuce-Farnèse, duc de Parme, et au moment où la troupe de Dorimond devait être encore à Turin, il y eut un nouveau ballet : *l'Unione per la Margherita Reale e celeste.* Les souverains, les gentilshommes et les dames de la Cour y prirent part.

On donnait aussi à la Cour de Turin des pièces allégoriques, jouées ou chantées, telles que les suivantes : *le Comédien confident*, 1626 ; *Il Gelone*, pastorale, par Dom Laurent Scot, prieur de Chézery (pays de Gex), 1656 ; *Lysimaque*, drame avec musique, carnaval de 1681 (1).

Il est encore une pièce, citée par M. Manno (n° 816), qui eût été intéressante à consulter. C'est : RESTE (sic) DES AMOURS DU SOLEIL, *tragédie en machines, représentée sur le théâtre de Turin par les comédiens entretenus par S. A. R. de Savoye, à Turin (s. n.) MDCLXXIII, in-4°, 16 p.* Il est probable que cette pièce n'est qu'un extrait des *Amours du Soleil*, par Visé, pièce en 5 actes et en machines, représentée à Paris, sur le théâtre du Marais, en janvier 1671

---

(1) Manuscrit de la Bibliothèque nationale de Turin ; l'une des planches représente l'intérieur du théâtre *Madame*.

et en 1672 (1). Les comédiens de S. A. R. la jouèrent donc à Turin en 1673, peut-être en la réduisant un peu.

On jouait enfin à la Cour de Turin des pièces *à surprises*, appelées Zappati en italien, et *Sapates* en français d'outre-mont. M. Manno en cite plusieurs, offertes à Madame Royale Marie-Jeanne-Baptiste, le jour ou la veille de saint Nicolas : le *Parnasse en fête*, la *Chasse royale*, *i Doni degli Dei*, balleto festivo per gli doni del Zappato, l'*Atalanta* (2).

Les curieux trouveront dans la Bibliographie de MM. Manno et Promis, l'indication des fêtes relatives aux naissances, mariages, tournois, carrousels, courses, cartels et défis, académies, mascarades; et, à la suite des *Princes de la Maison de Savoie* (3), le récit détaillé des fêtes de tout genre célébrées à Turin en 1608, à l'occasion du mariage des infantes Marguerite et Isabelle de Savoie, filles de Charles-Emmanuel I et de Catherine-Michelle d'Autriche (fille de Philippe II).

(1) *Histoire du Théâtre françois*, XI, p. 135, 138.
(2) *Bibliografia*, nos 807 à 810, 5506. Zapata signifierait *pantoufle* en espagnol; on donnait ce nom à certaines fêtes à surprises qui, probablement, avaient commencé par des surprises cachées dans une pantoufle.
(3) Par Ed. de Barthélemy, Paris, Poulet-Malassis, 1860.

CHAPITRE VIII.

Les Comédiens et les Comédiennes avant 1792 (1).

Avant de passer au théâtre de notre époque, nous croyons devoir donner quelques renseignements plus étendus sur les comédiens dont nous avons cité les noms et sur les pièces qu'ils ont interprétées. Nous indiquerons aussi, pour quelques *mystères* et *hystoires,* les sources où nos auteurs ont pu puiser.

Pierre AUZILLON. Voir *Oyzillon.*

AVRILLON, directeur de cirque, célèbre écuyer, né à Thônes en Savoie, donne des représentations à Annecy en 1789 (p. 113).

BELVAL, jeune premier; à Chambéry en 1783 (page 69).

NICOLAS BIEZ ou Biès dit de *Beauchamps* (pages 16, 26).

En 1655, Nicolas Biez, bourgeois de Paris, est comédien du Roi à Lyon; il est marié à Françoise Petit. Ils y ont un fils qui est baptisé le 17 mars et reçoit le prénom de *Claude.* Le père aurait signé : N. Bie (2). En 1659, à Chambéry, il se dit fils de défunt Jean Biez, natif de Senlis en Picardie (3), et signe *N. Biez* (ou *Bies*) *de Beauchamps.*

---

(1) Nous suivrons à peu près l'ordre alphabétique, afin que ce chapitre puisse tenir lieu de *table* pour cette matière.

(2) BROUCHOUD. *Les Origines du théâtre de Lyon,* p. 52.

(3) Contrat de mariage de Philippe Millot. *(Document III.)*

(Il est assez difficile de distinguer s'il y a un *z* ou un *s*. *Voir le fac-similé*.)

Sa femme, Françoise Petit, y accoucha d'un fils qui reçut le prénom de *Thomas* (l'acte n'est signé que par le prêtre (1). Il est vraisemblable que N. Biez alla en 1659 à Turin, puisqu'il est partie au contrat de société du 14 septembre. Suivant Chapuzeau, il aurait encore fait partie, en 1673, de la troupe française de Turin ; ou bien il y serait rentré après l'avoir quittée momentanément. Beauchamp excellait dans les rôles de femme. Il figure parmi les *Pantomimes et Faunes dansants* dans *les Amants magnifiques*, et parmi les *Turcs*, les *Espagnols* et les *Scaramouches dansants*, du *Bourgeois gentilhomme*, 1670 ; dans les *Dieux des fleuves*, les *Furies* et les *Cyclopes dansants*, de *Psyché*, 1671.

Les Biez ou *Biès*, étaient une famille de comédiens. On trouve à la même époque Jean Hilleret, sieur de Boncourt, directeur d'une troupe de campagne, marié à *Marie Biès*. Un *Biet*, enfin, débuta au Théâtre français en 1692, mais n'y réussit pas (rôle de Ladislas dans *Venceslas*) (2). Serait-ce l'enfant né à Chambéry en 1659 ?

Françoise Petit, femme de Nicolas Biez (pages 17, 26).

Après avoir fait partie de la troupe de *Made-*

---

(1) *Document* II.
(2) *Histoire du Théâtre françois*, XIII, p. 257.

moiselle et de celle du Duc de Savoie, elle se rendit à Paris, où elle devint une bonne actrice, connue sous le nom de la *Belle brune*. En 1644, il y avait à Lyon, dans la troupe de Mittalat, un *Claude Petit*, peut-être son père. En 1663, à Lyon encore, on rencontre *Nicole Petit*, mariée au comédien *Pierre Pajot*, peut-être sa sœur (1).

François de BEAULEVILLE se dit *décorateur* de Paris, dans le contrat de société du 14 septembre 1659. C'était le décorateur de la troupe de Dorimond. (V. page 17, note.)

Catherine BIDAUT, veuve de *Charles* PERROUZ (page 17).

Cette demoiselle Perrouz ou Bidaut était à Chambéry, en 1659, comédienne dans la troupe de Dorimond. Elle épousa en secondes noces un autre comédien de campagne, *Crosnier*. En 1679 elle était employée subalterne à la Comédie française.

BONTHOUX, mécanicien-opérateur à Chambéry en 1789 (p. 74).

CHATEAUVERT. Il est comédien dans la troupe du Duc de Savoie en 1670, 1671. En 1673, il en est devenu le directeur. C'est lui qui, en avril 1673, à Chambéry, fait un long compliment à Dom Antoine. Il est encore le premier de la troupe en 1675 ; il reçoit alors 500 livres de pension et 300 livres de gratification. Sa femme, dont nous ne connaissons pas le nom, est aussi comédienne ;

---

(1) Voir p. 26. CHARDON, *ouvr. cité*, p. 83, 94 ; BROUCHOUD, pages 50, 54.

elle reçoit également une pension de 500 livres (p. 48, 54).

CHAUMONT, comédien de la troupe du Duc de Savoie en 1675, reçoit une pension de 500 livres, sans gratification (p. 55).

DAUBIGNY, cantatrice; dans l'été de 1678, elle joue à Turin et reçoit de Madame Royale Marie-Jeanne-Baptiste, un don de 330 livres (p. 55). Il y a, à cette époque, un acteur appelé d'Aubigny, outre l'auteur de *Manlius*, Antoine de Lafosse, sieur d'Aubigny.

Jean DESCHAMPS, directeur de troupe du Duc de Savoie, 1670 (p. 42. 43).

DESCHAMPS (*Pierre Langlois* dit), sociétaire de la Comédie française, directeur de la troupe de D. Philippe en 1743 à Chambéry (p. 60).

René DESPLACES, directeur de comédiens français en 1787 à Chambéry, Annecy et Grenoble, et en 1790 (p. 72 et 78).

Madame DELAVIGNE, actrice-auteur à Chambéry, 1783, 1785 (p. 78, 79).

Mademoiselle DEVILLE, actrice à Chambéry, 1783, 1785 (p. 78, 79).

DEVILLE, directeur de troupe à Chambéry en 1786 (p. 78).

DESPALLIÈRE, acteur à Chambéry en 1783, 1785 (p. 69).

DORVILLE, acteur à Chambéry   id.
DUGRÉNET,   id.   id.   id.

Hugues DIDOLLET, directeur de troupe à Chambéry en 1789 (p. 78).

Designac, actrice française, jouant à Turin à la fin de 1679. Madame Royale lui fait compter une somme de 725 livres (p. 55).

Dubuisson, l'une des principales actrices de la troupe française de Turin en 1688. Il y eut, à cette époque, deux actrices françaises de ce nom (p. 57).

Drulis ou *Dulis*, opérateur à Annecy en 1668 (p. 107).

Dorimond. Nicolas *Droin* (1) ou *Drouin*, fils de Nicolas, serait né à Paris en 1628, et serait décédé en 1693 (2) ; en réalité, il est mort 28 ou 30 ans plus tôt. Nous avons longuement parlé aux Chapitres II et III de cet auteur-acteur. On le trouve, en 1662, à La Haye et à Bruxelles avec Philippe Millot. Outre les pièces que nous avons indiquées, on lui attribue l'*Avare dupé* ou l'*Homme de paille*, qui serait la même pièce que la *Dame d'intrigue*, de Chapuzeau (3).

Dumont *Marie*, femme de Nicolas Dorimond, a une certaine notoriété. Les frères Parfait en parlent au tome IX, p. 4, comme se mêlant aussi de faire des vers.

Après la mort de son mari, elle épousa Pierre

---

(1) V. aux *Documents* (III) le contrat de mariage de Philippe Millot.

(2) *Dictionnaire* de Larousse. L'article, écrit sur un ton plaisant, est assez inexact.

(3) Voir sur Dorimond et sa femme, nos Chap. II et III, et l'*Histoire du Théâtre françois*, IX, p. 1 à 8, 22 à 34, 51 à 57, 234, 344.

Oyzillon et joua sur les théâtres de Paris. Elle était en mars 1670 l'une des Trois Grâces dans la pièce de Visé : *les Amours de Vénus et d'Adonis ;*

> Les deux belles sœurs Des Urlies
> L'une et l'autre assez accomplies
> Et Mad'moiselle l'Oisillon
> Ayant fort la gorge selon
> Qu'une gorge belle me semble
> Y font ces trois Grâces ensemble (1).

En 1673, elle passa de la troupe du *Marais* dans la troupe réunie de *Guénégaud*. En 1676, elle joue *Lucile*, suivante, dans le *Triomphe des Dames*, avec *Guérin, Dupin*, etc. En 1679, elle fut congédiée avec une pension de 750 livres qu'elle fit élever à mille par arrêt du Parlement de Paris (2).

Louis Droin soit Dorimond, dit *de Louis* ; c'était le frère cadet de Nicolas Dorimond. Il jouait avec lui à Chambéry en 1659 et l'accompagna en Hollande et sans doute à Paris.

Joseph du Landas, sieur Du Pin. Il était fils ou parent de M. du Landas, lieutenant-général de la Rochelle. Dans nos actes il se dit fils de défunt Guillaume, et né à Nantes en Bretagne. Après avoir dissipé son bien il se fit comédien, épousa Louise Jacob, fille du comédien Jacob, dit

---

(1) Lettre rimée de *Robinet*, du 8 mars 1670, dans l'*Histoire du Théâtre françois*, XI, p. 9. Id., p. 295, 300.

(2) *Hist. du Théâtre franç.*, XI, p. 458 ; XII, p. 201, 468.

de Montfleury, et sœur de Montfleury l'auteur. Nous ignorons s'il était déjà marié lorsqu'il joua à Chambéry en 1659. Après des voyages à Turin, en Hanovre, à Rouen, etc., il entra à Paris dans la troupe du Marais, avec sa femme; ils passèrent, en 1773 aussi, dans celle de la rue Guénégaud. En 1676 il y joue, le 7 avril, le rôle de *Perrette*, mère du marié, dans *le Triomphe des Dames*; en revanche, sa femme, déguisée en homme sous le nom d'*Oronte*, y tient le rôle de *Clarice*; leur fille, la *petite mademoiselle Dupin*, joue *Fanchon*.

Mis à la retraite en 1680, avec une pension de 500 livres, il mourut le 25 juillet 1696 (1).

La demoiselle Du Pin, *Louise Jacob*, était belle, bien faite et galante. C'était une bonne actrice. Un procès qu'elle perdit en 1679, fut cause que l'on suspendit les représentations de *Germanicus de Boursault*. « Il faut de nécessité que les juges qui lui ont fait perdre son procès ne lui ayent jamais vu jouer la comédie; ou que ce soit de vieux sénateurs incapables d'être touchés qui l'ont punie de ce qu'elle scait si bien toucher les autres. » Elle joua jusqu'en 1685, se retira avec une pension de mille livres (2) et mourut le 8 avril 1709.

(1) *Hist. du Théâtre françois*, XI, p. 295, 300, 434, 458, XII, p. 203, 468.
(2) *Hist. du Théâtre françois*, XI, p. 295, 300, 458; XII, p. 151, 203, 468, 476.

GUÉRIN *François-Isaac* soit *Guérin d'Estriché*, né (à Paris?) en 1636 ou 1638, fils de *Claude* (d'après Larousse), de *Charles* plutôt, et de *Françoise d'Estriché de Bradane*. Il y avait depuis longtemps des comédiens du nom de *Guérin*; d'abord Robert *Guérin* dit Gros Guillaume, vers 1610; puis, *Guérin* dit l'Espérance, directeur d'une troupe de campagne à la Haye, en 1638. Vers 1650, on trouve trois Guérin jouant dans *l'Agésilan de Colchos*, de Rotrou : Guérin père, la demoiselle Guérin, Françoise d'Estriché sa femme, et le *petit Guérin*, leur fils, *François-Isaac* (1).

Quant à ce dernier, si sa vie est fort connue depuis qu'il est entré au théâtre du Marais, surtout depuis qu'il eut épousé la veuve de Molière, elle l'est beaucoup moins pour les temps antérieurs. Chapuzeau avait désigné Guérin comme faisant partie de la troupe du Duc de Savoie vers 1673, mais sans indiquer son prénom, de sorte que l'on aurait pu supposer qu'il s'agissait du frère de François-Isaac.

Nos documents établissent que c'est bien de ce dernier qu'il s'agit, et en premier lieu, qu'il était comédien, probablement à Lyon en 1658, et certainement à Chambéry en août et septembre 1659, dans la troupe de *Mademoiselle* avec Mittallat et Dorimond.

Nous avons dit, en effet (p. 44), que la lettre

(1) La *Troupe du Roman com. dévoilée*, p. 25, 34, 58 et s.

qui suit son nom dans sa signature au bas du contrat de mariage de Philippe Millot (voir le *fac-similé*) est un *f* (très probablement) ou un *J*, c'est-à-dire l'initiale du prénom *françois* ou celle d'*Jsaac*. Nous savons aussi qu'en 1671 il avait déjà pris le nom de *d'Estriché* et qu'il jouait alors à Turin en même temps que *la Guyot* (p. 46). C'est donc très vraisemblablement au moins à 1671 que remonte leur liaison, ce qui modifie grandement le récit des frères Parfait au sujet de cette actrice.

En 1673, Guérin et la demoiselle Guyot font partie de la *troupe du Marais* à Paris, puis de la *troupe du Roy*.

Le lundi 31 mai 1677, Guérin épousa Armande-Grésinde Béjart, qui était veuve de Molière depuis le 17 février 1673 (1). Elle avait eu trois enfants pendant son premier mariage, dont deux moururent en bas âge ; une fille avait survécu. Elle eut encore de Guérin un fils qui s'essaya à la littérature dramatique et mourut jeune après s'être marié d'une façon assez romanesque. Sa sœur, la fille de Molière, lasse d'attendre un mari, a-t-on dit, se fit enlever par Claude Rachel, sieur de Montalant.

Autant le ménage de Molière et d'Armande avait été troublé, autant l'union de sa veuve et de

---

(1) On croit à Annecy que les deux sœurs quêteuses qui assistèrent Molière dans ses derniers moments étaient des religieuses de Ste-Claire de cette ville, que Mgr d'Aranthon avait autorisées à aller chercher des secours à Paris.

Guérin fut tranquille. Guérin jouait le *Marié* en 1696 dans le *Triomphe des Dames*, où la demoiselle *Molière* avait aussi un rôle.

Ils entrèrent ensemble à la Comédie française en octobre 1680, chacun avec une part entière; ils y restèrent à la réorganisation de 1685. Guérin était devenu un fort bon acteur. En 1696, il tenait le rôle de *Géronte* dans le *Joueur* de Regnard; en 1697, celui de *Valère* dans le *Distrait*. Il joua encore en 1702 et en 1703 dans le *Double veuvage* de Dufresny et l'*Andrienne* de Baron. Armande Béjart mourut le 7 mars 1708; Guérin, le 15 juillet 1717 (1).

Judith de Nevers dite la Guyot, ou la Guiot, serait née à Chalon-sur-Saône. Les frères Parfait (2) racontent « qu'elle débuta dans une troupe de comédiens qui passa quelque temps dans cette ville. L'amour eut quelque part au parti que cette demoiselle prit, car on trouve une permission de mariage du vicaire-général de Chalon, en date du 6 septembre 1672, donnée à Fiacre *Casteja*, engagé dans une troupe de comédiens pour épouser Judith de Nevers et mettre à couvert l'honneur de ladite Judith. » Ou bien la date de *1672* est erro-

---

(1) *Hist. du Théâtre françois*, X, p. 82 note, XI, p. 330; la mort d'Armande y est placée au 3 novembre. Arsène Houssaye, *Molière, sa femme et sa fille*, l'indique au 30; il reporte le décès de Guérin au 28 janvier 1728; cet acteur n'aurait eu, en juillet 1708, qu'une attaque d'apoplexie à laquelle il aurait survécu plus de dix ans (p. 128).

(2) *Histoire du Théâtre françois*, XII, p. 478 et suiv.

née, ou bien la déduction n'est pas exacte. La Guyot, en effet, était déjà comédienne dans la troupe du Duc de Savoie à Turin, dans l'hiver de 1671-1672, et il semble que ce n'était pas une débutante (p. 46). C'est sans doute alors et non en 1673 que commencèrent ses rapports avec Guérin d'Estriché. Elle passa aussi de la troupe du Marais dans celle de Guénégaud, fut mise à la retraite en 1684 et devint contrôleuse de la recette. Le 8 juillet 1691, en rentrant à cheval dans l'allée de sa maison, elle heurta une poutre et se fit à la tête une blessure dont elle mourut. Suivant les mêmes auteurs, le triomphe de Mademoiselle Guyot aurait été le rôle travesti de *l'Amante amant* dans la pièce de ce nom de Campistron. (Août 1684) (1).

Hugues de LAN, premier mari de Marguerite Prunier, comédien, mort à Lyon avant avril 1659.

Le sieur *de Lan* et la *demoiselle de Lan*, comédiens en 1673, dans la troupe de l'Electeur de Bavière (CHAPUZEAU, p. 112), sont très probablement le fils et la fille des deux précédents.

LA SOURCE; voir *Mittallat*.

Jean LE MACOY, comédien faisant partie d'une troupe qui joua à Chambéry au printemps de 1665. Il y fit baptiser ses deux fils le 31 mai (p. 40).

LEMOYNE, directeur d'une troupe à Dijon et à Carouge en 1756 et 1757 (p. 100).

LARIVE (*Jean Mauduit* de), acteur tragique, né en 1749, mort en 1827; débuta en 1770, devint

(1) *Histoire du Théâtre françois*, XII, p. 444.

sociétaire de la Comédie française, où il tint le premier rang, après la mort de Lekain en 1778. Il joua avec un grand succès à Chambéry, dans l'été de 1789 (p. 78).

La MIGNOT. Cette comédienne est peu connue. On la cite d'après Chapuzeau qui la place, avant 1673, dans la troupe du Duc de Savoie. C'était pourtant une actrice très appréciée à Turin et à Chambéry. En août 1673, le comte Cagnol se désole de sa maladie qui la retient à Marseille; enfin, le 14 septembre elle joue à Chambéry dans la *Femme juge et partie*, le rôle principal sans doute, et en travesti aussi. Elle paraît également dans *Pulchérie* (p. 43, 46, 51).

La *Mignot* ne serait-elle point Anne *Millot*, la jeune sœur de Philippe Millot dans le contrat de 1659 ?

Philippe et *Anne* MILLOT ; *Marguerite* PRUNIER, veuve de *Hugues de* LAN. Philippe Millot était fils d'un autre Philippe Millot. Des pièces citées par M. Brouchoud (1), il résulte que le père et le fils étaient qualifiés de graveurs en métaux à Dijon, et qu'ils vendirent, vers 1649, à Delacourt, la machine compliquée dont nous parlons plus loin. C'était sans doute l'œuvre du père qui la montrait pour de l'argent, car le fils était déjà, en 1644, l'un des associés de Molière, dans l'*Illus*-

---

(1) BROUCHOUD. Les *Origines du Théâtre à Lyon*, p. 29, note 3.

tre *théâtre* où, d'ailleurs, il paraît n'être resté qu'un an ou deux. Sa signature, sur son contrat de mariage de 1659, est parfaitement conforme à celle de 1644.

Il avait avec lui une sœur, comédienne aussi, prénommée *Anne* et qui, semble-t-il, était encore toute jeune en 1659. (*Document* III.)

Le 8 septembre 1659, Philippe Millot passa son contrat de mariage à Chambéry, avec *Marguerite Prunier,* veuve du comédien *Hugues de Lan* et qui avait plusieurs enfants de celui-ci. Il est probable que le mariage fut célébré dans une église de Turin, de novembre 1659 à Pâques de 1660.

Marguerite Prunier était d'une famille de comédiens, car elle avait une sœur, Catherine Prunier, mariée à l'acteur Henri Seguier ou Segui, et qui accoucha, en 1649, à Lyon, d'une fille dont la femme de Mittallat fut la marraine (1).

On retrouve Milo (Millot) dans la troupe de l'Electeur de Bavière, avant 1672 (2); il est avec le sieur de Lan, et les demoiselles de Lan et Milo. Le sieur de Lan est probablement un fils de Hugues de Lan et de Marguerite Prunier. Quant à la demoiselle Millot, il est dificile de savoir s'il s'agit d'Anne Millot, ou bien de Marguerite Prunier devenue la *demoiselle Millot* par son second

---

(1) BROUCHOUD. Ouvrage cité, p. 51.
(2) Le *Théâtre françois*, p. 112.

mariage. Nous trouvons encore, toujours avant 1672, une demoiselle de Lan dans la troupe du Duc de Savoie (1).

Abraham MITTALLAT, sieur de LA SOURCE et *Jeanne de* RONCERRE, sa femme. M. Brouchoud avait pensé que cet acteur était Italien, mais nos *Documents* (III) nous apprennent qu'il était de Metz en Lorraine. Si l'on écrit son nom avec un *t* à la fin, comme il le faisait lui-même, l'apparence italienne disparaît. Il épousa le 27 février 1634, à Sens, Jeanne Duronserre, fille du sieur de Bellefontaine, se disant escuyer (2). On le trouve à Lyon dès 1644 ; sa femme y est, le 1er février 1644, marraine de l'enfant de Toussaint le Rebve, sieur de Hautefeuille, et d'Anne de la Chappe. Il semble que tout le personnel des troupes de Mittallat et de l'opérateur Giacomo de Gorla, a signé à cet acte (3). Jeanne de Roncerre est encore marraine, le 7 décembre 1649, à Lyon, de Jeanne-Françoise, fille de Henri *Seguier* ou *Seguys* dit *Corceteus* et de Catherine Prunier, comédiens de Son Altesse Royale (laquelle? Gaston d'Orléans ou le Duc de Savoie?).

En 1650, Mittallat et sa femme eurent quelque peine à se faire restituer par des blanchisseuses

(1) Le *Théâtre françois*, p. 111.
(2) L'acte de mariage, découvert par M. Georges Monval, a été publié par lui dans le *Moliériste* de septembre 1886.
(3) BROUCHOUD. Les *Origines du théâtre de Lyon*, p. 50.

une dentelle de points de Flandre contenant quatorze points. Grâce à l'intervention du sieur Thibaud Lannônier, maître tailleur d'habits à Lyon, ils purent rentrer en possession de cet objet précieux et terminer ainsi à l'amiable une instance engagée devant les Sénéchal et Présidiaux de Lyon. Le reçu est délivré, le 20 février, en la chambre desdits *la Source* et *Roncerre*, rue Saint-Jean.

La même année ils s'associent, avec *Pierre de la Court,* de Paris, pour montrer « une machine « de carte peinte composée de plusieurs change-« mens avec les assortimens et choses nécessai-« res, ainsi qu'elle a esté veue et montrée depuis «. peu, tant en cette ville de Lyon qu'en autres « lieux. »

De la Court avait acheté cet appareil des père et fils Philippe Millot, graveurs en métaux, de Dijon (1).

Pierre Oyzillon, appelé aussi *Auzillon*, aurait été Guidon de la compagnie du Prévôt de l'Ile de France (2). Il est probable qu'il avait quitté cet emploi lorsqu'il se trouvait à Chambéry en 1659, séduit peut-être par les charmes de Madame Dorimond, qu'il épousa après la mort du mari. Son emploi dans la police le disposait à celui de portier de comédie qu'il exerça, probablement

(1) Brouchoud. Les *Origines du théâtre de Lyon*, p. 57.
(2) *Histoire du Théâtre françois*, XII, p. 201.

d'abord avec la troupe de Dorimond et plus tard, à Paris, dans les troupes où sa femme fut engagée.

Antoine PAVY, auteur-acteur-amateur, en 1735-1736 à Chambéry (p. 64). (V. aux pièces jouées.)

PRÉVOST ou PROVOST. Ces deux noms paraissent désigner le même comédien. Chapuzeau place *Provost* dans la troupe du Duc de Savoie avant 1673, mais il n'est pas cité dans l'énumération de l'ordonnance ducale du 10 mars 1672 (p. 46). On retrouve, au contraire, *Prévost* parmi les comédiens au service du Duc en 1675. Il a une pension de 400 livres et une gratification de 300. Il était sans doute encore jeune et tenait les rôles secondaires. A cette époque il n'était pas marié.

En mai 1664, il y a dans la *Princesse d'Elide*, de Molière, un figurant, *Lycas*, du nom de Prevôt. Le 9 mars 1695, Prévost, acteur de campagne, débuta au Théâtre français (1); les frères Parfait ne disent pas s'il fut accepté.

Marguerite PRUNIER; voir MILLOT.

ROCHEMORE et sa femme, la demoiselle *de Rochemore*, font partie de la troupe du Duc de Savoie en 1671, 1672, 1673 et 1675 (p. 43, 46, 54, 55). Un document dont nous nous sommes avisés trop tard pour le citer au Chapitre IV (p. 42), où, mieux qu'ici, il aurait trouvé sa place, nous fait connaître que *Rochemore* jouait déjà la comédie à Chambéry en 1669. Il lui arriva alors une aventure qui dut mettre la petite capitale dans un bel émoi.

---

(1) *Histoire du Théâtre françois*, XIII, p. 437.

Les comédiens avaient établi leur théâtre au Jeu de Paume (1), et le mardi 30 avril, dans l'après-midi, ils donnaient une représentation. Vers trois heures l'avocat Guichon, *roi de l'oiseau* et *cornette des Enfants de Ville,* se présenta à la porte, et après avoir pénétré au parterre, voulut faire entrer gratis ses camarades, le sieur Saunier et autres. Le *roi de l'oiseau* avait peut-être le privilège de l'entrée gratuite, mais cette faveur ne s'étendait pas aux autres chevaliers de *l'arquebuse.* Le *portier* s'opposa à leur entrée ; une bagarre s'en suivit dans laquelle il paraît que le portier fut blessé au bras. Rochemore vint à son aide et... Guichon et Saunier reçurent chacun deux coups d'épée.

Le Procureur général intervint, et dans le rapport qu'il adressa au Duc le 2 juin, il écrivit : « J'ai vu qu'il y a eu imprudence du côté des *Enfants de Ville* et trop de chaleur du côté des comédiens et notamment de la part du *portier* que l'on dit être blessé au bras et d'un nommé *Rochemore* contre lesquels le Sénat a cru être de justice de donner des prises de corps voyant un jeune avocat sur le point de mourir des blessures qu'il avait reçues quoiqu'il n'eut aucune arme. »

La troupe, privée de deux de ses membres et alarmée sur leur sort, recourut à Turin, et le Duc

(1) Nos conjectures à ce sujet (p. 17 et suiv.) se trouvent donc exactes.

s'empressa de notifier au Parquet qu'il couvrait les accusés de sa protection. Les blessures de M⁰ Guichon furent sans doute moins graves qu'on ne l'avait craint; aussi, le 7 juin, le Procureur général écrivit-il : « *Je suspendroy le jugement comme V. A. R. l'ordonne et attendroy ses précises volontés* (1). »

Rochemore et le portier ne durent pas tarder à être rendus à leur compagnie, et celle-ci à quitter Chambéry. Rochemore entra au *Théâtre français*, en avril 1685, à la place de Poisson. (*Reg. de Lagrange.*)

Jeanne du RONSERRE, femme d'Abraham Mittallat; voir Mittallat.

Mme RENAUD, actrice à Chambéry en 1783 ou 1785 (p. 69).

ROMAINVILLE, directeur d'une troupe à Annecy en 1789 (p. 112).

Le sieur de ROSANGE et sa femme la demoiselle de *Rosange* ou *Rosanges* ou *Rozanges* font partie de la troupe du Duc de Savoie en 1671, 1672, 1675. Le véritable nom de Rosange serait

---

(1) DUFOUR et RABUT. *Notes pour l'histoire des Compagnies de tir en Savoie*, au tome XIV des *Mém. et doc. de la Société sav. d'hist, et d'arch.*, pages 55 et 56. Les rois de l'*arquebuse* jouissaient de divers privilèges, notamment de l'exemption de payer *la taille*. Comme chefs d'une compagnie fort populaire, ils avaient une grande influence, et les avanies dont ils étaient l'objet ne devaient pas être supportées bien patiemment.

Marc-Antoine d'Havy, ou d'Houy-Derval. Il était en 1667 comédien dans la troupe de *M. le Prince (de Condé)* avec le vieux *Philandre*, le sieur de *Longchamp*, etc. Il n'était pas encore marié à cette époque, car, dans les pièces publiées par M. Campardon (1), les femmes des comédiens mariées sont indiquées, tandis qu'il n'y a rien de semblable pour Rosange.

Rosange et sa femme avaient à la Cour de Turin une pension de mille livres pour les deux, sans gratification (p. 43, 46, 55).

Honorée ROUSSEAU, femme du comédien *Jean Le Macoy*. Il est possible qu'elle fut la fille de *Pierre Rousseau* dit le sieur *Duclos*, et la sœur utérine de la demoiselle Du Pin (voir note p. 40).

François ROSSOLIS joua à Turin en 1684-1685 (p. 57). Il est difficile de l'identifier avec le comédien désigné par les frères Parfait (XIV, p 542), sous les noms de Barthélemi Gourlin sieur de Roselis et qui, après avoir débuté à Versailles en 1688, a joué assez longtemps à la Comédie française.

SAINT-ANGE, directeur d'une troupe à Chambéry, en 1780-1781.

SAINT-GÉRAND était *impresario* de troupes de comédie, au plus tard, en 1780, à Chambéry, Yverdon, en Bourgogne, etc.; il l'était encore en 1790.

Mlle SAINT-VAL, *aînée*, de la Comédie française, joua peut-être à Chambéry en 1786 (p. 71).

---

(1) CAMPARDON. *Recherches sur Molière*, p. 45, 161 et s.

Senepard, directeur d'une troupe à Chambéry en 1776.

Le sieur de Valois ou Vallois (Laurent Boyval) et demoiselle de Valois, sa femme. Ces deux comédiens font partie de la troupe du Duc de Savoie en 1671, 1672, 1675, 1688 et 1698.

Ils ont chacun une pension de cinq cents livres.

La demoiselle de Valois reçut du Duc, en avril 1675, une gratification particulière de 400 livres.

En 1698, il semble que de *Valois* était le directeur à Turin de la troupe française. Son nom *Laurent Boyval de Vallois*, a été mal lu sur les registres du contrôle, où l'on a cru voir *Laurent Bonneval de Valenois*. (Chapitre IV, p. 57, 43, 46, 55.)

M. Monval pense que c'est pour se distinguer de ce *Valois* que *Jacques de Valois* prit au théâtre le nom de sieur de *Champclos* (1).

Laurent Boyval serait-il le sieur *Bonneval* qui dirigeait, en 1686, la troupe du Roi à Dijon, et que M. Chardon identifie avec *Bruneval*, acteur de la troupe du Duc de Brunswick en 1673 ? (2). C'est au moins douteux.

(1) Le *Moliériste* de 1886, p. 151.
(2) La *Troupe du Roman comique*, p. 184, note.

CHAPITRE IX.

LES PIÈCES REPRÉSENTÉES EN SAVOIE AVANT 1792.

§ I.

Mystères, Moralités, Momeries, Ménestrels, Farces.

Nous faisons remarquer de nouveau que tous les mystères dont les représentations sont connues ont été joués de Chambéry au mont Cenis. Il en a été joué sans doute dans d'autres parties de la Savoie, mais cette floraison des mystères sur la route de Chambéry en Italie, est d'autant plus à signaler qu'elle a été la même, semble-t-il, dans la vallée parallèle de Gap à Briançon (1).

Les manuscrits de ces poèmes du XVe siècle sont perdus, et avec eux les noms de leurs auteurs. Nous avons cependant découvert, peut-être, l'un de ceux-ci en la personne d'*Antoine Sometan* ou *de Mâcon*. Les comptes des syndics de Chambéry pour 1450, établissent qu'à l'occasion de l'arrivée du Duc Louis et de sa femme Anne de Chypre, « Antoine Sometan mit de la diligence à FAIRE certaines *hystoires* qu'il devait *faire* ou *jouer* avec

---

(1) Voir notamment les travaux de MM. Guillaume et Roman, dans les *Mémoires* de la Société d'études des Hautes-Alpes. On trouve aussi le *Mystère de saint Jean*, joué en 1546, à Salbertrand (vallée d'Oulx), sur l'autre versant des Alpes. (Mis L. COSTA DE BEAUREGARD, dans les *Mémoires de l'Académie de Savoie*, 2e série, t. V, p. CXXVI.)

Plus généralement, la plupart des *Mystères* dont on a retrouvé les traces ont été joués dans les pays situés à gauche du cours du Rhône.

ses associés. » On lui paie, en effet, 10 florins « *pro
« eo quod (dictus Anthonius Someta) adhibuit
« aptam diligentiam in faciendo certas hysto-
« rias quas facere debebant ipse Anthonius et
« certi socii dicte ville in adventu...* (1) » Il est
bien possible que les hystoires dont parlent les syndics soient celles de *saint Sébastien* et de *sainte
Anastasie*, jouées d'abord à Chambéry, en 1446.

Le *Mystère* du SACRIFICE D'ABRAHAM a été
représenté en 1562, à St-Jean-de-Maurienne (2),
en l'honneur de la naissance de Charles-Emmanuel, fils d'Emmanuel-Philibert et de Marguerite
de France. *François Monier*, recteur des écoles
de la ville, qui le fit jouer par ses élèves, dut en demander l'autorisation au Sénat. Pourquoi ? Nous
ne pensons pas que l'autorité épiscopale, à qui
d'habitude l'on soumettait, tout au moins le
manuscrit, eût interdit la représentation. Nous
supposons plutôt qu'un arrêt du Parlement de
Chambéry du 17 novembre 1548 (3), était considéré comme encore en vigueur, malgré le retour

(1) Voir *Document* I, n° 3.
(2) RAMBAUD. *Histoire du Collège de Saint-Jean-de-Maurienne*, p. 7.
(3) ANDRÉ PERRIN. *Les Moines de la Bazoche*, p. 16, note
2. « Le Parlement défend de jouer les mystères de la Passion de N. Sauveur ni autres mystères sacrés, sous peine
d'amende arbitraire, permettant néanmoins de pouvoir
jouer autres mystères profanes, honnêtes et licites, sans
offenser ni injurier aucunes personnes. »

de la Savoie au Duc, et que s'agissant d'un mystère sacré le juge avait exigé la permission du Sénat.

A cette époque un *Sacrifice d'Abraham*, tragédie française, de Théodore de Bèze, avait un vif succès, car les éditions s'en multipliaient. Il y en eut une précisément en 1561. Il serait possible, à la rigueur, que François Monier eût emprunté quelques scènes à la pièce de Bèze et que, par suite, il eût été obligé de faire reconnaître par le Sénat la pureté de sa doctrine. Il y eut aussi un *Sacrifice d'Abraham* joué à Paris, devant le Roi, en 1539 (1).

Le *Mystère de* SAINT BLAISE aurait été joué à *Seyssel* en Savoie (rive gauche du Rhône) vers 1506. C'est là une conjecture tirée d'un passage de *Bonivard*, le célèbre prieur de St-Victor :

« En mon enfance je fus enroullé avec un autre enfant pour jouer en une tragédie de *la Passion et martyr de saint Blaise* ou falloit avoir 2 enfants avec leur mère convertis à Jesus Christ et aussi des soldats qui les menoient au martyr. »

Bonivard naquit en 1496, et il paraît avoir passé son enfance à Seyssel. L'on en conclut que la tragédie (ou mystère) de saint Blaise a dû être jouée dans ce bourg vers 1506 (2).

Le *Mystère de* SAINT BERNARD DE MENTHON,

---

(1) *Catal. Soleinne*, n°s 605, 609 à 612, et supp^t 81 à 84.
(2) PETIT DE JUILLEVILLE. *Histoire du Théâtre françois*, d'après le traité de Bonivard *l'Advis et devis des langues*.

dans la *Société au XIII° siècle,* par Lecoy de la Marche (p. 5). Il ne paraît pas qu'il ait été représenté en Savoie, malgré le grand attrait qu'il devait avoir pour les compatriotes du saint.

L'*Histoire du* Roi Clovis aurait été jouée à Chambéry aux premiers temps de la Bazoche, d'après M. A. Perrin (*les Moines de la Bazoche,* 2° partie, p. 11, t. IX; *Société sav. d'hist. et d'arch.*). Nous n'avons pas réussi à en retrouver la trace dans les archives consulaires.

La Dioclétiane est un grand poème en trois journées, composé par *Jacques Scybillé,* de Lanslevillard, au pied du mont Cenis. Elle a fait l'objet d'une bonne étude de M. Flor. Truchet, maire de Saint-Jean-de-Maurienne et membre de la Société d'histoire et d'archéologie de cette ville (1). Cette pièce n'est pas divisée en journées, mais en actes, ce qui indiquerait que sa composition est de date plus récente que celle des autres. Elle comporte 89 personnages, dont les principaux sont : *Dioclétien* et *Maximien, empereurs, et St Sébastien,* qu'un habitant de Lanslevillard devait introduire volontiers dans une œuvre de ce genre. (V. plus loin le mystère de St Sébastien.)

Voici quelques vers pris dans l'analyse de M. *Flor. Truchet* :

---

(1) Lue au Congrès des Sociétés savantes de la Savoie, à Saint-Jean-de-Maurienne, les 12 et 13 août 1878; voir le Compte rendu, p. 88 et suiv. Nous avons, dans l'extrait qui suit, modernisé les noms de fleuves.

Dioclétian :

. . . .
Ma puissance en redouble il ny a si grand roy
Qui au cœur ne fremisse oyant parler de moy
Les Gaulois qui jadis venoient au Tibre boyre
Ont veu boyre soubz moy les Romains dedans Loire
Et les Germains affreux nés au mestiers de Mars
Ont vu couler le Rhin dessoubz mes estandars
Les tritons enfermés au royaulme liquide
Du marinier Neptume ont pris de moy la bride
Prosternes a nos piedz les Thebéens loingtains
Les Mores deloyaulx les Numides soudains
Ceux que l'Euphratte ondoye et les peuples farouches
Qui recoipvent le Nil degorgeant par sept bouches,
Ont flechi dessoubz moy. Mesme ceste cité (*Romme*)
Que presque l'univers tient en captivité
Ploye dessoubz ma force et soubz mon diademe
Adorant ma grandeur comme essence suprême.

Cette hautaine énumération des peuples soumis à l'empereur, qui s'affirme *divinité*, ne manque ni d'élan, ni de force. M. Truchet croit que la représentation de cette pièce et des Mystères suivants se faisait sur une triple scène. On peut placer la *Dioclétiane* vers la fin du XVIe siècle.

Le *Mystère de* SAINT GEORGES, joué en avril 1429, à la Cour du Duc Amédée VIII; la représentation en fut dirigée par Nicod de Menthon. Les comptes du trésorier Michel de Ferro indiquent les toiles achetées pour le pennon des empereurs Dioclétien et Maximien, pour couvrir les idoles *ou se met une personne qui parle,* le lin pour les cheveux des anges et des âmes, le blanc pour faire la carnation de ceux qui sembleront estre nus, de la toile encore pour *saint Cirin, saint Antoine, Maxence, Athanase, saint Georges,* des feuilles dorées pour les couronnes de Dieu, du Pape, des Empereurs (1).

Le *Jugement dernier* a été joué à Modane en 1580, avec 123 personnages dont les principaux ont été indiqués par le marquis Léon Costa, avec les vers suivants du programme débité par le *messagier* (2)?

>Tout premier, Dieu fera haussier
>La mer bien hault, et puis baysser,
>Et les bestes de plusieurs sortes
>Tomberont sur la terre mortes
>La mer fera grand mouvements
>Et les poyssons grands hurlements.

Le *Mystère* de saint Laurent, joué à Termignon et à Sollières, villages de la Haute-Maurienne.

Ce même mystère devait être joué à Chambéry à la Pentecôte de 1459. Les échaffaudages étaient déjà préparés lorsque la mort du prince de Piémont (premier né d'Amédée IX?) et la guerre

---

(1) L. Cibrario. *Economie politique du moyen âge,* I, p. 319. Voir aussi le chap. V du Livre II du même ouvrage sur les *ménestrels* et *momeries,* etc.

(2) *Mém. Acad. des Belles-Lettres de Savoie,* 2ᵉ série, V, p. cxxvi.

portée dans la Bresse par le duc de Bourbon en empêchèrent la représentation (1).

Le *Mystère de* SAINT MARTIN. Il a été représenté dans la commune de Saint-Martin-la-Porte, près de Saint-Jean-de-Maurienne, en 1565, pour satisfaire à un vœu des habitants fait l'année précédente afin d'être préservés de la peste par l'intercession de leur patron (2). Il est en deux journées et comprend 74 personnages. M. Truchet croit qu'il a été composé par quelque notable de l'endroit, parce qu'on y trouve des noms de *mas* et de *lieux de la localité*, et parce que BADIN, *villageois de Saint-Martin*, et parfois, le FOL, y parlent le patois du pays. Nous croyons plutôt, ainsi que nous l'avons déjà dit, que les poètes locaux ne faisaient qu'adapter un poème connu aux circonstances de temps et de lieux. Il existe, entre autres, un *Mystère de saint Martin*, en vers de huit syllabes comme celui dont nous

(1) *Doc.* I, n° 4. A. PERRIN. *Les Moines de la Bazoche*, etc., aux *Mém. et doc. de la Soc. sav. d'hist. et d'arch.*, t. IX. p. 8, note 1. V. au *Cat. Solein.*, n° 579, deux mystères sur ce sujet.

(2) Publié en entier par M. Flor. Truchet, dans les *Mémoires de la Société d'histoire de Maurienne*, t. V, 1881. On ne saurait trop remercier MM. Truchet et Rabut des soins qu'ils ont apportés à leur publication des *Mystères de saint Martin et de saint Sébastien*.

C'est aussi dans le but de détourner la peste de leur ville que les habitants de Romans en Dauphiné jouèrent, en 1509, le *Mystère des Trois Doms*. (V. l'historique qui en a été donné par M. P. Ém. *Giraud*, en 1848, et M. le chan. *Ul. Chevalier*, au *Bul. des diocèses de Valence*, etc., de 1886-1887. Ce dernier vient de publier le *Mystère* intégralement.

nous occupons, et qui a été représenté à Seurre en Bourgogne en 1496 (1).

Celui qui a été joué à Saint-Martin-la-Porte contenait plus de 4,000 vers ; il est difficile de supposer qu'il ait pu être composé dans quelques mois, à partir du tiers ou du milieu de 1561, assez tôt pour être présenté au censeur ecclésiastique, *appris, répété* et joué avant octobre 1565, c'est-à-dire avant la mauvaise saison. Le poète local a dû se borner à faire les rôles *patois* de *Badin* et du *Fol*, et à remplacer les noms de lieux de la vieille pièce par ceux de localités mauriennaises.

M. Truchet nous a fourni lui-même, d'ailleurs, un exemple d'un travail de ce genre au Congrès de Saint-Jean-de-Maurienne. Il nous apprend, à propos du *Mystère de la Passion* qui fut joué dans cette ville en 1573, que l'on dut aller réclamer à la veuve du juge Baptendier les *rooles du dit mystère* qui lui avaient été confiés, pour qu'il les *corrigeât et traduisît*. Le travail du sieur Baptendier avait été fait sur des manuscrits appartenant à la ville voisine de Saint-Michel et sur d'autres empruntés à la ville de Grenoble (2). Nous

(1) Par André de la Vigne; ce poète est aussi l'auteur de la Farce *du Munyer de qui le Diable emporte l'âme en enfer.* (Catal. Soleinne, n° 516.) Le *Mystère de saint Martin*, dont nous parlons, était toutefois inconnu dans le diocèse de Tours. (Note de M. Fl. Truchet.)

(2) Compte rendu du Congrès de St-Jean-de-Maurienne, de 1878, p. 74 et suiv. On y trouvera de très intéressants détails sur la manière dont on entreprenait la représentation d'un mystère.

croyons que Baptendier n'eut pas simplement à copier, mais probablement à fondre deux pièces en une, à remplacer par d'autres les noms locaux, et à mettre en patois certains rôles. C'est ainsi que nous interprétons les mots *corriger* et *traduire*.

Voici quelques vers du *Mystère de St Martin* :

Le Fol. *(Il dit à saint Martin qu'il le protégera.)*

Je suys bon pour tous revenger
Au tranchant de ceste rapiere
Et cest hallebarde gauchiere
Ceste rondelle et l'arbaleste
Pour frapper droict contre la teste
Du fin beau premier assalliant.
Vous croyes que sois peu vailliant
Monsieur vous vous verres deceu
Car en la guerre j'ay receu
Des grands coups mais cest en fuyant (p. 286).

Julien.

Dictes herault a vostre maistre
Que ne luy veux et ne dois estre
James amy, quavec luy tresve
Je ne veux tant soit elle briefve (p. 335).

Et en patois, Badin.

Jey suys venus du fon despagnyz
Ou jey una gran campagnyz
Plaina de noiratez petitez
Lequalez porten nocz confitez
Pocz cheminan un po ply lez
Y qua on peschet de risollez
De gros jambon et de raviolez (1).

(1) Nous pensons qu'il faut lire *ravioles* et non *lanioles*.

>   Golliard, golliard voz voz lechie
>   Et ja voudria de marchie
>   En alla migie vostro so
>   Gardaz voz ou voz serey fo (p. 205).
>
> Le Fol.
>
>   Per ma fey jez grand pour que trop
>   Je nausioz viu luz fon du pot
>   La testa me dot et jez cuidoz
>   Per luz que suy un po migoz (p. 229).

M. Truchet croit que le poème doit être attribué tout entier à *Nicolas Martin*, de Saint-Jean-de-Maurienne, qui vivait encore en 1567. Il s'appuie principalement sur cette circonstance que le manuscrit ne contient presque pas de modifications au texte qui y a été dès l'abord écrit.

Les Misères du temps, *moralité*, représentée à Genève en février 1533, à trois personnages : le *Monde*, son *Conseiller* et son *Médecin* (1).

Le *Catalogue Soleinne* (n° 723) indique deux sotties : la première, à dix personnages, jouée à Genève, sur la place du Molard, le dimanche des Bordes en 1513 ; la seconde, à neuf personnages, jouée en la Justice, le dimanche après les Bordes.

Mentionnons, en passant, la pièce de Théodore de Bèze, imprimée à Genève : *la Comédie du Pape malade*, etc. Genève, 1562. (*Ibidem*, n° 217, etc.)

Le *Mystère de la* Passion. C'est celui de tous

---

(1) Saint-Genis. *Histoire de Savoie*, II, p. 44.

dont il existe le plus grand nombre de compositions diverses, latines ou françaises (1). Nous avons déjà dit qu'il fut représenté en 1572, à Saint-Jean-de-Maurienne, d'après la compilation du juge Baptendier. (V. ci-devant, au *Mystère de saint Martin*.)

Nous venons de voir que le Parlement, en 1548, avait interdit la représentation des *Mystères* sur des sujets sacrés et spécialement sur la Passion :

Le manuscrit du *Mystère de la Passion* que possède M. Fl. Truchet est incomplet (2); on peut, toutefois, fixer à 87 environ le nombre des personnages. Ils s'expriment tous en français. En voici un passage inédit, dû à l'obligeante communication de M. Truchet :

Icy arrivent les apostres devers Jesus et y a petite pause et puis SAINT PIERRE *dict* :

    Mon cher maistre debonnaire
    Vos commandemans faiz avon
    Vecy l'asnesse et son asnon
    Sur qui jamais homme vivant
    Ne monta pource maintenant
    En pouvez faire a vostre guyse.

JESUS.

    Freres, affection m'est prise
    Monter sus pour cause certaine

---

(1) Voir notamment *Catal. Salcinne*, nos 520 à 537, etc.

(2) C'est celui de la *première journée*. En 1862, M. Léon Costa de Beauregard avait le manuscrit de la *seconde journée* de *la Passion*, jouée à Modane. Il serait intéressant de comparer ces deux manuscrits.

Et dedans la cité haultaine
Nous en yrons.

Saint André.

Si vous plaist maistre
Nos vestemens y voudrons mectre
Qui serviront de couverture.

Saint Barthelémy.

Pour ayder un petit nature
Nos manteaux mettrons par dessus.

Saint Symon.

Vous dictes bien.

Saint Philippe.

Or montez sus
Et chascun y tiendra la main.

Icy gectent les apostres deux mantaulx sus l'asnesse et puis monte Jesus dessus. Petite pause.

Saint Mathieu.

Nostre maistre doubx, humain
Se veult huy montrer le seigneur.

Saint Symon.

Pas n'appette mondain honneur
Quant il monte sur une asnesse
Mais plustot en toute simplesse
Vous veult enseigner par ses faictz
Qu'il veult prendre quelque grandfays
Pour la simple nature humaine
Quant la dignite souveraine

> Permet quune si pouvre beste
> Tressimple et de tous ebete
> Supporte son elegant corps. (f° 30.)

Un érudit savoisien, M. René Muffat, a possédé le *Mystère de la Passion*, joué à Modane. Il s'est amusé, dans le numéro de l'*Ami des livres*, de janvier 1862, à remplacer par des vers de sa composition le commencement du poème qui manque au manuscrit. Il débute ainsi :

LE MESSAGER :

> Monseigneur et Messieurs, aimable compagnie
> Humblement par ma voix tres tous on vous supplie
> Qu'il vous plaise escouter d'un cœur triste et dolent
> Et l'âme confortée et l'esprit patient
> Les mystères divins et les grandes merveilles....

Voici maintenant des vers du poème :

LA MÈRE MACHABÉE. (*Elle parle de Dieu à son fils*) :

> C'est sa seule bonté qui d'un peu de poussière
> Et des impuretes d'une sale matière
> Imitant son idée a pu te figurer
> Et quoy que son dessein ait trouvé de l'obstacle
>   Elle a faict ce miracle
> Qu'on ne peut jamais voir et ne point l'admirer.

Le *Mystère de la Passion* a aussi été représenté à Saint-Michel, à Bessans, village plus reculé encore que Lanslevillard ; et peut-être à Chambéry, le Vendredi-Saint de 1516 (21 mars). Nous disons *peut-être*, parce que les comptes des syndics ne mentionnant que les dépenses faites pour les *échaffaulx*, les draperies et les clous, sans parler de celles des acteurs, comme ils le font ailleurs, et n'employant pas les mots *ludus* ou *ludere*, on peut croire qu'il n'y eut alors qu'une représentation plastique sans action. (V. *Document* I, n° 5.)

Le M*ystère* ou *histoire de* SAINT SÉBASTIEN *et de* SAINTE ANASTASIE, a été joué à Chambéry en juin 1446. Il est probable qu'il y avait là DEUX *histoires* et non une seule, car les comptes des syndics emploient le pluriel : *ystorias sancti Sebastiani et Agnastasiæ, — dictarum ystoriarum*. Il semble que la ville ne fit que contribuer pour 40 florins à une dépense plus considérable restée à la charge du Duc, ou à celle des acteurs, (voir *Document* 1, n° 4), qui, dans ce cas, auront réclamé un salaire aux spectateurs, ou bien placé des troncs à l'usage des personnes généreuses.

Ces *histoires* sont peut-être l'œuvre d'*Antoine Sometan* dit *de Mâcon*, dont nous avons parlé en commençant ce chapitre.

L'*Histoire de saint Sébastien* devint populaire en Maurienne, car les communiers de Beaune (canton de St-Michel), reconnaissent, le 15 décembre 1545 que, « *pendant l'infection de peste ils ont fait vœu de joyer le mystère de saint Sébastien.* » Le 9 octobre 1545, ils font encore le vœu « *pour être protégés de la contagion de peste de jouer et de remonstrer le mystère de saint Sébastien aux despens de la dicte paroisse de Beaune* (1).

(1) Note due à l'obligeance de M. le chanoine Truchet.

L'*Hystoire de* Monseigneur saint Sébastien, a encore été jouée, en mai 1567, par les habitants de Lanslevillard. Le manuscrit de la pièce a été retrouvé. C'est celui de la première journée, il « *a été escript par moy Anthoine Platon du dit lieu, notaire ducal.* » M. Fr. Rabut, qui a édité ce mystère (1), pense qu'il a été composé par un membre de la famille *Turbil*, dans les archives de laquelle le manuscrit a été trouvé. Ce n'est là qu'une conjecture. Il nous semble qu'on doit préférablement l'attribuer à *Jean Scybillé*, qui paraît bien être l'auteur de la *Dioclétiane*. Les personnages identiques y sont nombreux, à commencer par *saint Sébastien*. Outre la *Cour céleste*, *les bons et les mauvais esprits* que l'on retrouve partout, on rencontre dans les deux poèmes : *Dioclétien* et *Maximien*, *Tranquille* et sa femme, *Marc* et *Marcellin* leurs fils, *Nycostrat* et sa famille. Si Scybillé est l'auteur des deux pièces, on doit constater qu'il est en progrès lorsqu'il écrit la *Dioclétiane*.

Voici quelques passages de ce *Mystère* :

Le Messagier, après une courte analyse de la pièce, dit aux spectateurs :

---

(1) *Mémoires et Documents de la Société savoisienne d'histoire et d'archéologie*, tome XIII. Il ne serait pas impossible que tous ces *Mystères de saint Sébastien* provinssent de celui qui avait été joué à Chambéry en 1466, sur la composition (probable) et par les soins d'Antoine Sometan.

« Donc affin que ne vous ennuie
Des personnages la remonstrance
A tant vous prie fere silence
Vous supplyant par amytie
Que supportes benignement
Si oyes rien de mal dict
Par faulte d'entendement,
Nous vous prions petits et grands
Que pardonnes notre ignorance (1).
Qui doibt commencer commence. »

Le Fol commence.

Il débite des sentences, et en marge de celles-ci se trouve une variante, œuvre certainement d'un poète local, ce qui indiquerait peut-être que le surplus du poème n'était pas nouveau :

Ecoutez je reviens de France
Tout de ce pas en ce pays
En visitant mes bons amys
Qui me invitent en leur mayson,
Car folie toute sayson
A plus de suyete que le roy
Tant de gens s'adressent a moy
Que je ne puis a tous respondre
Je croy qu'il me fauldra morfondre
Pour visiter soir et matin
Mes bons subiects dicy Turin.
Jeu de cartes et le bon vin

(1) C'est une excuse semblable qu'*Amblard Comte* adresse aux spectateurs en 1633, dans le Prologue de *Mattathias* (p. 91, 92).

> Oultrecuidance et larecin
> Luxure pleyne de meschance
> Autant en Savoye qu'en France. » (P. 272, 273.)

Le dernier mot du *Sot* parle encore de la France.

> Fuir m'en fault hativement
> Puisque vertu souffre martire
> Je ne scay que je doibz dire
> Sinon me retirer en France (p. 434).

DIOCLÉTIEN (abdique en faveur de son fils *Maximien*).

> « Mon fils seres juge de Romanye
> Ceux qui croyent au fils de Marie
> Vous les feres tous a mort meetre.
> Toute ma gent je veulx soubmectre
> A vous et ma terre remectre
> Sans rien quelconque excepter
> En vostre main aflin que maistre
> Estre sur tous et apparoistre
> Vous soyes dict et redoubte.
> En signe de ce je veulx boute
> Sur vostre teste ceste coronne
> Gardes la bien noble personne
> Tout l'empire vous abandonne
> Cest mon vouloy, ainsi l'ordonne,
> Ne faictes ja point de reffus. » (p. 289.)

Aucune partie du poëme n'est en patois. Le *Mystère* a été soumis à la censure ecclésiastique, et l'official? *De Croso (Ducros)* en a autorisé la représentation moyennant quelques changements au rôle du *Fol*.

11

Le *Mystère* (ou *moralité*) de SAINTE SUZANNE fut joué à Chambéry les 1 et 2 juillet 1470, par « 50 personnes des gentils hommes bourgeoys et autres gens habitant de Montmélian lesquels estoient venus en ceste ville de Chambéry pour joyer la *moralité* de la vie de sainte Suzanne devant mon tres redoubte seigneur et ma tres redoubtee dame la duchesse en leur chastel de Chambéry en quel *mistère* joyer et aprester ils ont vaqué depuis le samedi dernier jour du mois de juing au soupper et jusques le mardi iij⁰ du mois ensuyvant de juillet. » Ils ont dépensé tant pour le vivre « que pour les choses nécessayres a eux pour faire les chafaulx, eux aprester pour joyer la dite vie et eux pour joyer leurs dits jeux xv florins, » qui ont été payés par *Lancellot de Lans*, écuyer et maître de cuisine d'Amédée IX et de Yolande de France. (*Chron. de Yolande de France*, p. 67.)

LE TEMPLE DES HONNEURS. — C'était une *moralité* à divers personnages, parmi lesquels *l'Empereur, la Reine, la Raison*, qui a dû être jouée en Savoie, Chambéry ou Thonon, et probablement à Genève aussi, après janvier 1439. Son titre nous est connu par le compte du peintre Jean Girard, de Pignerol, qui se fait payer 4 florins et 3 deniers gros, savoir : *pour une couronne de cuivre pour l'empereur de la moralité du* TEMPLE DES HONNEURS *21 deniers gros, pour sa barbe et ses cheveux, 6 deniers gros; pour la couronne de la reine, 6 deniers gros; pour celle de la raison, une des vertus*, autant; 12 enfin, pour les rôles où étaient écrits les noms des acteurs. (Comptes d'Antoine Bolomier.) (1).

Cette pièce, qui ne comportait pas beaucoup de personnages, a pu être jouée en hiver, dans la salle d'un château, tandis que les *Mystères* à nombreux acteurs, à double et triple scène, écoutés par un nombreux auditoire, étaient joués en plein air, sur des places publiques et durant la belle saison.

MORISQUES et MOMERIES.

Nous donnons, d'après Léon Ménabréa (2), la liste des momeries et morisques jouées sous Amédée IX et sa femme, Yolande de France, et sous leur fils le duc Louis.

Momerie à Thonon, le 3 janvier 1469; à Genève, le 4 février; à Chambéry, le 6 janvier 1461; les personnages sont : la Duchesse Yolande, Mme de la Chambre, Mme de Miolans, Mlle de Poliniac, Mlle de la Chambre, la dame de Servete, la dame de Loy, la jeune de Mossy Cantande et la Guillarmie de la Motte; — Monseigneur l'évêque (*de Genève*), le commandeur de Remds, Montchenu, Marcossey, Antoine d'Orlyé, Pierre de Chignin, Montfalcon, Riverol et Mgr le Maréchal (p. 73).

(1) A. DUFOUR ET F. RABUT. *Les Peintres et les peintures en Savoie*, p. 74 du tome XII des *Mémoires et Documents de la Société savoisienne d'histoire et d'archéologie*. « Libravit die 24^a Januarii pro una corona cupri facta pro imperatore ludi templi honorum... pro corona regine... pro corona rationis unius virtutum... pro rotulis in quibus erant scripta nomina ludentium... et pro barba et crinibus imperatoris.

(2) *Chronique de Yolande de France.*

Momerie à Chambéry, le 1ᵉʳ mai 1471 ; le même mois, *Loge de la Folie*, à Chambéry. Momerie à Verceil, les lundi et mardi du Carnaval de 1473. Morisque avec chastel d'amour, à 15 personnages ; à Ivrée, février 1474 ; à Turin et à Montcalier, 15 août et 11 décembre 1474. Morisque et momerie, à Turin, du 25 janvier au 8 février 1475. C'étaient là des amusements coûteux et compliqués, où l'exactitude ne devait pas être bien grande, et où la convention tenait beaucoup de place. Il y avait un château d'amour flanqué de quatre tours ; à chacune d'elles était une fontaine, versant hypocras, vin, eau de rose et eau d'argent enflammée ; cinq dames et *Mermet Brigand* vêtu en dame, neuf sirènes, neuf demoiselles, Marquet le fol (1), Lancelot l'écuyer de cuisine ; des jardins d'amour avec fleurs, des arbres simulant un bois ; trois ogres, et le fol de la morisque, portant, tous les quatre, de *faux visages* ; trois hommes et le fol pour danser la morisque ; le serpent ailé, soit *dragon*, roulant sur des roues, des sauvages avec épieu pour combattre le dragon ; enfin, dans le jardin d'amour, l'impératrice et deux reines. Tout cela, bêtes et gens, était costumé, argenté, doré, empanaché aux frais de la duchesse de Savoie (p. 120 et suiv.).

Ce même mois de janvier, autre morisque à laquelle prennent part la Verdone, M. d'Auly,

---

(1) Le Fou du comte de Romont. *Fatuus* vel *fatuum faciens*.

M. de Chevron, Lancellot l'écuyer de cuisine, Marquet le fol, Mermet-Brigand, le peintre Nicolas, Guillaume le parisien harpiste de la duchesse, l'abbé des chantres, le chanteur Golletti, le maître des enfans et six novices, c'est-à-dire toute la chapelle ducale (p. 126).

Momeries et morisques, à Chambéry, le 15 décembre 1476, avec mores pour la momerie et ménétriers ; on achète des feuilles d'argent « pour les visages des morisqueux. »

Juillet 1481, morisque, à Chambéry, à l'occasion de l'arrivée, dans cette ville, de la fille du marquis de Mantoue, femme de Mgr le comte Dauphin (p. 215). Momerie, le 23 juillet de la même année, « au milieu des Verneys » ; momerie, en août, à la noce de M. de Marcossey. En décembre suivant et en janvier 1482, à Turin, momeries et *carmagnioles* (p. 222).

MÉNESTRELS.

A côté des *Mystères* et autres représentations de ce genre, il convient de rappeler celles que donnaient les MÉNESTRELS *d'instruments* et les MÉNESTRELS *de bouche*, soit *de chant*. Leur concours, comme celui des peintres, venait d'ailleurs souvent rehausser les fêtes scéniques.

L'ouvrage de MM. *Dufour et F. Rabut* (1)

---

(1) *Les Musiciens et la musique en Savoie*, au tome XVII des *Mém. et doc. de la Soc. sar. d'hist. et d'arch.*, p. 12, 15, 21, 22, 38, 49, 51, 53, 109.

nous fournit encore sur ces artistes de précieux renseignements.

C'est ainsi que, d'après *Cibrario*, il nous fait connaître qu'en 1359, il y eut à Genève une réunion de ménestrels de divers pays, d'Annecy notamment. Voilà donc, au xiv° siècle, un *concours de musiques* et *d'orphéons*. En même temps qu'ils s'y occupèrent de l'organisation de leurs *Sociétés* et de leurs *écoles*, les ménestrels durent, sans doute, donner aux habitants le spectacle de leurs chants et du jeu de leurs instruments : harpe, cithare, luth, rebec, violon, orgues portatives, trompette, tambourin, fifre.

En 1392, les ménestrels jouent à Chambéry, pendant six jours, avant et après le baptême de Jeanne, fille d'Amédée VII et de Bonne de Berry. (*Document* I, n° 1.)

En 1407, de nombreux ménestrels viennent de différents pays, aux fêtes données à l'occasion de la naissance d'Amé, fils aîné d'Amédée VIII et de Marie de Bourgogne ; ils y jouent d'instruments divers (*diversa musicorum genera ducentibus*). (*Document* I, n° 2.)

Parmi les ménestrels *de bouche*, du comte de Savoie, il y avait, de 1396 à 1406, *Paris* et sa femme *Parise*, ils suivaient Amédée VIII dans ses voyages à Gex, Thonon, Chambéry. Entre 1407 et 1410, les ménétriers du Duc de Bourgogne *font du commandement de celui-ci des festes au Bourget*. De nouvelles réunions ou *écoles* (*scolæ mimorum*) (1) sont tenues à Bourg-en-Bresse en 1407 ; à Pont-de-Beauvoisin, en 1414.

Plus tard viennent les chantres de la chapelle du Duc de Savoie avec ténor et autres ; plus tard encore, le petit *Collège des innocents* ou enfants de chœur de la Sainte-Chapelle de Chambéry, avec ses maîtres de chant et de musique. Déjà dès la première partie du XV° siècle, les chanteurs d'Amédée VIII étaient renommés. La chronique de Jean Lefèvre, dans le récit qu'on y lit des noces de Louis, comte de Genève, avec Anne de Chypre, célébrées à Chambéry le 7 février 1433, rapporte « qu'au souper il y a eu plusieurs *menestreux* de plusieurs pays jouant devant la grant table ; le 8, la messe fut chantée par les *chapelains* (membres de la chapelle) du Duc tant mélodieusement que c'estoit belle chose a oyr car pour lheure on trouve cette chapelle *la meilleure du monde*;... au diner jeux des trompettes et menestreux ; a souper, de même. » Chaque fois un seigneur leur donne 30 ou 50 francs et les ménestrels se retirent en criant « largesse. »

FARCES et SOTTIES.

On rencontre à la Cour de Savoie, en 1468-69, un *mestre de farces, Pernet de Normes*. Il reçoit 2 ducats *pour avoir pourchassé des farces à ces fêtes de Noël* (3).

(1) Mimus était le nom latin de *ménestrel, ménétrier*.
(2) Fr. Morand. *Chronique de Jean Lefèvre*, tome II, p. 287 et suiv.
(3) Dufour et Rabut. *Les Musiciens*, etc., p. 59.

En juin 1481, *Humbert Barrin, Nicolas* et *Jacquet Hobert*, jouent des *farces* à Chambéry, à la venue de la fiancée du Dauphin de France (1).

Ces espèces de représentations laissaient beaucoup à l'improvisation des acteurs, qui brodaient sur un thème connu et suivant leur auditoire.

Parmi les pièces de ce genre, manuscrites ou imprimées, qui peuvent avoir été récitées en Savoie, nous citerons les suivantes :

Le *Cruel assiègement de la ville de Gais* (Gex) qui a esté faicte et mis en rime par un citoyen de la dite ville en leur languaige, avec la *joyeuse Farce de Toanon dou Treu*, en vers. *Lyon*, s. n. 1594. (*Catalogue Soleinne*; n° 3982.) — Gex appartenait encore à cette époque au Duc de Savoie.

Joyeuse Farce a trois personnages d'un curia qui trompa par finesse la femme d'un laboureur. Le tout mis en rithme savoyard, sauf le langage du curia lequel parlant au dit laboureur ecorchoit le français, dont c'est une chose fort récréative, ensemble la chanson que ledit laboureur chantoit en accoustrant son soulier, etc. *Lyon*, s. n. 1595, in-8° de 16 p. (*Idem*, n° 3984.)

Un bazochien, appelé *Jehan d'Abundance*, notaire au Pont-Saint-Esprit, est l'auteur connu de deux *Farces* : *Le Testament de Carmentrant*, à 8 personnages, en vers ; — *Farce nouvelle, tres*

---

(1) L. MÉNABRÉA. Ouvr. cité, p. 219.

bonne et tres joyeuse de la Cornette, à 5 personnages, en vers, 1544.

Il est possible que ce poëte, qui est aussi l'auteur de deux mystères (1), soit né à *Abondance en Savoie*, ainsi que l'indique son nom, et qu'après avoir fait ses études au *Collège des Savoyards*, à Avignon, il se soit fixé dans la ville voisine de Pont-Saint-Esprit.

C'était enfin une farce peut-être, que le *Discours véritable d'un usurier de Remilly, en Savoie*, lequel s'est pendu et estranglé avec le licol de sa Jument le 16 may 1601, avec sa complainte en patois savoyard, MDCIII. (Réimprimé après 1860, par René Muffat.)

§ II.

La Tragédie du Président Favre, les histoires des Enfants de Ville, les pièces des Collèges.

Nous plaçons en tête de cette série la tragédie du Président Favre S. I. B. (2) : LES GORDIANS et *Maximins* ou *l'Ambition* (p. 84).

Cette pièce, d'où l'amour est exclu, a sept rôles d'hommes : Gordian, père et fils ; Maximin, père

(1) *Joyeulx mistere des Trois Rois*, à 17 personnages ; *la Passion de N. S. Jesus Christ*, à 11 personnages. (*Catal. Solcinne*, nos 683, 684 ; 538 à 546.)

(2) S. I. B. *Sénateur, Iurisconsulte, Bressan ?* Antoine Favre, né dans la Bresse qui faisait alors partie des Etats du Duc de Savoie, avait encore le titre de Sénateur, bien qu'il fut président à Annecy à cette époque.

et fils; Antoine, capitaine des gardes de Gordian; deux jurisconsultes, Ulpian et Modestin; deux messagers et des chœurs.

Ce n'est plus un mystère, et ce n'est pas encore une tragédie comme les pièces de Rotrou et de Corneille.

Nous ne pensons pas que cette *œuvre tragique*, comme l'appelle son auteur, ait été jouée; mais certainement Favre a dû en lire, à l'*Académie florimontane* d'Annecy par exemple, les morceaux où il fait éclater la vertu et la science des jurisconsultes.

A propos de cette pièce, le bibliophile Jacob (P. Lacroix), après en avoir cité quatre beaux vers, ajoute : « Antoine Favre a composé dix volumes in-f°, mais son meilleur ouvrage est sans comparaison le fils qu'il laissa et qui est plus connu sous le nom de Vaugelas (1).

Ce trait n'est pas juste; Favre ne doit qu'à lui-même sa célébrité. Elle existait avant que son fils ne fût connu. Ses ouvrages ont fait faire à la science judiciaire un grand progrès. Sa correspondance diplomatique et privée prouve qu'il fut un prosateur remarquable. Auprès de lui son fils fut à bonne école.

La tragédie des *Gordians* renferme à chaque page de très beaux vers exprimant de nobles pensées. Nous en citerons quelques-uns.

(1) *Catalogue Soleinne*, n° 848.

La tragédie s'ouvre par un monologue du jurisconsulte *Ulpian*. Il s'apitoye sur le sort de l'Empire déchiré par les factions, et attribue à l'ambition les maux qu'elles engendrent :

> Ainsi l'ambition entraîne nos esprits
> Quand la raison trop lâche ensuit nos appetits
> L'accord harmonieux, dont l'ame se dit belle
> Moulée au vif portrait de l'ame universelle
> Qui stable régit tout par double mouvement
> Soudain se perd en nous, dès que le sentiment
> Pipé par les appasts des délices mondaines,
> Amorces de nos maux, nourrices de nos peines
> Indiscret, aveuglé, soubs le trompeur espoir
> D'un faux contentement se laisse decevoir. (f° 2.)

Ulpian parcourt ensuite rapidement l'histoire de Rome et arrive à la mort de César :

> Le peuple et les seigneurs nourris en liberté,
> Ne souffrent qu'à regret le joug de Royauté :
> Brute d'un cœur hardy, d'une main vangeresse
> Brute l'honneur premier de l'antique noblesse,
> Au hazard de sa vie et de son propre sang
> S'attachant à César luy poignarda le flanc.
> O peuple fortuné, o Romme trop heureuse !
> . . . .
> Si Brute eut eu de toi le secours attendu !
> Luy qui pour son salut avait le sien perdu.

Dans ces vers hardis, passe comme un souffle de la *Ligue*, mais Favre corrige bientôt ce qu'ils contiennent de dangereux dans un état monarchique.

A son capitaine des Gardes, *Antoine*, qui le pousse à la révolte contre Maximin, Gordian, *le père* répond :

> Le peuple et le Senat peuvent-ils fair pour moy,
> Que je ne sois parjure en parjurant ma foy ?
> ....
> Maximin n'est-il pas Empereur légitime
> Si le sage Sénat, la populace infime
> Les soldats de l'Empire et toutes nos citez
> L'ont voulu revestir de leurs authoritez ?

Antoine réplique :

> Ha lâche Gordian, que ton faible courage
> Dément bien à ce coup l'honneur de ton lignage
> Tu te perds au discours de ta folle raison,
> Tu armes contre toy ta propre trahison,
> Tu trahis ta patrie, et ta Romme outragée,
> Par tes couards respects ne sera donc vengée ! (fos 9, 10).

Au 3ᵉ acte, *Maximin* s'indigne de la révolte :

> Doncques il sera dit qu'un empereur de Romme
> Que l'air, la mer, la terre, et redoute et renomme
> Qui fait par la terreur de son sceptre trembler
> Ce qu'à peine les Dieux ne pourroient esbranler,
> Tout ce que des Romains la fortune plus grande
> Jamais dompter n'a sceu, qui superbe commande
> A tout ce qu'icy bas le soleil nourricier
> Dore de ses rayons (f° 31 v°)....

Plus loin, *Modestin*, un autre jurisconsulte, fait la description morale des Cours :

> Quiconque suit la Court d'un prince variable
> Pour mendier l'honneur de sa main favorable.
> ....

Sur le sable mouvant il bastit sa ruyne.
....
Ha combien je vous plains grands et nobles esprits
Qui des Princes hantez les palais mal appris. (f° 37.)

Les Gordians succombent dans la lutte contre Maximin. Le fils est tué, *Antoine* dit au père qu'il faut aller à Rome ; il lui répond :

A Rome ainsi vaincu ? Non, plustot dévaler
....
Dans les pâles manoirs ou la nuit éternelle
Des morts incessamment les peines renouvelle....

Et il se pend.

Les Maximins veulent punir Rome d'avoir pris le parti des Gordians. Ils font le siège d'Aquilée ; le fils raconte à son père les vicissitudes de l'assaut et la reprise du combat après un court repos :

Mais comme deux Toreaux que la rage félonne
D'amour et de despit au combat esguillonne
Auprès d'une génisse, ayant de leurs couroux
Espreuvé la furie, et par mille aspres coups
Leurs cornes teint de sang, my-lassez se retirent
Puis de tant plus ardans, s'attaquent, se déchirent,
Et ne cessent jamais jusqu'à tant qu'au plus fort
Reste l'honneur de voir l'autre à bas, vif ou mort.
(f°s 107, 108.)

Enfin, Favre adoptant la version que Maximin n'a pas été tué par ses soldats, mais qu'il s'est volontairement donné la mort, termine ainsi sa tragédie :

Mon estoc que crains-tu ? Non tu ne seras traistre
Quand bien tu meurtriras les poulmons de ton maistre,
Puisqu'il le veut ainsi et que par tes faveurs
Il pourra, s'il te plait, surmonter ses malheurs.
....
Sus, sus, mon cher poignard ne rougis plus de honte
. ...
Sois en me meurtrissant le sauveur de ma vie.
....
Pousse, entre, efforce-toy. Tant languir il ne faut.
Pour ne mourir qu'un coup, enfonce, il ne m'en chaut.
[fos 118 vo, 120.)

FIN.

LOUANGE A DIEV.

Cette tragédie contient plus de 6,000 vers. Si l'on en retranchait les interminables tirades, les passages où la langue a trop vieilli, on en ferait un ouvrage dont la lecture serait encore agréable.

De temps en temps l'action est coupée par des chœurs, — de soldats, des dames d'Aquilée et autres, dans lesquels il nous semble que Favre s'est inspiré, surtout pour le mètre adopté dans le chant des soldats, de son compatriote *Marc-Claude de Buttet* et de *Ronsard*.

En voici quelques passages (1) :

CHŒUR.

Qui se promet que soubs les cieux
L'heur d'un repos délicieux

(1) La tragédie d'Antoine Favre est assez difficile à trouver, c'est pourquoi nous croyons utile d'en donner de nombreux fragments.

Tousiours accompagne sa vie
Et que de tant d'horribles maux
Qui nous tyrannisent bourreaux
Il puisse surmonter l'envie.

Celui là pense que sur mer
L'on puisse incessamment ramer
Sans crainte des vents ny de l'onde
. . . .
Tousjours sur nous le ciel roulant
Va diversement escoulant
Ses indiscretes influences
Et si d'un bien il nous fait part
Soudain mille maux il despart
Qui retranchent nos espérances.

Ainsi rien n'y a de certain
Que le changement incertain
De tout ce qui cy bas remue. (f°s 12 v° et 13.)
. . . .

CHŒUR DE SOLDATS.

Quand le temps est clair et beau
De soy mesme le vaisseau
Vole sur l'onde azurine
Du nocher l'art et le soin
Ne se montre qu'au besoin
Lorsque la mer se mutine

En rien sinon au danger
D'avecques les passagers
Le Pilote ne diffère
Ainsi qu'à l'enfler du flot
On cognoit le matelot
De mesme l'homme en l'affaire. (f°s 29 v°, 30.)

CHŒUR.

Jamais le vice ne rapporte
A celui qui le va suyvant
Qu'une fureur qui le transporte
De le suivre encor plus avant.
. . . .

L'ame pour en soy vivre heureuse
N'a besoin que de la vertu
Qui seule peut victorieuse
Renverser le vice abattu.
Les autres biens qu'ainsi l'on nomme
Ne font que misérable l'homme.

Les grandeurs, les hautes richesses
Dont l'ambition se repaist
Sont meurtrières vangeresses
De la folle ame qui s'y plait.
Plustost l'on verroit les montagnes
Parmi les vallons trepigner,
Que si vicieuses compagnes
De la vertu s'accompagner.   (f°s 58 v°, 59.)

CHŒUR ET CHANT DE JOYE DES SOLDATS.

Enfin ils sont ramversés
    Terrassés
Ces traistres de la couronne
A tous exemple ils dorront (pour donneront).
    Qui voudront
S'armer d'une ame felonne.

Ces rebelles Gordians
    Si puissants

Pour qui Romme estoit bandée
Romme qui fiere d'un sort
    Grand et fort
Nous bravoit, outrecuidée (1). (f° 9 v°.)

L'ame pour en soy vivre heureuse
N'a besoin que de la vertu
Qui seule peut victorieuse
Renverser le vice abattu.
Les autres biens qu'ainsi l'on nomme
Mais qui sont maux le plus souvent
Ne font que misérable l'homme.

(1) C'est le rhythme de *Marc de Buttet*, dans l'*Ode* sur le mariage d'Emmanuel-Philibert et de Marguerite de France :
    « Où est fondue la montagne
        Ma compagne
    Ou sont courus les bois amis
    (Dis-je) et quelle eau là fume
        Et écume
    En quel monde me voisje mis ? »

C'est surtout le mètre de *Ronsard*, dans l'*Ode IV* du 3e livre des Odes :
    « Prince tu porte le nom
        De renom.... »

Et dans la *Chanson* du second livre *des Amours*.
    « Quand ce beau printemps je voy
        J'aperçoy
    Rajeunir la terre et l'onde
    Et me semble que le jour
        Et l'Amour
    Comme enfans naissent au monde.... »

Puis, dans *les Bacchanales* :
    « Amis avant que l'Aurore
        Recolore..... »

Abraham *revenant de combattre les cinq rois*, pièce du collège d'Annecy, 2 juin 1626 (p. 86).

L'histoire d'*Abraham* a été très souvent traitée dans les pièces de collège ; mais nous n'avons pas rencontré ailleurs le sujet spécial de cette œuvre qui dut être de peu d'importance, puisqu'on joua en même temps le *Sacrifice de Melchisedech*.

Le *Martyre* de sainte Agnès ou *la Foi triomphante*, pièce du collège des Barnabites (Sainte-Maison), à Thonon en 1663 (p. 100).

L'*Hystoire* de saint Alexis, jouée à Annecy le 5 septembre 1661, *par les Enfants de Ville* (p. 99).

Apollon chez Admète ou *Apollon descendant du ciel pour paître les troupeaux d'Admète*, tragi-comédie du P. Fortunat, professeur de rhétorique, jouée le 21 août 1639, au collège d'Annecy (p. 96).

L'*Histoire* de sainte Barbe, vierge et chrétienne, tragi-comédie en deux journées, a été jouée aux *Pardons* d'Annecy les 7 et 8 septembre 1654 par les élèves du collège Chapuisien (p. 98). L'argument en a été imprimé à Annecy, chez Martin Dufour, sans nom d'auteur.

L'on trouve la *Vie de Madame sainte Barbe*, par personnages, nouvellement imprimée à Lyon, 1602. Il y en a une autre, précisément en *deux journées*, imprimée à Paris (*Cat. Sol.*, n° 568).

La *Conversion de* Celse *enfant*, pièce composée de chants en latin et en français, du P. J.-B^{te}

Mermillod, d'Annecy, professeur d'humanités, jouée au collège Chapuisien, du 2 au 7 avril 1646 (p. 96.)

La *Mort de* JULES CÉSAR, histoire jouée par *les Enfants de Ville* d'Annecy en 1621 (p. 86). C'est, parmi les sujets profanes, celui peut-être qui a été traité le plus souvent. L'auteur, d'Annecy, peut-être Amblard Comte, a pu s'inspirer notamment de *la Liberté vengée* ou *César poignardé*, de Grevin, Rouen, 1606. (*Cat. Sol.*, n° 743. E. BOYSSE, *loc. cit.*, p. 666).

Le *Triomphe* d'OCTAVE CÉSAR, tragi-comédie du P. Charles-Jérôme Rosario de Crémone, professeur au collège d'Annecy ; jouée dans ce collège les 16 et 17 août 1631 (p. 87).

DAPHNIS *célébrant l'ascension du Christ*, tragi-comédie du P. Candide Postcolumna, professeur de rhétorique au collège Chapuisien ; jouée dans ce collège, à Annecy, le 27 mai 1618 (p. 85).

Accusatio in Marcum Horatium, exercice judiciaire à divers personnages, par le chan. L.-F. Truchet, professeur de rhétorique à Saint-Jean-de Maurienne, dit par ses élèves en 1770 (p. 105).

L'HYMEN *d'Hercule avec la déesse Hébé*, ballet représenté au collège des Jésuites de Chambéry en 1663 (p. 104). L'habitude de faire danser des ballets par les élèves était générale dans les collèges de Jésuites. (V^r E. BOYSSE, *loc. cit.* et *Cat. Sol.*, *passim.*)

JUDITH, tragédie en français, par *Amblard*

Comte, professeur d'humanités, et de *Hyeure*, recteur de quatrième ; jouée au collège d'Annecy le 22 mai 1625. (*Acta Collegii*, f° 44 v°).

L'*Innocence reconnue*, pièce du P. *Cérizier*, jésuite de Chambéry, 1638.

L'*Innocence recogneue*, histoire par le P. J.-B^{te} Mermillod, jouée aux *Pardons* de 1647 par les élèves du collège d'Annecy (p. 5).

Ces deux pièces ne sont sans doute que des *Histoires de Suzanne*, sujet qui a été traité de nombreuses fois, avant et après le milieu du xviie siècle.

Le *Triomphe de la patience de Job*, mystère ou histoire du P. *Meilleur*, professeur de rhétorique au collège Chapuisien, représenté à Annecy le 26 juillet 1651 (p. 97). Il y a une *Patience de Job*, à 49 personnages, imprimée à Rouen, et beaucoup d'autres encore. (*Cat. Sol.*, n°s 606 et 607.)

Le *Retour des trois Mages après l'adoration du Christ*, œuvre du P. Cyrille Borella, du collège Chapuisien, jouée par les rhétoriciens le 12 janvier 1633 (p. 88).

L'*Histoire de Mattathias*, pièce d'Amblard Comte, d'Annecy, ancien professeur d'humanités au collège Chapuisien, jouée aux Pardons d'Annecy le 7 septembre 1633 (p. 89 et suiv.). V. *Cat. Sol.*, n°s 874-875, etc.

L'*Histoire de* SAINT MAURICE, par *Amblard Comte*, jouée par *les Enfants de Ville*, à Annecy, aux *Pardons* de 1654 (p. 98). Cette pièce, qui avait pour sujet *saint Maurice*, patron de l'église de ce nom, etc., devant laquelle on représentait les *histoires*, pourrait bien être originale.

Le *Sacrifice* de MELCHISEDECH, petite pièce jouée au collège Chapuisien, à la Fête-Dieu, le 2 juin 1626 (p. 86).

Le PRINTEMPS *vainqueur de l'Hiver*, pièce peut-être du P. *Ménétrier*, professeur au collège des Jésuites de Chambéry (p. 103). Il existe un ballet de M. Ange Goltio, *la Primavera trionfante del l'Inverno*, dansé à Turin pour l'anniversaire de M. R., le 10 février 1657. (*Bibliografia*, n° 799.)

La PYROCARIE *de la ville d'Anici* (1) a dû être représentée à l'automne de 1631. Cette allégorie nous paraît s'être constituée de la représentation d'une scène navale et de chants. La rareté de ce petit ouvrage nous engage à en reproduire l'argument et quelques strophes.

SUJETS DE LA REPRÉSENTATION SUR LE LAC D'ANNICI.

La Princesse Osavie, pour des crimes faussement imposez à son Père le grand Alpin, fut attrapée traitreusement par l'Iniustice et l'Envie, et attachée à un escueil

---

(1) La PYROCARIE *de la ville d'Anici*, ou la représentation de la délivrance de la princesse Osavie par le prince Niciphore.
A Son Altesse Serenissime.
(*Ecusson de la ville d'Annecy.*)
MDCXXXI.
(In-8°, 8 pp. de la Bibl. du Mis A. Costa de Beauregard.)

pour estre le repas d'un monstre marin qui dès long temps escumoit toute la mer. Ces furies firent cela, parce qu'elles n'ignoroyent pas que c'estoit le moyen de se venger d'Alpin, puis qu'Osavie estoit sa fille aisnee, qu'il aimoit comme soi mesme ; de fait ce pauvre Père ayant appris l'estat auquel sa fille estoit reduite, mourut de regret. Le monstre occupé à des autres proyes reservoit Osavie pour son dernier morceau, tandis que le vaillant Niciphire, poussé du devoir de l'humanité, se resout de secourir celle qui du vivant d'Alpin lui estoit promise en mariage. Pour tel effet ce Prince assemble une puissante flotte, et vient combattre le monstre ; ce n'est pas toutefois sans difficulté : car cette horrible beste se defend furieusement : mais enfin Niciphire lui baille le coup de mort, et sautant à l'escueil rompt les chaines d'Osavie, et l'ayant retiree à bord il l'espouse à la resiouïssance de tous leurs peuples. Le feu, l'air, l'eau, et la terre donnent des grands tesmoignages d'allegresse, et les Muses chantent l'Epithalame.

CHANSON
DE LA POETRIE TITIE REPRÉSENTANT LA VILLE D'ANICI.

STROPHE I.

Revenez-vous, belle Osavie,
Et secouez le desespoir
Les ennemis de vostre vie
N'ont plus sur vous aucun pouvoir :
Leur plus dangereuse furie
Merite en fin que l'on en rie.
Chacun se range à son devoir :
La despiteuse perfidie,
Reduitte au bout de son sçavoir
Finit en tragicomedie.

ANTISTROPHE I.

A la fin le ciel ne veut pas
Que le mal ait tant de durée :
Ceux qui vous croyoyent le repas
De la monstrueuse marée,
Frustrés de leur prétentions
Vont maudissant leurs passions,
Et se dépitent de la v.
Parce qu'à franchement parler
Ce leur est une ignominie
D'estre venus pour s'en aller.

STROPHE II.

Il me souvient que mon Genie
Un iour me mena dans les bois,
Où reside la compagnie
Qui fait les prophetiques loix :
Et sur le suiet de la guerre,
Qui fouloit l'Osavine terre,
Calliope me prit à part,
Et me souffla dedans l'oreille,
Que l'Envie avec tout son art
Ne feroit pas grande merveille.

ANTISTROPHE VI.

Ah, je le vois ! ah, je le vois !
Prenez garde comme il avance
Voyez le monstre à sa mercy
Mais voyez vous comme il s'élance ?
Il siffle, il grince, il se défend,
Il tourne, il saute, il bat, il fend,
Avec ses nageoires fourchües
Le cristal du lac irisé

> Et fait jaillir jusques aux nûes
> L'onde qu'il a toute agité.

Il y a en tout huit strophes et huit antistrophes imprimées. On trouve ensuite deux strophes et deux antistrophes manuscrites ; l'une est adressée à saint François de Sales :

> Les Heretiques obstinez
> Sous luy reviendront a l'Eglise...

puis ces vers, au prince Thomas, semble-t-il :

> Niciphire amour de la Terre
> Prince que ne fuste jamais
> Ny las du travail de la guerre...

et ceux-ci, au Duc de Savoie :

> Fils de Charles Emmanuel !
> Glorieux Victor Amédée
> Qui avez deffait en duel
> L'ingratitude intimidée...

Il y a encore dans les pages manuscrites une dédicace en vers latins à l'évêque Jean-François de Sales, et une note où l'on rappelle que la peste sévissant à Annecy en juin 1629, le Chapitre s'était retiré à Thorens; enfin diverses autres pièces de vers latins ou français.

La Pyrocarie parait avoir été faite pour célébrer le retour d'Annecy au Duc de Savoie après la courte occupation de Louis XIII, de mai 1630 à octobre 1631. L'argument fait allusion à la mort de Charles-Emmanuel Ier, en juillet 1631.

Sardanapalus *damnatus*, pièce en latin jouée aux *Pardons* d'Annecy, le 9 septembre 1619, par les élèves dans la cour du collège (p. 86).

Sedecias *prisonnier*, pièce en français, jouée par les mêmes, le lendemain (p. 86). Il y a une pièce latine de ce nom, du P. Charles Malapert, jésuite, 1624. (*Cat. Sol.*, n° 439).

Sephoe, peut-être *Sephora*, tragi-comédie du P. Amadée (1), jouée aux *Pardons* de 1626, le 9 septembre, par les élèves du collège d'Annecy (p. 86).

§ III.
Tragédies, comédies, opéras, opéras-comiques.

L'*Ami de la maison*, opéra-comique de Marmontel, musique de Grétry, 1771. — Représenté à Annecy et à Chambéry en 1788 (p. 73 et 111).

Andromaque, tragédie de Racine, représentée pour la première fois à Paris en novembre 1667 ; jouée à Chambéry et sans doute à Turin en 1673.

Ariane, tragédie, le chef-d'œuvre de Thomas Corneille, de 1672 ; jouée à Chambéry en avril 1673.

Bajazet, tragédie de Racine, représentée pour la première fois sur le théâtre de l'Hôtel de Bourgogne, le 5 janvier 1672 ; jouée à Chambéry le 15 août 1673, elle avait dû l'être à Turin moins d'un an après son apparition à Paris.

La *Belle Arsène*, féerie avec ariettes, 4 actes, de Favart, musique de Monsigny, 1774 ; jouée en Savoie en 1788 (p. 73 et 111).

(1) *Amédée?* On lit toujours *Amadeus* dans les *Acta Collegii*.

Borée (*Vincent*), jurisconsulte savoisien ; a composé, avant 1625, au moins quatre pièces en vers qu'il a dédiées à des princes de la Maison de Savoie (p. 7, note) : *Rhodes subjuguée par Amé IV* ; *Béral, victorieux sur les Genevois* ; *Achille, prince grec* ; *Tomyre, reine des Scythes et des Amazones*

Le *Bourgeois philosophe*, comédie en 5 actes, en vers, par M. D. C., imprimée à Turin, chez Bernardin Barberis, sans date. Les initiales M. D. C. signifient peut-être : *M. de Costar*, qui publia de 1767 à 1770 les *Amusements dramatiques*. Nous en doutons cependant, parce que cet écrivain ne nous paraît pas avoir eu assez de talent littéraire pour écrire une pièce aussi bien versifiée et souvent aussi fortement pensée que le *Bourgeois philosophe*. Cette comédie, dit l'auteur, « n'était pas destinée à être représentée parce que « le théâtre doit être un lieu de délassement et « non une arène..... Il y a tant de *bourgeois* « *philosophes* en France, qu'ils ne manqueroient « pas de se reconnaître et de crier contre l'Au- « teur et les acteurs assez insolents pour les si- « gnaler, bien que personne n'ait pensé, en ridi- « culisant des vices généraux, à désigner aucun « individu. » Malgré cette précaution oratoire, il paraît certain que la pièce visait directement les *Encyclopédistes* et leurs adhérents.

L'auteur craignant peut-être de ne pas trouver d'imprimeur à Paris, s'adresse à Turin ; il finit sa

préface par ces mots connus : « Persiflez-moi ;
« je vous le rends, MES FRÈRES ! »

Le philosophe hypocrite s'appelle *Philintrigue*;
on y trouve aussi *Binome, Idéologo* et *Syntaxe*.

ARISTE.

> Mais votre Philintrigue à vous parler sans feinte,
> Est bien pour vous donner quelque sujet de crainte.
> C'est un de ces esprits inquiets, remuants,
> De ce qu'ils n'ont pas fait sans cesse mécontents.
> . . . .
> Qui, chez un peuple Athée iroit prêcher les Dieux ;
> Et qui, pour un principe admis en théorie
> Sacrifieroit enfin jusques à la Patrie (1).
> . . . .

LISIMON.

> Je vous fais part, Messieurs, d'une Encyclopédie
> Que je compte donner de la Philosophie,
> Celle de la nature et celle du bonheur,
> Puis, celle de l'esprit avec celle du cœur,
> Puis, cent autres encor : . . . . .

IDÉOLOGO.

> Pour les perceptions, l'on conviendra, je pense,
> Que je suis, à bon droit, le seul homme de France.

BINOME.

> . . . . Il a perdu la tête
> Et ne sait ce qu'il dit. Moi, je vais démontrer
> Que personne sans moi ne sauroit raisonner,
> Qu'il n'y a rien de vrai que les Mathématiques.
> . . . . . Qu'on me donne un Etat,
> Et l'on verra, Messieurs, si jamais Potentat
> Gouverna mieux que moi.

(1) *Périssent les colonies plutôt qu'un principe.*

SYNTAXE.

Ah ! cependant, Messieurs, vous conviendrez, j'espère,
Qu'on doit pardessus tout préférer la Grammaire,
. . . .
Et puisqu'avec des mots l'on gouverne le monde,
C'est une invention à nulle autre seconde.

Le dénouement ressemble à celui de Tartuffe, et *Lisimon* clôt la pièce par ces vers :

Pour moi, mes chers amis, j'abjure mon erreur.
Jamais le bel esprit n'a valu le bon cœur.

Les *Deux Petits Savoyards*, de Marsollier, musique de Dalayrac (1789). C'est là qu'est la chanson :

Escouto d'Jeannetto,
Veux-tu de biaux habits ?

DOPPET (FRANÇOIS-AMÉDÉE), né à Chambéry en 1753 ; après avoir été soldat, étudiant en droit, en médecine, voyageur, comédien, écrivain, fit à Chambéry, en 1788, une petite pièce de circonstance, *les Rivalités villageoises* (p. 74). Nous avons trouvé, dans ses papiers, donnés à la Bibliothèque publique de Chambéry, le manuscrit du *Courrier de l'hymen*. C'est une toute petite comédie que nous appellerions aujourd'hui le *Journal des annonces matrimoniales*. Il y a quelques scènes plaisantes, mais l'ensemble est très faible. Après avoir été lieutenant-colonel de la Légion des Allobroges, général de brigade, général de division, et s'être emparé de Lyon le 9 octobre 1793, etc., Doppet prit sa retraite à Chambéry. Il y retrouva son manuscrit du *Courrier de l'hy-*

men et essaya d'en tirer une pièce au goût du jour. Il l'intitula : « *Le Journaliste bien accouplé ou le Courrier de l'hymen*, pièce en 1 acte et en prose, par le citoyen Doppet, général dans les armées de la République, et membre de l'Académie de Rome, an VII de la République. » Il y efface les expressions royalistes et remplace quelques types du temps passé par d'autres du temps actuel : *un invalide de la République*, un *ex-noble*, une *ex-religieuse*, un *fournisseur des armées*. Le journaliste et son commis, Florimond et Frontin, demandent à l'invalide Tapage quel genre de femme il désire. *Tapage* répond : « Donnez-moi une femme qui ne soit pas cassable... Ce n'est pas la mer à boire que de trouver une femme à un grivois qui les aime toutes. » *Gigot*, le fournisseur : « Je suis rond, comme vous voyez, et rembourré à l'avenant ; j'ai fait mouvoir deux des armées de la République, en pain, viande, chariots, fourgons, mulets et chevaux. Je suis ruiné, absolument ruiné. Heureusement que j'ai su me retourner et que j'ai eu le bon esprit de vivre avec les commissaires des guerres. Comme ils ont autant de doigts que les fournisseurs, j'ai attrapé des rations qui ont fini par faire des magasins... Je veux une femme qui aime la parure, qui coure les marchandes de modes, qui sache faire des dettes... Un fournisseur a besoin de renommée. »

Le muscadin *Déploré* charge le journaliste de faire son portrait : « ... Copiez ce chapeau à forme renversée qui cache les yeux, le nez et le sourcil ; parlez de cette lunette verte qui donne à l'œil la couleur azurée du plus liquide des éléments. Peignez cette cravate en ceinture de postillon qui sert de port au menton, de contremur aux oreilles et qui est bornée en avant par l'élégance d'un chiffre à la mode. Voyez ce châle qui sert de gilet, ces cordons de métail qui offrent un carillon perpétuel, cette culotte qui descend avec d'amples nœuds sur le gras de jambe, ces bas du dernier goût à rainures de serpents, ces souliers qui se terminent en flèches ou en fleurs de lys. Faites le plan de ce pourpoint dont la taille n'est aucunement gênante... Admirez et suivez si vous le pouvez, dans l'art de la description, la démarche qui perfectionne l'être de la Cour. Copiez ces balancés dans le salut, ce reculement du derrière qui amène promptement le coup de tête ; le pliant moelleux du genou dans la marche, le balancement continuel des bras, le mouvement des doigts et l'état presque perpétuellement convulsif de toute l'existence. N'oubliez pas la petite canne à pomme et yeux blancs qui doit avoir 18 poulins ? de long en mémoire du martyr Louis 18 (sic) ; ne cachez pas, si vous voulez, la massue plombée qui termine le sceptre des enfants du Soleil... Joignez à tous ces précieux dons de l'art et de la nature tout ce qui est l'effet de l'organisation du cœur. Faites enfin un tableau digne de l'original que vous avez l'honneur d'avoir sous les yeux... » Pour salaire il lui confie « le plus précieux des souvenirs ; voilà le portrait du monarque que nous pleurons, dont nous servons la sainte mémoire... Si je ne suis pas marié d'ici à demain vous aurez ma visite et je vous donnerai le portrait de la reine. De plus longs retards vous procureraient toute la famille royale. »

Nous avons encore trouvé dans les papiers de Doppet une autre pièce appelée : « *la Sainte Chaumière* ou *les Dévotes rivales*, pièce théologico-comique en un acte et en prose, mêlée de musique, par le général Doppet, correspondant et membre de plusieurs sociétés littéraires, an VII° de la République. » On y tourne en dérision un prêtre réfractaire, *Pange lingua*, et son sacristain *Amen*. Cette pièce, de fort mauvais goût, présente peut-être quelque intérêt par le jeu de plusieurs airs, populaires alors, destinés à indiquer les situations qui se succèdent sur la scène. Lorsque les fugitifs frappent à la porte de la maison hospitalière, la musique joue : *Je suis Lindor* ; lorsqu'ils vont se coucher, elle joue : *Dors, mon enfant, clos ta paupière*. Quand *Amen* rentre chez lui, c'est l'air : *Où peut-on être mieux qu'au sein de sa famille*. Lorsque le prêtre est déguisé, c'est celui du *Déserteur* : *Ah ! je respire !* pour l'avertir du danger qu'il court, c'est : *Il pleut, bergère* ; lorsque le danger se rapproche :

> Ah ! monseigneur ! ah ! monseigneur !
> Tout est chez vous dans la rumeur.

Lorsque les gendarmes entrent dans la maison, on joue la *Marseillaise*; pendant les recherches, c'est l'air du maréchal : *Tot ! tot ! battez chaud, avec courage !* Enfin, lorsque le *municipal* ordonne de conduire les prisonniers à la ville, le *Chant du départ* termine la pièce.

DORIMOND (NICOLAS DROIN dit). Nous avons indiqué au chapitre II, p. 23 et 24, les pièces dont il est l'auteur et qui ont dû être jouées à Chambéry et à Turin en 1659 et 1660. Ce sont : *l'Amant de sa femme*, les *Amours de Trapolin*, la *Comédie des Comédiens*, la *Femme industrieuse*, le *Festin de Pierre*, *l'Inconstance punie*, le *Médecin dérobé*, la *Précaution inutile*, la *Rosélie* ou *Dom Guillot*. Ajoutons-y l'*Apologie du théâtre*, en vers, dédiée à S. A. R. Mademoiselle, 1655, in-8° de 22 pages. (*Cat. Sol.* suppl¹ du t. v, n° 33.) Les sujets de toutes ces pièces ont été traités par divers auteurs avant et après Dorimond. C'est ainsi qu'il y a déjà en 1633 une *Comédie des Comédiens*, de Gougenot, dijonnois. (*Cat. Sol.*, suppl¹ au t. I, n° 200.)

La *Dot*, comédie en 3 actes, de Desfontaines, avec ariettes, de Dalayrac, 1785. Jouée à Annecy et à Chambéry en 1788 (p. 111).

La *Femme juge et partie*, comédie en 5 actes, en vers, de *Montfleury*, frère de la demoiselle *Dupin*, jouée pour la première fois le 2 mars 1669. Le rôle principal était tenu par une autre sœur de l'auteur, la demoiselle d'*Ennebaut*. Le succès de la pièce balança celui de *Tartuffe*. On l'a jouée à Turin et en Savoie, notamment en 1673 (p. 51). Elle est restée au répertoire et on l'a donnée à Chambéry en juillet 1845.

Les *Femmes savantes*, de *Molière*. Cette pièce, représentée pour la première fois à Paris, le 11 mars 1673, dût être bientôt jouée à Turin, car elle le fut à Chambéry en août 1673 (p. 50).

La *Fille capitaine*, comédie en 5 actes et en vers, de *Montfleury*, 1672. L'héroïne se travestit en officier. Jouée à Chambéry en 1673 (p. 51).

La *Lingère*, jouée en Savoie en 1788 (p. 73 et 111).

Nina ou la *Folle par amour*, comédie en un acte et en prose de Marsollier, ariettes de Dalayrac, du 15 mai 1786 ; représentée à Annecy en 1788 (p. 73 et 111).

ANTOINE PAVY *(le théâtre d')*. Nous ajouterons quelques détails à ceux que nous avons donnés aux pages 58 et 59. Dans une lettre-préface à sa sœur, Mme *Billoud*, trésorière du Genevois (1), l'auteur lui dit que les *Amours magiques* et le *Jugement de Pâris* ont été, l'un et l'autre, composés en quinze jours. La première de ces pièces fut représentée à l'hôtel de B[ellegarde], à Chambéry, en janvier 1736, par des amateurs qui avaient pris le nom de « *la Troupe joyeuse*, » et qui semblent avoir été au nombre de huit à dix. Elle est

---

(1) En 1764, M. Billoud était encore trésorier du Genevois à Annecy.

tout à fait mauvaise. *Gaspard*, prince et magicien, a perdu sa fille, il tombe amoureux de *Carisme* qui aime le prince *Ergaste* ; afin de se venger, il jette dans un jardin un talisman qui fera *chanter* ceux qui entreront dans ce jardin. C'était là un prétexte pour amener quelques airs, que Pavy a notés lui-même, et produire la scène plaisante d'un valet qui s'essaie malgré lui à la poésie et au chant. A la fin Carisme se trouve être la fille perdue de Gaspard qui l'unit au prince.

Le *Jugement de Pâris* ou la *Pomme de discorde* vaut mieux. Cette pièce est dédiée à M. *H., doyen de Saint-Claude*. L'auteur lui raconte que l'idée de la composer lui est venue en voyant représenter, en 1735, au théâtre de Lyon, une comédie montrant Jupiter allant à la *guinguette* où la *Jalousie* voudrait le suivre. Pour se venger de son refus, elle lui remet une pomme qu'il donne à Junon à qui elle est disputée comme on le sait.

Au lieu de faire Jupiter ivrogne, Pavy le fait amoureux de la fille d'un hôtelier de Thessalie, *Zerbinette*. Junon qui a suivi Jupiter avec Minerve et Vénus, lui fait une scène ; le père des Dieux s'enfuit en leur lançant la pomme avec l'inscription *à la plus belle*. Les déesses se la disputent, puis chargent Mercure de faire juger leur contestation par *Pâris*. Jusque-là la pièce est écrite sur un ton plaisant. Mais, depuis ce moment, l'auteur emploie un langage plus sérieux. Chacune des déesses plaide sa cause auprès du berger qui se défend de prononcer entre elles, et, sur l'ordre formel de juger, finit par donner la pomme à Vénus.

Le *Jugement de Pâris* a été joué en 1736, à Chambéry, à l'hôtel de M[areste]. La pièce a dû être un prétexte à de galantes toilettes sentant sans doute la *Régence* qui venait de finir.

Dans une lettre datée du 4 septembre 1736, Pavy rappelle à Madame la C[omtesse] de M[areste] que c'est par son ordre qu'il a composé les *Festes de la Paix*, pastorale à trois entrées, en vers, avec chœurs et danses. Il y a beaucoup plus de décorations et de changements à vue que n'en comportait un théâtre de société ; les spectateurs durent se contenter d'à-peu-près. Les vers de Pavy ont une certaine facilité, mais c'est vainement que l'on en recherche quelques-uns à citer. Une *bergère* chante :

> Oh ! rossignols, sous ces feuillages,
> Mêlez-vous à nos voix.
> Venez, par vos ramages,
> Célébrer ses exploits.

Tout est sur ce ton. Ainsi, dans le théâtre de Pavy, prose et vers ne valent rien. Nous ne regretterons donc pas les sept ou huit pièces qui sont perdues.

Les *Perdrix*, voir Warens ci-après.

Le *Prince bienfaisant*, comédie en 2 actes, en

prose de *Mademoiselle Delavigne*, Chambéry, 1783-1785 (p. 67-70),

Pulchérie, tragédie de P. Corneille, l'un de ses plus faibles ouvrages. Représentée à Paris, au théâtre du Marais, en novembre 1672, à Chambéry en août 1673 (p. 51).

Les *Rivalités villageoises*, pièce de *Doppet*. Voir ci-dessus.

Madame DE WARENS. Si l'on pouvait en croire l'auteur des *Mémoires de Madame de Warens et de Claude Anet*, c'est-à-dire celui qui fut plus tard le *général Doppet*, Madame de Warens aurait composé à Chambéry « trois pièces de théâtre qui furent trouvées parmi ses papiers. On n'a pas cru devoir les mettre au jour, elle avait pu s'en amuser dans son intérieur..., *les Perdrix*, cette pièce est prise d'un conte assez connu et qui a été versifié par M. *Pons de Verdun* et inséré dans l'*Almanach des Muses*. (Préface, p. xx). » En dehors de ce que Doppet a pris dans les *Confessions*, il a forgé de toutes pièces, nous semble-t-il, ces prétendus *Mémoires*. L'indication de pièces de théâtre de Madame de Warens ne doit pas être plus véridique que le reste.

CHAPITRE X.

THÉATRE MODERNE

Le théâtre en Savoie, de 1792 à 1848. — Construction des théâtres de Chambéry et d'Annecy. — Troupes diverses. — Pièces d'auteurs savoisiens ou composées en Savoie. — Comptes rendus.

Nous n'avons pas de grands renseignements sur le théâtre en Savoie durant la première République et le premier Empire. La guerre fut presque permanente, et le temps, dans nos petites villes, était peu favorable aux spectacles.

Dès le mois de décembre 1792 pourtant, une troupe arriva à Annecy, dirigée par le sieur *Jean Kloqueman*. L'évêque, Mgr Paget, avait émigré le 22 septembre, et l'évêché, où se trouvaient de grandes pièces inachevées, était vide. Kloqueman imagina d'y installer son théâtre. Il demanda l'autorisation du Conseil général du district, dont les registres nous ont conservé la note suivante :

« 14 décembre 1792.

« Pétition du citoyen Jean Kloqueman, directeur d'une *troupe de petits comédiens de la République*, pour donner diverses pièces de théâtre en cette ville, l'espace de six semaines. Le dit pétitionnaire ayant ensuite demandé l'agrément de construire son théâtre et donner ses représentations dans une des salles du nouvel Evêché où il n'y a encore aucuns planchers, sous l'offre qu'il fait de les construire à ses frais (1).... »

Le Conseil du district accorda l'autorisation.

Le 18 prairial, an II (6 juin 1794), le citoyen *Perret*, directeur de la Comédie, vint prévenir la municipalité de Chambéry qu'il ouvrirait le spectacle le lendemain et que le surlendemain, à cause de la fête de l'Etre suprême, il jouerait à huit heures du soir.

Le 9 messidor suivant, « le Conseil général de la commune, vu la pétition signée Marthe, membre et commissaire de la Société républicaine... charge ceux de ses membres qui assisteront comme commissaires au spectacle, de requérir les directeurs et veiller à ce qu'il ne soit donné que des *pièces patriotes*, et, le plus souvent possible, celles analogues à la Révolution, et qu'il n'y ait spectacle que les jours où il n'y aura pas séance de la Société populaire. »

Le 26 messidor, le Conseil arrête le plan de la fête du 14 Juillet. Dans le jour il y aura un simulacre de la prise de la Bastille, « ..... le soir, spectacle qui se donnera en offrande à nos braves frères d'armes. » Cela signifiait sans doute que la représentation aurait lieu au bénéfice des soldats ou des blessés.

Le spectacle fut aussi l'un des plaisirs offerts par

---

(1) Registre 58, page 10.

la ville lors de la fête du 26 vendémiaire an II. Nous trouvons, en effet, dans les dépenses de cette journée, le dîner des musiciens et des comédiens.

La troupe jouait encore à la fin de fructidor. Le 26, il y eut au spectacle un certain tumulte causé par des officiers ou employés de l'état-major du général Monturoux. Le 29, la municipalité décide que le premier jour des fêtes sans-culottides, l'on se rendra, à 5 heures après midi, au théâtre national, où il sera donné, aux frais de la commune, deux pièces républicaines et un ballet (1).

Le *Catalogue Soleinne* mentionne une pièce intitulée ADELSON *et* SALVINI, tragédie bourgeoise en 4 actes et en vers, par le citoyen J. Desonnaz (imprimée à Annecy, sans date, chez Claude-Marie Durand). Nous ignorons si elle fut jamais représentée (2), mais nous savons qu'elle est antérieure à l'an VII, époque à laquelle le Catalogue croit devoir la placer. Le citoyen Desonnaz n'est pas, comme on aurait pu le supposer, un membre de la famille savoisienne *de Sonnaz*, qui aurait républicanisé son nom. C'était Jean Desonnaz, natif de Genève, citoyen français, qui s'était enrôlé dans la *Légion des Allobroges* avec le titre de lieutenant, mais qui n'y resta pas longtemps. Il dé-

(1) *Arch. consul.* Reg. 58, du 17 prairial an II, au 4º sans-culottide (1794), nᵒˢ 210, 273, 286, 341.

(2) Catal. de la *Bibliothèque dramatique Soleinne*, t. II, nº 2870.

serta le 1er juin 1793 après avoir fait paraître sous ce titre : *la Toile est levée*, un violent libelle contre Kellermann (1). La pièce d'*Adelson et Salvini*, ayant été imprimée à Annecy, elle n'a donc pu l'être que dans la première partie de 1793.

Ce que nous savons sur le théâtre pendant le premier Empire est peu considérable.

Nous rencontrons un bal donné au théâtre le 3 ventôse an XIII (22 février 1806), à l'occasion du passage à Chambéry du prince Eugène de Beauharnais (2). Napoléon avait passé peu de temps auparavant dans cette ville en se rendant en Italie, mais il n'avait pas le temps d'y recevoir des fêtes.

En 1812, Talma devait aller jouer à Lyon ; « n'ayant pas trouvé ses pièces prêtes au répertoire de cette ville, » il vint à Chambéry le 2 juillet, et joua d'abord *Manlius*, de Lafosse. « Près de 1,500 personnes se pressaient dans la salle ; toutes ont éprouvé les émotions de l'admiration, de la terreur et du plaisir. »

Le dimanche et le mercredi suivants, Talma joua *Hamlet*, de Ducis, et *Adélaïde Duguesclin*, de Voltaire. « Un grand nombre de personnes étaient venues des diverses parties du département et des départements voisins pour partager

---

(1) Note fournie par M. Eloi Serand, archiviste-adjoint du département de la Haute-Savoie.

(2) *Annuaire du Mont-Blanc* pour l'an X; pour l'an XIV, p. 90.

nos plaisirs. Des vers et une couronne ont été jetés sur la scène pendant la représentation d'*Hamlet*. Cet hommage rendu au talent de Talma a été couvert des plus vifs applaudissements » (1).

Lorsque nous aurons dit qu'il y avait eu à Annecy, le 9 juin 1811, une *comédie* représentée par des amateurs, à l'occasion de la naissance du Roi de Rome, nous aurons épuisé nos renseignements. A en croire cependant un critique chambérien, qui était certainement bien informé, les chanteurs *Garat*, *Elleviou* et *Martin*, se seraient fait entendre sur notre scène (2).

Sous la première Restauration, dans la seconde quinzaine d'août 1814, l'on attendait, à Chambéry, la troupe des comédiens de Genève, de *Riquier père*. On espérait même que *Mademoiselle Mars* donnerait quelques représentations en quittant Lyon où elle jouait alors (3). Un banquet et un bal furent donnés au théâtre le 7 novembre 1814, à l'occasion de la bénédiction du nouveau drapeau français (4).

(1) *Journal du département du Mont-Blanc* des 6 et 13 juillet 1812. — Suivant une tradition dont nous n'avons pu contrôler l'exactitude, Talma aurait déjà joué en 1804 sur le théâtre de Chambéry, en présence de Napoléon Ier.

(2) M. Raymond, dans le *Courrier des Alpes* du 23 avril 1849.

(3) *Journal du Mont-Blanc* du 15 août 1814.

(4) Chambéry et une grande partie de la Savoie avaient été laissés à la France à la paix de 1814.

Après les Cent jours, la Savoie fut rendue toute entière au Roi de Sardaigne, Victor-Emmanuel Ier. Chambéry reçut bientôt sa visite et celle de la Reine. Le 14 juillet 1816, ils assistèrent au spectacle. L'on donna *Maison à vendre* et le *Calife de Badgad*. Le dimanche 25 . . . la famille royale entendit *les Deux petits Savoyards, Jadis et Aujourd'hui* et le *Mari de circonstance*; puis, le 26, *Richard Cœur de Lion* et *la Ferme et le Château* (1).

Le 31 juillet 1818, « *Lafont*, artiste tragique du Théâtre français, est à Chambéry depuis quelques jours. Il a déjà joué trois fois : *Achille* dans *Iphigénie*, le *Coriolan*, de Laharpe, et *Orosmane* dans *Zaïre*. »

En janvier 1819 Chambéry reçut la visite d'une célébrité théâtrale plus grande encore. Mademoiselle *Georges* (2), qui faisait une tournée en province avec une troupe dont elle était la directrice. Elle y donna quatre représentations : *Sémiramis* et *Mérope*, de Voltaire, *Macbeth*, de Ducis, et

(1) *Journal de la Savoie* de 1816, n° 16. La troupe dont on ne nomme pas les acteurs était arrivée le 12 juillet. *Maison à vendre*, opéra-comique de Duval et Dalayrac, 1800. *Le Calife de Badgad*, de Boïeldieu. *Les Deux petits Savoyards*, opéra-comique de Dalayrac. *Richard Cœur de Lion*, comédie de Sedaine avec ariettes de Grétry, 1784.

(2) Mademoiselle Georges était alors âgée de 32 ans ; elle avait fait, en 1817, une tournée artistique en Angleterre avec Talma.

Gabrielle de Vergy, de De Belloy. Le *Journal de la Savoie* a traduit ainsi les impressions des spectateurs lorsqu'ils virent, dans le rôle de Frédégonde (1), l'éminente et superbe actrice :

« Nous n'avons pas besoin de dire avec quel empressement on est accouru pour entendre cette actrice célèbre par ses talents et sa beauté, *et pour la voir*. Il est impossible d'exprimer les sensations qu'elle a produites dans la scène du somnambulisme de *Macbeth*, lorsque, dormant et à demi-vêtue, elle vient, une torche allumée d'une main et un poignard de l'autre, pour assassiner le jeune héritier du trône. Mlle Georges était secondée par M. *Auguste*, élève de Talma (2). »

Ces rares représentations d'artistes en voyage ou même des saisons théâtrales de quelques semaines n'enrichissaient pas les actionnaires. Leur salle, d'ailleurs, ayant besoin d'être remise à neuf, ils résolurent de lui donner une autre destination.

L'administration se détermina alors à l'acheter, sur l'offre de M. le général comte de Boigne (3)

(1) C'est le nom donné par Ducis à lady Macbeth.
(2) N° du 15 janvier 1819.
On trouve, en 1822, une pièce imprimée à Genève, chez Guillaume Fick : *Une journée aux bains de Saint-Gervais ou l'Anglais et le Gascon*, 2 actes en vers, comédie mêlée de chants, par M. M. Nous n'avons pu savoir si elle a été jouée en Savoie, notamment aux bains de Saint-Gervais.
(3) L'ancien général des Marhattes, M. Benoît le Borgne de Boigne, avait été fait comte en 1816 par le roi Victor-Emmanuel Ier. Cet homme remarquable a été le bienfaiteur

de donner à la ville 60,000 francs pour exécuter les réparations nécessaires. L'acte d'achat fut passé le 26 avril 1820 pour le prix de 27,000 francs (1) ; mais au lieu de réparer le théâtre on le détruisit et l'on bâtit sur le même emplacement, agrandi par l'acquisition de quelques maisons, le bel édifice actuel. Pendant la durée des travaux l'on reporta le spectacle au Jeu de Paume.

L'adjudication du théâtre avait été donnée, le 2 mars 1822, à un entrepreneur habile, M. Dénarié, qui, sous la direction de l'architecte Jacques Pregliasco, mena les choses assez rapidement pour que le monument put être inauguré en avril 1824, à l'arrivée du Roi et de la Reine de Sardaigne. La ville se hâta de demander pour le nouveau théâtre les mêmes privilèges qu'avait obtenus l'ancien. Le Roi lui accorda le monopole des spectacles à Chambéry en tout temps, sauf pendant le Carême et les Avents, et lui permit de s'appeler aussi le *Théâtre royal*.

Les dépenses dépassèrent de beaucoup les prévisions et s'élevèrent à plus de 400,000 francs ;

---

de Chambéry sa ville natale. C'est grâce à son généreux concours qu'elle est dotée de nombreux établissements de bienfaisance et que la belle rue qui porte son nom a été construite. En reconnaissance du don qu'il fit pour le théâtre, la ville lui réserva, ainsi qu'à ses descendants, la jouissance exclusive d'une loge.

(1) Voir au *Document* X les principales clauses de cette vente et l'inventaire des décorations.

mais au moins la ville eut un théâtre bien agencé, commode et élégant. Les machines furent fournies et placées par les frères Bertola, machinistes du Théâtre Royal de Turin, les sculptures sur pierre par le sieur Collet dit *le Romain* (1), les autres sculptures par MM. Dattoni et Ferrero ; les peintures par MM. Galliari, peintre du roi et Fabrice Sevesi ; le rideau fut l'œuvre d'un autre peintre du Roi, M. Louis Vacca (2). Cette toile n'est pas une peinture à motifs de décoration quelconques ; elle représente une belle scène de la poésie grecque, traitée noblement, mais sans raideur, *Orphée aux Enfers.*

A gauche, Pluton et Proserpine sont assis sur un trône ayant à leurs côtés les trois juges, Minos, Eaque et Rhadamante ; au bas des gradins, Cerbère, qui s'est élancé, s'arrête ; une de ses têtes menace encore tandis que les autres s'affaissent et vont s'endormir ; les Furies n'agitent que mollement leurs torches et leurs serpents ; la Parque tourne plus lentement son fuseau ; Caron arrête sa barque sur les eaux sombres du Styx. Au second plan, dans une légère buée, les Ombres s'avancent, Eurydice, vêtue de voiles transparents, les précède et court joyeuse vers l'époux. Au centre du tableau, un bel adolescent coiffé du

---

(1) Auteur du monument Favre, dans la cathédrale.
(2) Archives municipales ; *carton du théâtre* et *Journal de la Savoie* du 6 août 1824.

bonnet phrygien, avec de sobres draperies, le luth en main, regarde le roi et chante. Il a déjà apaisé les divinités infernales, et bientôt ses accents lui rendront son épouse.

Au sommet de la toile, le char du Soleil, traîné par des chevaux fringants, emporte Apollon qui lance ses traits radieux, et Mercure ailé descend vers Orphée comme pour joindre les sollicitations des Dieux de l'Empyrée à celles du poëte.

Les yeux se reposent avec plaisir sur cette vaste et harmonieuse composition, au gracieux dessin, au coloris lumineux (1). Vraiment, même après les spirituelles plaisanteries d'Hector Crémieux et l'aimable musique d'Offenbach, le tableau de Vacca plaît toujours, et nous préférons à la leur sa manière d'interpréter l'antiquité.

Le Roi et la Reine de Sardaigne arrivèrent à Chambéry le 22 juillet. Le 24, il y eut spectacle de gala. On joua une pièce de circonstance : *la Pièce improvisée*, puis *les Fausses confidences*, et *la Partie de chasse de Henri IV*. Le 25, dimanche, la représentation fut composée des *Deux Petits Savoyards* et du *Légataire universel* ; enfin, le lundi, on joua : *le Mari et l'Amant*, *le Dépit amoureux* et *le Naufrage* ou les

(1) M. le baron Lucien d'Alexandry d'Orengiani, de Chambéry, en possède l'esquisse sur toile ; elle est poussée fort avant et c'est presque une peinture achevée.

Héritiers ; le 28, on donna *les Originaux*, où Montrose se distingua particulièrement (1).

Durant ce voyage de Savoie, Charles-Félix et Marie-Christine allèrent à Thonon. Là, il n'y avait pas de théâtre, mais on leur donna, sur le lac, un spectacle naval : un bâtiment marchand poursuivi par un corsaire infidèle, fut délivré par le vaisseau de Sa Majesté, le *Royal-Charles*.

En 1825, et pour la première fois, en annonçant l'ouverture du Casino d'Aix-les-Bains, établi au château de cette ville, on parle d'une *jolie salle de spectacle* dans laquelle les acteurs du théâtre de Chambéry joueront trois fois par semaine. Il faut en conclure qu'il y eut cette année une troupe d'été à Chambéry.

L'exemple de Chambéry stimula les habitants d'Annecy. Au mois d'août 1825 une société d'amis des beaux-arts, ayant à sa tête M. Gerdil, juge-majo (président du tribunal), et le comte de Sales, se forma en vue de la construction d'un théâtre. L'autorisation royale était exigée. Elle ne se fit pas attendre, car le 26 septembre suivant, Charles-Félix accorda à la société les lettres-patentes demandées et permit à la ville de céder le terrain

---

(1) *Journal de la Savoie, loc. cit.* La décoration des *Deux Petits Savoyards* était toute neuve. *Monrose* père (Barizin dit), acteur de la Comédie française. *Les Fausses confidences*, de Marivaux ; Monrose y jouait le rôle de *Dubois* ; *la Partie de chasse*, 3 actes, de Collé ; *le Légataire universel,* de Régnard ; *le Dépit amoureux,* de Molière.

nécessaire en lui réservant la faculté d'acquérir le théâtre ultérieurement (1) La salle put être inaugurée l'année suivante.

En juillet 1826, Charles-Félix et Marie-Christine revinrent en Savoie. Ils y reçurent la visite de leur beau-frère et de leur sœur Louis-Philippe d'Orléans et la duchesse Amélie et assistèrent ensemble, le 24, à la représentation du *Barbier de Séville*, de Rossini (2).

Le 29, on entendit au théâtre, comme intermède entre deux pièces jouées, *Charles-Victor Jupin*, de Chambéry, premier prix du Conservatoire de Paris, soliste de violon à l'Odéon.

Le 2 août, il y eut un intermède semblable. L'on entendit un enfant prodige, Jacques Filippa, âgé de neuf ans et demi et qui jouait fort bien du violon. Il a donné depuis lors bien des concerts à Chambéry, et les étudiants de notre temps l'ont tous connu chef d'orchestre au théâtre français de Turin (théâtre d'Angennes).

Enfin, le 10 août, on fit jouer devant le roi et la reine les automates de Droz, le *Pianiste*, l'*Ecrivain* et le *Dessinateur*.

Au mois d'août suivant eurent lieu, à Annecy, les fêtes de la translation des reliques de Saint-

---

(1) D'après une note de notre obligeant collègue, M. Eloi Serand, archiviste-adjoint de la Haute-Savoie, et le *Journal de Savoie* de septembre 1825.

(2) Joué pour la première fois à Rome en 1816, à Paris en 1819.

François de Sales et de la mère de Chantal. A côté des cérémonies religieuses il y eut quelques fêtes mondaines. La société du théâtre profita de la présence des souverains à Annecy pour inaugurer sa salle. On joua une pièce intitulée les *Amateurs*, œuvre de M. Dumont, avocat à Saint-Julien, et dont Charles-Félix avait accepté la dédicace. Nous savons que l'on y donna aussi le *Barbier de Séville* (1). Nous pouvons donc en conclure raisonnablement que la troupe qui avait joué cet opéra à Chambéry le 24 juillet, avait suivi le Roi et la Cour à Annecy. Il y avait pourtant dans cette ville une troupe dirigée par Mme *Lintant*. Avant la construction du théâtre elle donnait des représentations dans une salle en planches, élevée dans la cour d'un ancien couvent, sur la place Saint-Maurice. Cette directrice payait 25 francs par représentation aux actionnaires du théâtre neuf (2).

La consécration royale n'apaisa pas la colère de tous ceux qui détestaient encore le théâtre. Dans la nuit du 6 au 7 octobre 1829, on essaya, à l'aide de matières inflammables, d'incendier l'édifice. De prompts secours firent avorter ce projet.

Le bâtiment, bien que construit légèrement, avait un certain aspect architectural ; et, situé au bord du canal, il se prêtait aux décorations de

(1) D'après le récit d'une spectatrice alors bien jeune et qui n'a jamais entendu d'autre opéra.
(2) Renseignements de M. Eloi Serand.

nuit. Le récit des fêtes données en Savoie à Charles-Albert et à la reine Marie-Thérèse, en 1834, rapporte que, lorsqu'ils vinrent à Annecy, le théâtre était illuminé, « les colonnes, le fronton et les corniches du péristyle étaient dessinés dans toute leur étendue. »

En décembre 1826, le ténor *Lavigne*, qui avait déjà donné deux concerts à Chambéry, en 1823, en donna encore deux avec le chanteur *Vigny*. « Lavigne excella dans l'air de la *Dame blanche* : « *Ah ! quel plaisir...*; tous deux dans le duo de « l'*Irato : Jurons de les aimer toujours !* » (*Journal de Savoie*, 1826, n°s 30 et 47.) (1).

Dans l'été de 1828, nouveau voyage en Savoie de Charles-Félix et de la reine. Ils allèrent plusieurs fois au théâtre, mais le *Journal de Savoie* n'indique pas les pièces qui furent jouées. Ils visitèrent Annecy les 22 et 23 août et assistèrent, dans cette ville, à un bal donné en leur honneur au théâtre.

En 1830, Charles-Félix vint en Savoie pour la dernière fois. (C'était la quatrième.) Le 16 juillet il assistait, avec la reine, à une représentation où le célèbre violoniste Lafond, qui avait donné un concert la veille, se fit entendre entre les deux pièces composant le spectacle. Il y avait à Chambéry une troupe dont le principal sujet était l'acteur *Alexandre*. C'était un comique genre *Bras-*

---

(1) L'*Irato*, opéra-com., de Marsollier et de Méhul, 1801.

seur, « donnant à son visage tous les genres d'expressions, changeant de costume avec une étonnante rapidité, etc. » Il joua les *Ruses de Nicolas* et le *Coche d'Auxerre*, devant le Roi et la Reine de Sardaigne, et le Roi et la Reine des Deux-Siciles qui étaient alors aussi à Chambéry.

Quelques jours plus tard, il y eut encore une fête au théâtre. On joua d'abord un prologue allégorique relatif à l'arrivée des souverains à Naples, et où apparurent l'*Age d'or*, la *Paix*, la *Bienfaisance* et la *Félicité*, le *Dieu du Vésuve*, la *Nymphe du Lac*, etc. On représenta ensuite la *Vallée de Barcelonnette* et les *Voitures versées*, opéra-comique de Boïeldieu (1).

En 1834, Charles-Albert et la reine Marie-Thérèse firent à leur tour un voyage en Savoie ; ils assistèrent à une représentation au théâtre de Chambéry le 8 juin. Le récit des fêtes qui leur furent données, s'exprime ainsi : « Le petit nombre de pièces composant le répertoire des acteurs n'avait pas permis à l'administration de faire le choix qu'elle eût désiré ; mais, outre deux pièces, on a chanté sur la scène des couplets en l'honneur de LL. MM. »

Nous ne relevons, en 1836, que des concerts d'artistes italiens. Les 22 et 24 avril, ceux de Mlle Louise Tosco et de M. Vala ; le 8 mai, celui de

(1) Le *Journal de Savoie* ne nous fournit aucune indication pour les années 1831, 1832, 1833 et 1835.

M{ lle} Morandi, harpiste, et de M{ me} San Felice, contralto.

En mai 1837, il y eut, au même théâtre, un concert donné par M{ me} Montano Poppa, contralto. Dans un intermède, un jeune artiste de la ville se fit entendre, c'était le violoniste *Python*, élève de Baillot. Il a, depuis lors, et pendant plus de trente ans, tenu la partie de premier violon à notre orchestre.

Le 11 juin, notons-le en passant, il y eut à Sallanches une fête des musiques du Faucigny. Le soir, deux pièces furent jouées par la troupe dramatique de la ville *(amateurs)*.

Vers cette époque des personnes de la société de Rumilly établirent un petit théâtre dans les anciennes casernes; ils le transportèrent ensuite dans la *Maison des Chevaliers-Tireurs*, la caserne ayant été affectée à l'exercice du culte pendant la reconstruction de l'église. Ils jouèrent assez souvent quelques vaudevilles faciles du répertoire de Scribe.

Actuellement, la maison des tireurs à l'arquebuse a disparu ; le *Stand* destiné au tir des armes à longue portée en tient lieu.

Nous avons puisé dans le *Journal de Savoie* la plus grande partie de ce que nous avons dit sur le théâtre depuis 1816. Les renseignements y sont parfois fort rares ; à partir de 1843 ils deviennent plus abondants. Le *Journal de Savoie*, feuille hebdomadaire, devient le *Courrier des Alpes*, paraissant trois fois par semaine. Nous y trouvons une chronique des théâtres due à M. *Claude-Melchior Raymond*. Ce professeur de droit, fort lettré et bon musicien, était un connaisseur. Ses appréciations sont celles d'un homme de goût et il y a du plaisir à les relire ; mais, comme nous n'avons pas la prétention de faire une histoire critique de l'art dramatique en Savoie, nous continuerons à nous borner à enregistrer le passage des troupes, leurs sujets et leur répertoire, en signalant les représentations de pièces dues à des auteurs du pays.

En janvier 1843, il y a à Chambéry la troupe de M. *Gustave*. Elle est composée de M. et Mme Gustave ; M. et Mme Taigny ; M. Josse, M. Bléau, M. Edouard, M. Albéric. Ils jouent les *Mémoires du Diable*, la *Marraine*, le *Secret*, *Trop heureuse*, le *Cadet de Gascogne*, *Claudine et Inès*, le *Fils naturel*, *Vouloir c'est pouvoir*, *Fronsac à la Bastille*, etc.

Le critique chambérien donne de grands éloges à M. et à Mme Taigny que le public applaudissait chaque soir ; et, rappelant que Chambéry a été le premier à apprécier *Chollet*, il prédit une belle carrière dramatique au comique *Josse*, à propos de la façon dont il a interprété le *Gamin de Paris*.

Le reste de la troupe était fort médiocre.

En quittant Chambéry, M. et Mme Taigny allèrent à Milan où ils obtinrent un très vif succès. Ces deux aimables acteurs étaient aussi fort appréciés à Paris.

Dans le courant de l'année, il y eut au théâtre divers concerts donnés par des artistes de passage ; nous ne signalerons que celui de Mlle *Malvani* (27 juillet), cantatrice dont M. Raymond vanta le talent.

Le 26 décembre, arriva la troupe d'hiver qui joua jusqu'en février 1844. Son directeur, et en même temps l'un de ses meilleurs acteurs, était M. de la Roche.

Cette excellente compagnie se composait de M. et Mme de la Roche, M. Darbel, M. et Mme Duméry, Mme Grafetot, Mme Agarithe Petit, Mlle Zoé Paillet, M. Dalbert, M. Weber, etc.

Elle joue de grandes pièces, des vaudevilles, de petits opéras : *la Tire-Lire*, *Mlle de Belle-Isle*, *le Roman d'une heure*, *le Lion amoureux*, *la Jeune Femme colère*, *le Père de la Débutante*, *Un Chef-d'œuvre inconnu*, *l'Oncle Baptiste*, *le Vicomte de Letorières*, *la Grâce de Dieu*, *Cardillac*, *le Verre d'eau*, *les Bohémiens*, *Eulalie Pontois*, et enfin *Lucrèce*, de Ponsard, alors dans sa nouveauté, etc., etc.

« Mme Grafetot est fort jolie ; Mme de la Roche a de l'âme, de la chaleur, de l'intelligence. De la Roche, Darbel, Weber sont de bons acteurs. »

Le 2 février 1844 la troupe joua devant une salle comble *l'Oncle et le Neveu* ou *le Moyen de trouver un mari*, coup d'essai au théâtre d'un jeune savoisien, M. Joseph Dessaix.

Les comédiens partirent vers le 20 février après

avoir donné une représentation au bénéfice des pauvres, ce qui, semble-t-il, n'avait pas eu lieu depuis fort longtemps.

En mai 1844, la troupe allemande de Bamberger passa à Chambéry et y joua *Norma*, *Robert le Diable* et *Guillaume-Tell*. Ce dernier opéra fut représenté le 23 mai et pour la première fois à Chambéry. La troupe se composait de M*me* *Marquard-Segatta*, première chanteuse du théâtre de Vienne ; de M*lle* *Pechatschek* ; de MM. *Breiting*, ténor, appelé le *Dupré de l'Allemagne; Soawde*, ténor ; *Weidner*, basse chantante, et *Kelmann*, basse.

En juillet suivant, la troupe de M. *Bonis* donna huit représentations dont le public fut satisfait : *Elle est folle, l'Homme blasé, Pierre-le-Rouge, le Capitaine Charlotte...* Les principaux acteurs étaient M. et M*me* *Bordier*.

Le 26 décembre Chambéry revit la troupe *de la Roche*. Il y a quelques changements dans le personnel ; Salvetti remplace Darbel, M*me* de la Roche impatiemment attendue arrive le 15 janvier 1845. Les principaux acteurs sont en outre M. *Vallois*, M*me* *Dorsay*. On joue *Pauvre Jacques, le Mari à la campagne, un Bas-Bleu, Don César de Bazan, la Marquise de Senneterre, la Réparation, le Diable à Paris, Nanon, Ninon et Maintenon*, et pour la vingtième fois au moins sur la scène de Chambéry, *Trente ans ou la Vie d'un joueur*.

Les comédiens partent à la fin du Carnaval. Dès le mois d'avril ils sont remplacés par la troupe de *Rousseau* venant de Grenoble ; la principale actrice est Mlle *E. Bernard*. On représente drames, comédies, vaudevilles et même des ballets : la *Dot de Suzette*, la *Fille de Dominique*, le *Major Cravachon*, *Paul le Corsaire*, l'*Orpheline de Genève*, les *Surprises*, le *Mariage au tambour*, la *Fille mal gardée* (ballet), enfin le *Naufrage de la Méduse* qui, chose rare, eut cinq représentations.

Cette année, une compagnie n'attendait presque pas le départ d'une autre. Le 31 mai la troupe *Bonis* revient, et le 1er juin le duc de Gênes (fils de Charles-Albert), assiste à sa représentation de début. Le critique théâtral est fort mécontent de la troupe ; il l'appelle un *ramassis d'histrions* (n° 80 du *Courrier des Alpes* de 1845).

Le 24 juin, les comédiens quittent momentanément Chambéry pour aller jouer à Annecy à l'occasion des fêtes du Congrès agricole des Etats sardes qui s'y tenait alors.

Pendant leur absence survint une troupe lyrique italienne composée de MM. *Zinghi*, ténor ; *Tropai*, baryton ; *Caspani*, basse-taille ; *Cini-Cini*, comique, et de Mmes *Adelaïde Focosi* et *Mariette Diedo*. Ils débutent le 28 juin par *Norma* ; jouent *il Barbiere di Siviglia*, *Gemma di Vergy*, etc.

Au milieu de Juillet, *Bonis* revient ; mais

piqué au vif par les traits lancés contre sa troupe il l'a modifiée de la façon la plus agréable pour le public de Chambéry, en engageant M. et Mme *Taigny* et deux autres bons acteurs, Mme *Berthier* et M. *Perret*, puis M. et Mme *Passarieu*, Mme *Meynadier*. Ils jouent la *Somnambule* (de Scribe), le *Protégé*, *Vouloir c'est pouvoir*, *Valérie*, *Trop heureuse*, *Jeanne et Jeannette*, le *Démon de la nuit*, la *Belle et la Bête*. On donne enfin la *Femme juge et partie*. M. Raymond tout en reconnaissant que la troupe est vraiment devenue bonne, reproche au directeur d'être allé exhumer du vieux répertoire cette pièce de Montfleury. Nous avons vu que la *Mignot* l'avait jouée ici en 1673.

En septembre, nouvelle troupe. C'est la compagnie lyrique et dramatique de Grenoble, de M. Coppini. Il y a Mmes *Ferrari*, *Moreau-Madinier*, *Guénée*; MM. *Blanc*, ténor; *Alexis*, baryton; *Lavergne*, basse; *Verlo*, *Alphonse Ferrand*, *Auguste Padrès*; ils chantent le *Barbier*, le *Domino noir*, le *Philtre*, *Fra Diavolo*, le *Pré aux Clercs*, la *Juive* « fort bien donnée; le directeur avait eu le soin d'en faire disparaître ce qui pouvait blesser les convenances religieuses. » — On joua aussi la *Dame de Saint-Tropez*, drame où l'acteur *Auguste* tenait le rôle principal.

Le 19 octobre, pour la clôture, on donne la *Favorite* et le *Puits d'amour*.

En 1846, nouveau défilé de troupes diverses.

C'est d'abord la troupe dramatique *Rousseau* arrivant de Lausanne et dont les principaux sujets sont : MM. *Rousseau, Dorsay, Roubeau, Bryer, Rocqueville père et fils, de Nonfoux* ; Mmes *de Nonfoux, Rocqueville, Dorsay, Bryer, Roubeau, Julie Rocqueville*. Elle débute le 27 décembre 1845, et représente en janvier et février : les *Etudiants de Paris*, le *Changement de main*, *Marie-Jeanne*, la *Dame de Saint-Tropez*, la *Croix d'or*, l'*Apprenti*, la *Justice de Dieu*, *Don César de Bazan*, *Sans nom*, la *Citerne d'Albi*, *Latude*, l'*Eclat de rire*, la *Chatte métamorphosée en femme*, *Nanon, Ninon et Maintenon*, les *Anglais en voyage*, etc. Le critique applaudit à l'admirable talent de Mme de Nonfoux, à celui de M. Ambroise, artiste de Lyon venu en représentation. En février, l'on donne le *Retour en Savoie*, comédie en un acte mêlée de couplets d'un poëte savoisien, M. Gaston de Chaumont. On joue encore les *Deux Compagnons du tour de France*. Malgré le talent des acteurs, « la pièce fit déloger tous les spectateurs, sauf un nombre suffisant pour siffler. » (*Courrier des Alpes*.)

En avril, retour de Coppini avec une troupe lyrique complétement nouvelle et fort nombreuse : MM. *Blanc*, ténor ; *Verli*, baryton ; *Lavergne*, basse chantante. Mmes *Borrès, Norot, Lejey, Henriette*, etc. M. Raymond écrit : « Nous avons une bonne troupe, profitons-en. » Les pièces jouées sont très nombreuses : les *Diamants de la*

Couronne, la *Dame blanche*, *Lucie*, *Zampa*, la *Part du Diable*, *Gustave III*, *Marie de Rohan*, *Joseph*, de Méhul, dont la représentation ne marcha pas du tout; *Masaniello*, l'*Ambassadrice*, le *Postillon de Longjumeau*, le *Nouveau Seigneur de village*, etc. Malgré ce choix de pièces charmantes, le théâtre était presque désert. Le public s'étouffait alors dans la salle de *Villeneuve*, devant les *fantoccini*, de *Joseph Colla*. Le critique s'en indigne, mais il y avait un plaisir nouveau à voir ce petit spectacle alerte et gai. Colla donnait le *Triomphe de l'amour*, le *Parricide innocent*, le *Ravisseur enlevé*, la *Bataille d'Austerlitz*.

Cette même année et pour la troisième fois, la troupe *Rousseau* vient à Chambéry (1). Elle ouvre le 26 décembre. Sa composition est presque la même que précédemment; il y a de plus M˙ᵐᵉˢ *Allan* et *Marguerite*. C'est une troupe « bonne et complète. » Elle joue l'*Exilé français en Sibérie*, le *Réfractaire*, l'*Enfant de la maison*, *Rita l'Espagnole*, *Manche à Manche*. Le critique se plaint de ce que la bonne société et surtout les dames désertent le théâtre, et fait remarquer que l'on a tort de reprocher au directeur le choix de ses spectacles, car il joue les pièces qui plaisent aux spectateurs ordinaires.

(1) Elle avait, durant la saison, donné quelques représentations au Cercle d'Aix-les-Bains.

En janvier 1847, M. Aimé Ferraris (1), négociant à Chambéry et qui abandonna bientôt le commerce pour la littérature et le journalisme, fait représenter le *Contingent de Savoie*, pièce en trois actes avec chants, « assez bonne et bien rendue. » En février, la troupe joue une œuvre du même auteur, les *Abymes de Mians ou la chute du mont Granier*, drame historique en trois actes. « L'intrigue est faible, mais étant donné le sujet, la pièce est bonne ; progrès sur le *Contingent de Savoie*. »

La troupe joue encore *la Voisine, Riche d'amour, la Dame de Saint-Tropez* et *la Comtesse du Tonneau* avec Mlle *Isoline*, actrice ayant une certaine verve un peu grossière, qui joua plus tard, assez longtemps, au théâtre d'Angennes, à Turin.

Conformément au règlement, Rousseau suspendit ses représentations pendant le carême ; il les reprit le 8 avril. Il joue les *Sept Châteaux du diable*, féerie bien montée qui eut un grand succès, le *Bonhomme Richard*, *l'Article 213*. Le 29 avril, M. Ferraris fit représenter un nouveau drame, *Jacques de Montmayeur*, 4 actes. Cette pièce réussit et montra que l'auteur faisait des progrès constants. Les sujets de ses pièces étaient empruntés à l'histoire savoisienne et se déroulaient dans des localités connues de tous les spectateurs. Il y avait là, tout au moins, un attrait de curiosité.

(1) M. Ferraris était né à Montluel (Ain), en 1815.

Comme acteurs nouveaux, Rousseau avait produit MM. Constant, Billémaz. M⁽ˡˡᵉ⁾ Julie Rocqueville avait fait de grands progrès.

Il y eut, en 1847, une troupe à Annecy ; M. Ferraris nous apprend « qu'il avait, dans une nuit, fait une pièce en un acte, *Molino* ; mais qu'il ne put la faire jouer. Elle fut impitoyablement refusée par la censure qui la déclara trop politique. » (1).

Dans la seconde quinzaine de septembre, la troupe lyrique *Adler* arriva à Chambéry. *Bury* et *Louvel*, ténors, *Thévenet*, baryton, *Adler* et *Panisset*, basses ; M⁽ᵐᵉ⁾ *Duchampy*, première chanteuse. Ils jouent la *Dame blanche*, la *Part du diable*, *Lucie*, le *Barbier*, l'*Ame en peine*. Assez bonne troupe, mauvais orchestre.

---

(1) *L'Abeille savoisienne*, de 1848. (Voir plus loin des détails sur cette pièce).

CHAPITRE XI.

Le théâtre de 1818 à 1886. Incendie du théâtre de Chambéry. Sa reconstruction. Construction du théâtre d'Annecy.

En 1848, la Savoie passe de l'absolutisme au régime constitutionnel. L'enthousiasme est dans tous les cœurs. Le 10 janvier on célèbre à Chambéry une fête patriotique; un banquet réunit au théâtre un grand nombre de citoyens ; des toasts, des hymnes (1) s'y succèdent et les dames y font pour les pauvres une quête des plus fructueuses.

La liberté des théâtres est presque complète ; les journaux politiques et littéraires deviennent nombreux. La critique n'appartient plus à un seul ; M. A. Ferraris est juge à son tour dans l'*Abeille savoisienne;* M. Joseph Dessaix, qui avait dû, sur l'invitation du gouverneur de Savoie, abandonner son petit journal de théâtre, le *Foyer,* a cette fois les coudées franches. Le *Patriote savoisien,* dont le premier numéro date du 15 juin 1848, donne quelques comptes rendus d'Antony Luyrard.

En mai, Adler revient avec une bonne troupe lyrique et dramatique ; il a pour chanteurs : *Vincent,* ténor, *Gessiome,* baryton, *Adler,* basse ;

---

(1) Hymne au Roi, de M. Alfred Puget; « Enfants de l'antique Savoie. » La Savoisienne, de M. Ed. Piaget; « Saluons l'aurore éclatante. »

pour chanteuses Mmes *Duchampy, Leblanc.* Les acteurs de comédie sont Mmes *Brunet, Leblanc;* MM. *Louvel, Brunet,* l'excellent comique *Périchon* (1). Ils jouent la *Muette de Portici,* le *Domino noir, Ne touchez pas à la reine, Lucie,* la *Juive,* le *Vieux de la Vieille,* les *Saltimbanques.*

La direction avait mis à l'étude la *Fiancée du Carbonaro,* drame en 5 actes et en prose d'un poète savoisien de grand mérite, J.-P. Veyrat. Elle renonça à le jouer pour des motifs qui firent l'objet d'une polémique entre la veuve de l'auteur et M. Ferraris. Madame Veyrat reprochait à celui-ci d'avoir plagié l'œuvre de son mari dans *Molino* qu'il venait de faire imprimer. Ferraris reconnut que « Veyrat lui ayant parlé quelques années auparavant d'un drame où se trouvait une scène de dégradation militaire, il s'en était servi comme on utilise une réminiscence ». *Molino* avait pour sujet une légende annécienne d'après laquelle, en 1742, la bourgeoisie d'Annecy, opprimée par la garnison espagnole, se serait conjurée et l'aurait exterminée un matin, appelée aux armes par le mot d'*Empâtâ.* Un espagnol

---

(1) *Courrier des Alpes* de 1848, n° 198. Payons un tribut de reconnaissance à l'excellent Périchon qui, durant quatre ans, nous a si souvent récréé au théâtre français de Turin (1851-1854). C'était un père de famille rangé, économe, et un comédien consciencieux.

nommé Molino aurait été sauvé par son amante (1). *Molino* ou le *Massacre des Espagnols* fut joué à Chambéry le 18 juin.

Les représentations de la troupe Adler prirent fin le 3 juillet.

Le 21 novembre, M. Hiller, alsacien croyons-nous, donna un concert de violon avec le concours de divers artistes de Chambéry, MM. Garriod (2), Bellemin, Trenca, Maloz. M. Raymond relève justement chez le violoniste « quelque chose d'un peu sec dans le jeu, mais il a le sentiment de ce qu'il joue ; il chante avec âme et d'une manière pleine de goût. Il faut remarquer, ajoute-t-il, que M. Hiller a fait sa principale étude de la théorie de la musique et de la direction d'un orchestre...; il offre un assemblage de conditions qu'on trouve rarement réunies. »

(1) Voir J. MERCIER, *Souvenirs historiques d'Annecy*, p. 425. *Empâta*, en patois savoisien signifie : *pétrissez la pâte*. Ce mot se rapporte à un usage disparu et qu'il est bon de rappeler. Il y a quelques 30 ou 40 ans les boulangers étaient encore assez rares dans nos petites villes. Chaque maison fabriquait son pain et le faisait cuire au four banal. Il y avait plusieurs fournées dans un jour ; pour la première, le fournier avait l'habitude de passer rapidement et de très grand matin devant la maison de chaque client en criant très haut : *Empâta*. Il l'avertissait ainsi de préparer sa pâte et de la porter au four qui allait être à point pour la cuire. Les sentinelles et les patrouilles espagnoles, habituées à ce cri, ne pouvaient donc pas y soupçonner un signal d'insurrection.

(2) Excellent joueur de flûte, mort vers 1884.

Il y eut, à la soirée, une partie littéraire dans laquelle on entendit M. Bécherat. C'était un Genevois qui s'était fixé à Chambéry comme horloger-bijoutier. Nous rappelons son nom, ainsi que celui d'un autre négociant chambérien, M. *Charles Ronzière*, parce qu'ils apportaient l'un et l'autre aux œuvres artistiques de l'époque, et aux leçons de la *Société d'instruction mutuelle*, le concours de leurs connaissances variées, et celui d'un véritable talent de diction et de déclamation.

Le 27 novembre, Chambéry eut le spectacle d'une ascension aérostatique de M. *Rossi*.

L'année 1849 fut féconde en représentations dramatiques. En janvier il y eut à Chambéry la troupe *Henry* avec Mmes *Dupuis, Henry, Ducros, Adeline* et MM. *Thibaut, Pradès, Viallard, Dupuis, Facio*. On représente *la Foi, l'Espérance et la Charité, Stella, les Enfants d'Edouard, le Proscrit, le Chiffonnier de Paris, les Trois Mousquetaires, le Chevalier de Maison rouge, Tartuffe, le Sonneur de Saint-Paul, le Pacte de famine* avec sa *prise de la Bastille, Gentil-Bernard, le Royaume des Femmes, Gaspardo le Pêcheur*, etc. On chante le *Chant des Girondins*; et le 20 janvier, pour la première fois sur une scène savoisienne, la *Marseillaise*. La voix de Mme *Dupuis* est un peu insuffisante, mais on tient compte à l'actrice de sa bonne volonté. On donne aussi la *Propriété c'est le vol*, la *Foire aux idées*. M. Raymond avait alors passé la critique théâtrale à M. *Alfred Puget*. Le 17 février l'on joue une nouvelle pièce de M. Ferraris, *Tancrède de Miolans*. M. Puget dit qu'elle eut du succès et donne de grands éloges à l'auteur. M. Luyrard surenchérit dans le *Patriote*. En vertu d'une permission spéciale de l'Intendant de Savoie, la troupe continue ses représentations pendant le carême.

Le 28 avril, concert au profit des pauvres donné par des amateurs. On y entendit la symphonie de Félicien David, le *Désert*.

Le 20 mai, début de la troupe de Grenoble dirigée par M. Cazeneuve, avec Hiller pour chef d'orchestre. Elle donna *Robert le Diable*, la *Favorite*, *Charles VI*. Les principaux acteurs étaient *Marioz*, ténor, *Chollet*, baryton, M. et Mme *Corneille*, Mme *Saint-Ys*.

Le 24 juin, profitant de la présence d'un cirque, on représenta une pièce militaire, la *Mort du prince Poniatowski*, d'un amateur chambérien. La salle fut comble et la pièce tomba.

Au moment où la troupe allait partir, Mlle *Araldi* (Marie-Louise Bettoni) arriva à Chambéry. Elle joua avec un grand succès *Phèdre*, *Andromaque*, les *Horaces*, et deux fois *Jeanne d'Arc*. Le 20 juillet elle donna une soirée dramatique à Aix-les-Bains.

Le 30 août, Frédérik Lemaître vint à Chambéry avec Clarisse Miroy et une partie de la troupe de Grenoble. Ils furent applaudis dans la *Dame* de *Saint-Tropez*, l'*Auberge des Adrets*, *Don César de Bazan*, *Trente ans ou la vie d'un joueur*. Frédérik obtint un vrai triomphe dans cette dernière pièce. Il alla jouer ensuite à Annecy où nous le vîmes dans *Don César*. Nous avions fait beaucoup de kilomètres afin d'entendre, et pour la première fois, un grand acteur. Notre début ne fut pas heureux; la pièce était médiocre et l'artiste ne releva pas son sujet.

La saison d'hiver de 1849-1850 commença le 15 novembre. M. Cazeneuve amena une troupe assez faible dont il dut remplacer successivement plusieurs sujets. Il réussit enfin à former un bon ensemble. Suivant l'habitude, il fit jouer l'opéra, le drame et la comédie.

La première chanteuse était Mme *Millot-Taroné*; il y avait ensuite Mmes *Deville, Emma-Dominique, Dhuvé*; MM. *Demeure, Salanson, Vallet, Dhuvé* remplacé par *Ulliel*, etc.

On débuta par *Lucie de Lammermoor*. Le critique du *Courrier*, M. Raymond, reprocha justement au chef d'orchestre Hiller l'exubérance de sa direction. Hiller répondit aigrement et plaisanta sur une symphonie du musicien-amateur, l'*Orage en mer* et l'*Incendie* (1). M. Raymond bouda quelque temps et passa de nouveau le style à M. Puget. La troupe joua jusqu'en avril; elle

(1) OEuvre musicale de M. Raymond. *Courrier des Alpes*, n° 309 de 1849.

donna le *Domino noir*, la *Dame blanche*, la *Part du Diable*, l'*Ambassadrice*, la *Sirène*, les *Diamants de la Couronne*. Bien que Mme Taroné eût un grand succès, le directeur appela Mlle Delille qui avait appartenu à l'*Opéra-Comique*. Elle chanta les *Diamants de la Couronne* et la *Part du Diable*. M. Cazeneuve donna encore le *Fils de la folle*, le *Marché de Londres*, *Mlle de Belle-Isle*, les *Envies de Mme Godard*, etc.

En mars, la troupe joua un acte en vers de P.-G. Drevet, écrivain de Chambéry, intitulé : le *Fils de Tartuffe* ou l'*Intrigant*. La versification en était bonne et facile, mais l'intrigue manquait d'intérêt.

Les efforts du directeur n'avaient pas été récompensés. Il donna pour la clôture, le 4 avril, la *Dame blanche* avec M. Bousquet, ténor du théâtre de la Haye, et fit à cette occasion un appel pressant au public « pour que l'affluence à cette dernière représentation allégeât les pertes qu'il avait faites durant la saison. »

Mme Taroné, qui avait obtenu la faveur des Chambériens, loua avant de partir le théâtre pour une année.

Le 21 avril, le ténor *Duprez* arriva avec sa troupe : MM. Balanqué, Oswald, etc.; Mlles Poinsot, Caroline Duprez, E. de Joly. Ses concerts eurent un succès très vif.

Mme Taroné n'avait pas perdu de temps. En mai déjà, elle revenait avec une troupe lyrique dont elle était le premier sujet. Il y avait avec elle MM. Bourdais, Dervillers, etc. Elle s'était hâtée, sans doute, pour se trouver à Chambéry à l'époque où le roi devait s'y rendre.

Le duc de Gênes venait d'épouser une princesse de Saxe et rentrait en Piémont en passant par la Savoie. Victor-Emmanuel II et la reine Marie-Adélaïde y rejoignirent les jeunes époux. Leur présence à Chambéry attira beaucoup de monde. Après avoir, le 21 mai, posé la première pierre du Palais de Justice, ils assistèrent au spectacle et entendirent la *Dame blanche* et les *Rendez-vous bourgeois*; ils applaudirent les acteurs au final du deuxième acte et leur firent la politesse de ne quitter la salle qu'à la fin de la représentation. M. Dubosc, basse chantante, avait composé une cantate en leur honneur; ils lui permirent de la leur présenter après qu'il l'eût chantée.

Mme Taroné donna *Fra Diavolo*, *Guillaume Tell*, qui fut très bien exécuté.

En juin, elle eut Lepeintre aîné, qui joua les pièces de son répertoire: *M. Botte, Michel Perrin*, le *Bénéficiaire*, etc.; plus tard le ténor *Dufresne*, du théâtre de Lyon; Mme Quidant, de l'Opéra-comique, dans le *Nouveau Seigneur de village*, etc. En Juillet, elle fit jouer *Arnal*, puis *Achard*, le comique; le 11 août, Mlle Brohan, qui donna le *Caprice* et les *Rivaux d'eux-mêmes*; en août encore le *Ballet de la Péri*, par la *famille Bagdanoff*.

Les artistes dramatiques jouèrent le *Comte Hermann, Adrienne Lecouvreur*, etc.

A la même époque, *Arnal* alla jouer à Annecy, et *Levassor* donna quelques représentations à Aix.

Le 9 décembre, soirée de déclamation de M. *Alexandre*. Il récita des stances de *Marguerite Chevron*, paysanne-poëte des environs de Chambéry, dont les œuvres furent souvent couronnées par l'Académie de Savoie.

A la fin de décembre arriva la troupe d'hiver de MM. Viallard et Padrès, composée de MM. *André*, très bon jeune premier; *Moutier, Auguste, Dominique, David*, etc.; de Mmes *David-Daniel, Dusaule, Léonard, Magito*, etc. On joua *Louise de Lignerolles*, les *Frères corses*, l'*Echelle des femmes*, *Moiroud et Cie*, le *Dépit amoureux*, etc.

Le 21 janvier 1851, la *Société d'instruction mutuelle* donna au théâtre une soirée au bénéfice des incendiés d'Yenne, avec un prologue de M. *Aug. de Juge*, conseiller à la Cour d'appel. M. Bécherat fut vivement applaudi dans l'ode de V. Hugo, *Napoléon II*.

Pendant tout le mois de février, la compagnie fut renforcée par *Ambroise*, comique du Vaudeville; elle donna alors l'*Oncle Baptiste, Elle est folle*, l'*Enfant de la maison*, la *Protégée sans le savoir*, les *Mémoires du Diable*, etc. Elle fut remplacée au commencement de mars par *Vigoureux*, prestidigitateur et directeur de pantomimes.

Le critique du *Courrier des Alpes* est encore M. Alfred Puget; il écrit sous le pseudonyme transparent de *Lucien Delaroche* (1).

En mai 1851, Mlles *Lavoye*, de l'Opéra comique et *Siona-Lévy*, du Théâtre-Français, donnèrent quelques soirées au Cercle d'Aix-les-Bains.

Durant la première quinzaine d'octobre, *Ligier* joua à Chambéry la plupart des pièces de son répertoire: *Louis XI, Othello, Virginie,* de Latour-St-Ybars, le *Cid, Brueys et Palaprat, Tartuffe,* les *Templiers* (2).

La troupe de 1852 débuta le 26 décembre 1851. Le directeur, Henri Chevalier, présenta au public : MM. *Fontbonne, Colombéry, Platel, Barbot, Brunet;* Mmes *Gabrielle, E. Brunet, Elisa Lemasle, Vedoux,* etc.

Ils jouèrent: *Bataille de dames,* la *Gardeuse de dindons,* l'*Image,* la *Carotte d'or,* la *Paysanne pervertie, Victorine, Lully,* le *Comte de Morcerf* et la *Vengeance,* 3e et 4e parties de *Monte-Christo.* En mars, ils donnèrent l'*Homme au masque de fer,* la *Marquise de Prétintaille,* etc.

Le 25 mars et le 1er avril, Chambéry se porta en foule aux concerts de Teresa Milanollo. L'or-

(1) M. Puget, avocat, né à la Roche, était alors journaliste. Il est l'auteur de poésies de mérite, dont une grande partie a été publiée en deux charmants volumes elzévirs. Chambéry, Perrin, 1886.

(2) Le 7 octobre 1851, *Rachel* joue pour la première fois à Turin.

chestre est conduit par un artiste de talent, M. de Groot ; M. Puget, quittant son pseudonyme, en rend compte, en prose et en vers. S'inspirant des variations sur le *Carnaval de Venise*, il le joue lui aussi dans des stances dont nous citerons quelques vers :

> Vive le Carnaval de la folle Venise
> Carnaval amoureux, prodigue, échevelé
> ....
> Il éclate, il grince, il rit, il danse à son tour
> Sur le luth inspiré de Thérésa la brune.
> Ecoutez les lazzis, les doux propos d'amour,
> Voyez fleurs et rubans aux rayons de la lune
> Se mirer dans les flots de la sombre lagune
> Saint Marc a cette nuit belle et nombreuse cour.
>
> Le reconnaissez-vous ? Dans sa coupe écumante
> Le vin saute et pétille et se répand à flots,
> De sa lèvre rougie il poursuit son amante,
> Ses cris et ses hourras font hurler les échos ;
> Il est ivre, vrai Dieu ! Sa jambe est chancelante
> Et sa main peut à peine agiter ses grelots !
> Oui, c'est toi, Carnaval, vrai Don Juan, c'est ta fête.
> ....

La célèbre violoniste donna un concert à Annecy le 11 avril, jour de Pâques : de là elle se rendit à Genève.

Les 15 et 17 avril, Mlle Araldi, revenue à Chambéry, y joua *Adrienne Lecouvreur* et les *Horaces*. Elle fut assez mal secondée par les acteurs de la troupe d'hiver qui semblent avoir passé alors sous la direction de M. et de Mme *Bru-*

net. Le 27 avril, Mlle Araldi joua les *Horaces* à Annecy.

Au milieu de mai, Chambéry vit arriver une fort bonne troupe dirigée par *Fontbonne*. Elle comptait parmi ses sujets Mme *Taroné*, si appréciée à Chambéry, Mme *Rigot*, MM. *Vanhufflen, G. Carbot, Sardou*. L'orchestre est dirigé par l'excellent musicien *de Groot*. On représente la *Fille du régiment*, la *Dame blanche*, le *Chalet*, le *Maître de chapelle*, *Lucie*, dont l'exécution fut remarquable, le *Caïd*, *Zampa*, le *Songe d'une nuit d'été*, alors tout nouveau.

Le 3 juillet, il y eut une représentation extraordinaire dans laquelle parut un enfant de Chambéry, *Célicourt*, vieux comédien des théâtres de Lyon. Il joua *Turlututu* et *Moiroud et Cie*.

Le 22 juillet, autre brillante représentation avec *de Lagrave*, de l'Opéra. Ce ténor alla, au mois d'août, prendre les eaux à Coiso, village voisin de Montmélian, et, le 15 août, chanta dans l'église de cette petite ville. Il en fut récompensé par une pièce de vers :

> Dans son palais divin, celui qui règne aux Cieux
> T'aurait-il enseigné, sur la harpe des anges,
> A célébrer son nom dans ces terrestres lieux ?...

M. Raymond fait le plus grand éloge de l'artiste : « Sa voix, dit-il, une des plus belles que nous ayons entendues, sait vaincre toutes les difficultés. M. de Lagrave est en même temps peintre distingué, homme du monde et modeste. »

En juillet et août, soirées au Cercle d'Aix par Mlle *Siona Lévy* et le violoniste *Ernst*.

1853. — La troupe *Dupuis*, dont les principaux sujets sont Mmes *Dupuis* et *Anita*, MM. *Ponnet* et *Fontbonne*, donne Mademoiselle de la Seiglière, Bataille de Dames, la Bergère des Alpes, Diane de Chivry, la Closerie des Genêts, Kean, la Poissarde, la Case de l'oncle Tom, la Dame aux Camélias, qui reçoit les louanges du critique du *Patriote savoisien* et le blâme du *Carillon*, journal satirique rédigé alors par M. A. Puget; l'*Ami Grandet*, fort bien interprété par Ponnet; *Paris la nuit*, la *Mendiante*, *Jean le cocher* ou les *Montagnards de la Savoie*.

Un journal dit de *Fontbonne* : « Acteur consciencieux et naturel ; chez lui la verve comique ne dégénère point en charge : c'est le meilleur haut comique que nous ayons vu depuis longtemps. » Ailleurs, il écrit: « M. *Ponnet* est un acteur de grand mérite, joignant à des connaissances littéraires variées et à une étude consciencieuse de son art, des moyens naturels remarquables, et l'intelligence de ses personnages dont il rend les caractères avec franchise, vigueur et vérité. M. Ponnet est notre compatriote ; si ce n'est pas un mérite de plus, c'est au moins un titre à la bienveillance des habitants de notre ville » (1).

Après un repos de quelques semaines, la troupe Dupuis revint au mois d'avril, mais il semble qu'elle ne joua qu'une fois.

Le 17 juin, représentation de *tableaux vivants* donnée par M. *Piot*.

En juillet, la troupe de *Léon* et *Domergue* débute par la *Closerie des Genêts*, dont le principal rôle est tenu par *Saint-Ernest*, de l'Ambigu ; MM. *Coulinbier*, *Dupuis* ; Mmes *Dupont*, *Barrière*, etc.

23 juillet, concert à Aix par le pianiste *Emile Prudent* et par *Léopold Amat*, auteur et chanteur de romances, etc.

En décembre, concerts à Chambéry par la famille *Ferni*.

1854. — Le principal sujet de la troupe d'hiver est Mme *Anaïs Rey*. Du 1er janvier à la fin d'avril on donne : les *Filles de Marbre* (4 fois), *Une Tempête dans un verre d'eau*, la *Marquise de Senneterre*, le *Veau d'or*, *Un Service à Blanchard*, *Mlle de Belle-Isle*, les *Folies dramatiques*, *Piccolet*, la *Lectrice*, *Mme Bertrand et Mlle Raton*, *Mauprat*, *Valérie*, *Richard III*, la *Chasse au lion*, la *Barrière de Clichy*, la *Tache de sang*, le *Sonneur de Saint-Paul*, la *Dinde truffée*, l'*Espionne russe*, les *Cosaques* (on était alors au moment de la guerre de Crimée), etc., etc.

(1) *Courrier des Alpes* des 17 février et 3 mars 1853.

Le *Courrier des Alpes* ni le *Carillon* ne firent de compte-rendu. M. Puget avait cessé de collaborer à ce dernier journal et M. Raymond mourut prématurément à la fin de mars.

Dès le 7 mai, une troupe lyrique, dirigée par le ténor Bourdais aîné, se mit à jouer sur le théâtre de Chambéry, donnant les *Mousquetaires de la reine*, la *Dame blanche*, la *Muette de Portici*, *Giralda*, les *Noces de Jeannette*, *Gilles ravisseur*, le *Maçon*, *Haydée*, *Madelon*, etc. Le directeur s'adjoignit des artistes dramatiques, et vers la fin de mai sa troupe représenta trois fois l'*Honneur et l'argent*, de Ponsard, qui, à cette époque, vivait beaucoup à Aix-les-Bains, puis le *Collier de perles*, etc. La troupe termina ses représentations à la fin de juin.

En août, concerts à Aix-les-Bains de Mlles *Virginia* et *Carolina Ferni*, dont le frère est depuis plusieurs années premier violon au Cercle de cette ville.

1855. — Ouverture de la saison d'hiver, le 11 janvier; Mlles *Grave*, du Gymnase, *Irma Aubry*, etc.; Mme *de Montréal* (de passage). Représentations de *Louise de Lignerolles*, *Misanthropie et Repentir*, le *Gendre de M. Poirier*, les *Erreurs du bel âge*, la *Prière des Naufragés*, la *Faridondaine*, le *Gamin de Paris*, la *Maîtresse de langues*. Le spectacle du 28 janvier est renvoyé à raison de la mort de la reine Marie-Adélaïde (bientôt suivie de celle de Ferdinand de Savoie, duc de Gênes, frère de Victor-Emmanuel).

En avril, le cirque Franconi s'établit au Verney ; ses représentations durent encore lorsque arrive la troupe de Genève de *Lemaire* et *Leduc*, avec MM. *Bertaut, Kelly, Voisel, Eloy, Halbleid,* M^(mes) *Mariani, Voisel*. Ils jouent le *Vieux Caporal, Petit Pierre*, etc. ; le *Brasseur de Preston*, la *Juive*, le *Domino noir*, le *Barbier*, *Charles VI*, etc. La troupe était bonne, mais elle ne put lutter contre le cirque, et le 12 juillet elle dut clore brusquement ses représentations. Les critiques sont nombreux au *Courrier des Alpes* ; il y a C. R. M. (René Muffat), X., qui, à propos de M^(me) *Mariani* et de la *Favorite*, dit que l'école française réprouve impitoyablement les clameurs des *prime donne* italiennes vociférant les cavatines échevelées du maestro Verdi !

1856. — Janvier, troupe *Alexandre*, avec M^(mes) *Clarisse Miroy, Octavie Andriveau, Pauline Delacroix, Alexandre* ; MM. *Garcin, Gros, Vazeille, Rochette*, etc. On joue *Péril en la demeure, Jovial*, la *Bonne aventure*, la *Grâce de Dieu, Marie-Jeanne*, le *Comte de Cagliostro*, le *Pour et le Contre*, le *Chapeau d'un horloger*, le *Demi-Monde*, le *Marbrier*, les *Fonds secrets*, etc. Il y a deux représentations avec M^(lle) *Coralli-Guffroy*, des Variétés, âgée de 13 ans.

Le 11 mai, Clarisse Miroy chante sur la scène, pour la première fois, la cantate de J. Dessaix, *la Liberté*, restée si populaire en Savoie :

Refrain.

Allobroges vaillants, dans vos vertes campagnes
Accordez-moi toujours asile et sûreté,
Car j'aime à respirer l'air pur de vos montagnes,
Je suis la liberté.

I.

Je te salue, ô terre hospitalière,
Où le malheur trouva protection;
D'un peuple libre arborant la bannière,
Je viens fêter la Constitution.
Je t'ai quitté, berceau de mon enfance,
Pour m'abriter sous un climat plus doux :
Mais au foyer j'ai laissé l'espérance;
En attendant *(bis)*, je m'abrite chez vous.
Allobroges, etc.

II.

Au cri d'appel des peuples en alarmes
J'ai répondu par un cri de réveil.
Sourde à ma voix, ces esclaves sans armes,
Restèrent tous dans un profond sommeil.
Réveille-toi, ma Pologne héroïque,
Car pour t'aider je m'avance à grands pas
Secoue enfin ton sommeil léthargique
Et, je le veux *(bis)*, tu ne périras pas.
Allobroges, etc.

III.

Un mot d'espoir à la belle Italie;
Courage à vous, Lombards, je reviendrai !
Un mot d'amour au peuple de Hongrie,
Forte avec tous et je triompherai !
En attendant le jour de délivrance,
Priant les Dieux d'écarter leur courroux
Pour faire luire un rayon d'espérance,
Bons Savoisiens *(bis)*, je resterai chez vous.
Allobroges, etc.

Il y avait une quatrième strophe que l'auteur a supprimée à la demande de quelques-uns de ses amis :

IV.

Je reviendrai quand la France avilie
Aura repris sa valeur d'autrefois ;
Partout alors allumant l'incendie
Je lui crierai de ma puissante voix :
« France, debout ! le tyran qui t'opprime
« Va ressentir bientôt mon bras vengeur, »
Et le poussant jusqu'au fond de l'abîme,
Je serai là *(bis)*, pour le frapper au cœur.
Allobroges, etc.

L'air entraînant de la cantate, un *allegro* militaire d'un régiment français de Crimée, a surtout contribué à son succès.

Le dimanche 25 mai, la compagnie joue le *Prisonnier de Chillon* ou la *Savoie au XVIe siècle*, de Joseph Dessaix. La représentation de cette pièce, qui mettait en scène une religieuse, sœur Blaisine (*Clarisse Miroy*) et Bonivard (*M. Francière*), avait été interdite par le syndic de Chambéry. Elle fut autorisée par M. Rattazzi, ministre de l'intérieur, et devint la cause d'une polémique entre les journaux savoisiens. Le *Courrier des Alpes* lui consacre son *premier-Chambéry* du 27 mai, et, dans le n° du 31, un long compte rendu de M. *René Muffat*.

Les 15 et 18 décembre, concerts du violoniste *Vieuxtemps*.

1857. Retour de la troupe Alexandre. Les représentations sont orageuses et le directeur annonce qu'il remplacera, après leur troisième début, les acteurs qui ne conviendraient pas au public.

On arrive pourtant à la clôture le 19 février, avec M. *Marcel*, M. et Mme *Lancelin* et un acteur des Variétés, *Ch. Pérey*, qui joue l'*Ami François*, la *Ferme de Primerose*, *Propre à rien*, la *Petite Fadette*.

A la fin de mai une troupe dramatique passe à Annecy; elle joue devant les banquettes et disparait (1).

Dans ce même temps, une société essaie de se former « pour exploiter le théâtre de Chambéry et les autres théâtres secondaires de la Savoie. » La commission *provisoire* se composait de MM. Joseph Dessaix, Ambroise Delachenal, J.-J. Rey, Chauvet, banquier, et Alex. Perret. C'était là une des nombreuses conceptions de M. J^h Dessaix, qui embrassait trop pour pouvoir bien étreindre. Heureusement pour les adhérents, l'affaire n'alla pas plus loin.

Vers la fin de juin arriva de Genève une troupe allemande d'opéra. Les acteurs étaient MM. Grevenberg, Schoenck, Beyer, Rosner, Leinauer et Keller; Mmes Beyer-Hofman, Becker-Weichebaut. Ils jouèrent avec un grand succès *Freyschutz*, la *Muette*, *Norma*, *Martha*, *Don*

(1) *Courrier des Alpes* du 28 mai 1857.

Juan, les *Noces de Figaro, Lucie*, le *Prophète*, la *Somnambule, Roméo et Juliette, Lucrezia Borgia*. Madame Beyer-Hofman jouait en travesti les rôles de *Romeo* et d'*Orsini*.

M. Muffat donne de grands éloges à la troupe et raille les jeunes gens arrivant de Turin et qui *ont vu bien mieux*.

Au commencement de septembre il y eut un grand bal au théâtre en l'honneur du roi Victor-Emmanuel, venu en Savoie à cette époque.

Le bon accueil reçu par la troupe allemande l'engagea à retourner bientôt à Chambéry, cependant avec un changement de personnel. La compagnie se compose de MM. Tomascheck, Pluge, Schuman, Platen, Humbser; Mme Rutschman, Mlles Stainback, Œsterling, Tomascheck. Ils représentèrent les mêmes pièces que l'année précédente et, en outre, *Bélisaire*, *Stradella*, *Une Nuit à Grenade*, de Kreuzer. Mlle Œsterling chante aussi, en travesti, des rôles d'hommes.

Un critique nouveau, C. R., est très sévère pour la troupe (1).

(1) Ces initiales et la science musicale déployée dans les comptes rendus nous les font attribuer à M. Charles Roissard, alors jeune avocat, qui prit bientôt une place éminente au barreau de Savoie, et qui vient de mourir prématurément dans tout l'éclat de son talent et de ses succès oratoires.

La direction du *Courrier des Alpes* était alors entre les mains de M. Charles Bertier qui devint, sous l'Empire, gouverneur de la Martinique.

Le public commence à se lasser d'entendre toujours de l'allemand, sauf quelques cavatines chantées en italien pour plaire aux officiers piémontais. Le directeur s'adjoint la troupe française de vaudeville de M. et Mme Branciard, qui donne la *Corde sensible*, le *Bonhomme Jadis*, la *Journée des dupes*, etc. Clôture à la fin de février.

En juin, passage de la troupe de *Brindeau*, avec quelques autres acteurs de la Comédie-Française ; ils jouent *Un fils de famille*, les *Doigts de fée*, etc. En décembre s'installe aussi une troupe singulière dont il est bon de conserver le souvenir, celle des anciens *Zouaves d'Inkermann*, Alexandre, Auguste, Moras-Donzelle. Ils donnent quatre représentations : la *Fille terrible*, les *Deux Aveugles*, le *Retour de Crimée*, l'*Embuscade à Traktir*, etc.

1859. La troupe Arnaud, venant de Valence, débute le 27 janvier avec Clarisse Miroy et Jenneval, un *Sous-Frédérick* ; elle donne la *Fiammina*, les *Pauvres de Paris*. L'annonce illustrée fait son apparition ; un journal reproche au directeur d'apposer des affiches où l'on voit saint Vincent-de-Paul, et « de représenter sur la scène les actes sublimes de ce grand saint. »

On joue ensuite les *Filles de Marbre*, *Par droit de conquête*, le *Courrier de Lyon*, etc. La plantureuse Clarisse et l'exubérant Jenneval sont fort appréciés, et la salle est presque toujours comble.

A cette époque il s'était formé à Annecy une société de jeunes amateurs (1) ; le 27 février elle joue, au bénéfice des pauvres, la *Mansarde des artistes* et la *Somnambule* (vaudeville). Une autre fois elle donne : *Trois pièces de 8 sous* (2), comédie burlesque par un habitant d'Annecy.

1860. La troupe Dewolf commence ses représentations le 19 janvier, par les *Faux bonshommes* et *Chien et Chat*. Elle possède une excellente artiste, Mme Esclauzas, ou Desclauzas, qui est devenue presque célèbre à Paris.

Dans l'été de 1860 des amateurs jouent, à Evian-les-Bains, *Va-t-en voir s'ils viennent Jean*, folie carnavalesque, de Joseph Dessaix.

Pendant 15 jours, en mai, théâtre *Lassaigne* sur la place Saint-Dominique (actuellement du Marché couvert) ; prestidigitation et magnétisme avec le concours de M. *Collin*, improvisateur. A la fin du même mois, l'excellent cirque Guillaume, au manège de la caserne de cavalerie. Le 24 juin, concert de Mme *Dreyfus*, pianiste, et de M. *Orlandi*, baryton milanais ; à la fin de juillet, concert de Mlle Teresa Ferni et de son frère Angelo ; 25 juillet, le comique *Brasseur*, à Aix-les-Bains.

Le 28 août, à l'occasion de la venue en Savoie

(1) *Courrier des Alpes* des 26 février et 3 mars 1859.
(2) Pièce divisionnaire sarde de cuivre avec alliage d'argent.

de Napoléon III et de l'impératrice, bal au théâtre, auquel les nouveaux souverains de la Savoie prennent part.

Novembre et décembre 1860, janvier et février 1861, troupe *Corail*. MM. Boursier, Delcrot, Mme Reymond. On donne le *Roman d'un jeune homme pauvre*, *Lady Tartuffe*, *Dalila*, les *Trois Mousquetaires*, la *Dame aux camélias*, les *Mères repenties*. Durant tout le mois de juillet, troupe Bozia et Bary. MM. *Léopold, Paul Bary, Molinet, Désert*, etc. Mmes *Lartig, Lemay*, Mlles *Camel, Karsch*, etc. Ils jouent le *Médecin des enfants*, la *Grand'Mère*, la *Mariée du Mardi-Gras*. En août cette troupe alla jouer à Milan, au théâtre de Sainte-Radegonde; Mlle Karsch faillit y être brûlée vive dans le rôle de la jeune épouse de la *Mariée du Mardi-Gras*, le feu ayant pris à son voile.

26 septembre, concert de Mlle Carolina Ferni.

Le 21 novembre, retour de la troupe Corail; elle joue la *Closerie des Genêts*, les *Pattes de Mouche*. Elle est l'objet d'observations moqueuses de la part d'un critique du *Courrier des Alpes* qui signe *J. Fourby*.

En novembre 1862, troupe *Drouville*; opéras et comédies. MM. *Ambroselli, Gense*, ténors, *Catelin, Burier, Mouchet, Drouville*; Mlles *Ster, Saint-Amand*, Mmes *Domergue, Dubasque*. Elle représente la *Favorite*, la *Fille du Régiment*, les *Mousquetaires de la Reine*, les *Dra-*

gons de Villars, etc.; la *Joie fait peur*, les *Beaux Messieurs de Bois-Doré*, le *Gendre de M. Poirier*, l'*Enfant trouvé*, etc.; comptes rendus assez fréquents au *Courrier* signés J. Rythier.

1863. La troupe continue, en janvier 1863, par *Lucie* et le *Fils de Giboyer*. Le rédacteur en chef du *Courrier des Alpes*, M. Pouchet, critique vivement la célèbre pièce de M. Emile Augier qu'il appelle un académicien dévoyé, et dit que le public, peu nombreux d'ailleurs, déserta la salle après le premier acte. C'est bien douteux.

Le 6 août, réouverture du théâtre sous la direction d'*Ambroselli*; la troupe va jouer à Annecy où le *Fils de Giboyer* obtient un très vif succès.

28 octobre, débuts de la troupe Domergue. Elle donne les *Domestiques*, *Si j'étais roi*, *Maître Pathelin*, *Galathée*, les *Noces de Jeannette*, avec MM. *Gense, Schefault, Voet, Valette*, Mmes *Vignerot, Détrée, Lucia, Dupiré* qui est refusée et remplacée par Mme *Bruneau-Vallet*.

Le 7 février, on joue le *Caïd* et les *Diables noirs*. Le dimanche 14, on devait représenter *Fra Diavolo* et la *Case de l'oncle Tom* lorsque, à trois heures du matin, on s'aperçut que le théâtre était en feu. Malgré de prompts secours et de nombreux dévouements il ne put être sauvé. Toutefois l'œuvre de Vacca, le magnifique rideau, fut arraché aux flammes par M. Crevat, relieur, et par un fonctionnaire-littérateur M. Micoud, aidés, a-t-on dit, par un capucin. Les bords seuls ont été légèrement brûlés, mais la toile toute entière a été un peu *roussie*. La presque totalité des partitions fut perdue. L'incendie atteint cruellement, dit le *Courrier de Savoie*, les artistes déjà cruellement éprouvés par la déconfiture de leur directeur.

Le théâtre brûla ainsi après trente-neuf ans d'existence. Ce fut pour Chambéry une perte considérable, encore augmentée par la destruction d'une partie des archives municipales qu'on avait transportées au théâtre, pendant la réfection de l'Hôtel-de-Ville.

En 1864, M. *Jalabert* publie les *Héritiers*, comédie en cinq actes; en 1865, M. Joseph Dessaix, le *Moyen de parvenir*, vaudeville.

A cette époque le théâtre d'Annecy était peu florissant et les actions étaient tombées au plus bas. Les actionnaires abandonnèrent le théâtre à la Ville qui entreprit de le restaurer et de l'agrandir. Le plan nouveau fut dressé par l'architecte *Porreaux*, qui présida aux travaux exécutés par l'entrepreneur *Delasalle* (1). L'ouverture eut lieu le 1er octobre 1865. La troupe qui l'inaugura était dirigée par un homme du pays, M. *Bozia*. Elle comptait, au nombre de ses sujets : M. *Périchon*, dont nous avons déjà parlé, ses deux jeunes filles,

---

(1) La scène est grande et l'acoustique excellente. Le théâtre, qui a trois rangs de galeries, peut contenir mille personnes.

et Mmes *Nevers*, *Delahaye*, etc.; MM. *Francière*, *Gentil*, etc. Elle débute par la comédie de Legouvé: *Par droit de conquête*, qui fut précédée de la récitation, par Mlle Nevers, d'une poésie de M. Jules Philippe :

Thalie a reconquis sur ce riant rivage
Un temple digne d'elle où l'on va l'adorer !
Elle peut désormais, à l'abri de l'orage,
Déployer ses atours et se faire admirer !
Il était temps, hélas ! que l'aimable déesse
Pût trouver un abri sur nos bords verdoyants !...

....
.... La déessse opprimée
A retrouvé son trône aux brillantes couleurs ;
Elle revient enfin, par nos soins ranimée ;
Sa main va s'entrouvrir et verser ses faveurs.
Les échos de nos monts, soumis à sa puissance,
Vont répéter en chœur ses chants mélodieux ;
Sa voix s'est raffermie au souffle de la France !...

Prête l'oreille, ô toi, vieille terre des preux !
Digne enfant de la Gaule, antique Allobrogie !
Vieil et noble soutien du grand comme du beau !
Toi qui guide toujours le culte du génie,
Dont tes fils tant de fois ont tenu le flambeau,
Sois propice à Thalie ! Offre-lui tes vallées,
Et tes lacs et tes monts ; laisse s'épanouir
Dans tes sentiers fleuris, en tes fraîches allées,
Cette céleste fleur qui vient te réjouir !
Elle ne répand point, comme certains le pensent,
Un parfum dangereux et qui donne la mort ;
Elle sourit à tous, même à ceux qui l'offensent ;
Les plaisirs qu'elle donne ignorent le remords !

Et vous qui, les premiers, en ce jour d'allégresse,
Etes venus fêter son retour désiré,
Oh ! soyez-lui constants ! Venez ici sans cesse.
....
Et puis... n'oubliez point qu'aux marches de son trône
Se tiennent ses enfants, ses fidèles échos ;
Si pour elle, Messieurs, vous gardez la couronne,
Réservez-nous au moins la moisson des bravos ! (1)

La ville de Chambéry avait touché deux cent mille francs des compagnies d'assurances. Elle entreprit immédiatement la reconstruction du théâtre et confia ce travail à son architecte, M. *Bernard Pellegrini;* celui-ci étant mort bientôt (décembre 1864), M. *Joseph-Samuel Revel* fut chargé de le remplacer. Les travaux furent exécutés rapidement, et le 15 juillet 1866 la salle de spectacle put être inaugurée. (Voir *Document* XI.)

En octobre arriva la troupe *Derville,* composée de MM. *Genneville, Legrain, Derville, Augé, Arnault, Gally, Lefort;* Mlles *Emma Enaux, Belnie;* Mmes *Duchaumont, Devisé.*

Le jour de l'ouverture, l'ingénue, Mlle *Belnie* récite une pièce de circonstance, la *Muse du théâtre,* prologue en vers d'un habitant de Chambéry.

Le critique du *Courrier des Alpes* adresse à l'architecte, M. Revel, des éloges mérités. « On a admiré son œuvre. C'est merveille de voir avec quel soin on a rétabli ce qui était bien et évité ce

(1) *Mont-Blanc* du 4 octobre 1865.

qui était répréhensible dans l'ancien monument (1). »

Les principales pièces jouées sont : la *Fille du régiment*, les *Mousquetaires de la Reine*, *Dalila*, *Si j'étais Roi*, *Galathée*, le *Trouvère* le *Lion amoureux*, *Gringoire*, la *Famille Benoîton*.

A la fin de 1866, la critique du *Courrier des Alpes* passe de *Satisfait* (M. Ant. Dessaix), à *Lebrun* (M. Pouchet).

En décembre, le ténor Renard, directeur de la troupe de Grenoble, donna des représentations à Annecy; le 27 janvier 1867 on joua la *Belle Hélène*, avec Mlle *Victoria*, dugazon; puis le *Comte Ory*. Il y eut enfin quelques représentations de *Ravel* et de *Renard*.

La saison finit au milieu de mars.

Dans l'été, troupe de passage *Brasseur*.

A la fin d'octobre arriva la troupe *Gayral*; comédie, drame, opéra-comique. Grand article de *Lebrun* sur la commission chargée de juger les débuts. On joue le *Bossu*, la *Fille du régiment*, *Martha*, le *Camp des Bourgeoises*, la *Fanchonnette*.

1868. — Le 20 février, les artistes se forment en société et représentent le *Voyage en Chine*.

En mai, concert de Mlle *Patti*.

En juin, deux troupes : la Compagnie française *Lamy* et une Compagnie italienne. La première

---

(1) Satisfait, dans le *Courrier des Alpes* des 23 et 25 octobre 1866.

joue la *Vie parisienne*, le *Joueur de flûte*, etc. Les Italiens donnent *Ernani*, *Il Trovatore*, la *Traviata*, etc.

4 novembre, troupe italienne *Fagelli*. Elle représente les *Vêpres siciliennes*, la *Traviata*, *Rigoletto*, etc.

15 novembre, troupe française de *Marckley*, qui devient bientôt la troupe *Lecocq-Sabatier*. MM. *Bureau*, *Paul Evans*, *Gilbert*, *Sabatier*; Mmes *Guilbert*, *Cazal*, *Sabatier*, *Marchal*, etc.; jouent les *Inutiles*, l'*Abîme*, *Séraphine*, la *Cagnotte*, la *Belle-Hélène*, *Barbe-Bleue*.

1869. — Le 5 mars, la troupe donne la *Revue de Chambéry*, qui obtient le plus vif succès. Elle a 9 représentations consécutives.

Le scenario et la mise en scène de cette *Revue* sont l'œuvre de deux auteurs parisiens, MM. Laporte et Rigodon, qui eurent pour collaborateurs MM. C.-P. Ménard, de Chambéry, et P.-L. Wigé, chargés spécialement de la partie locale. A la 6me représentation, on intercala dans la *Revue* un vaudeville du poëte Joseph Rousseau, ancien greffier, faisant les *Chodruc-Duclos* à Chambéry, intitulé *la Cantinière savoyarde*, et dont la scène se passe à la croisée des Marches. L'addition de cette pochade donna un nouvel attrait à la *Revue*, qui fit encore trois fois salle comble. C'est dans cette pièce de J^h Rousseau que se trouve la chanson du *Marchand de vin*, de Maché, en patois :

Zaifants, chu mo pontets, veni donc vè me bôsse
Tote plainé d'on vin si généreux, si fin,
Que riai que d'y paissà l'éga vint à la boce !
    De si marchand de vin.

Pé l'ouvrier, dont lo petiouta borsa
Ne pou prétaidr' u vin fin d'Apramont,
De vè Bassai on zor d'ai prai ma corsa,
Et tié Chapot d'ai trovà du vrai bon.
Pe lo chanoénes à l'humeur pacifiqua
Montarminod m'a forni du claret,
E pe gari l'humeur melancoliqua
A Montmélian *(bis)* d'ai denià tié Poncet.
....

Du 10 avril au 2 mai, les artistes de Grenoble réunis jouent *Faust*, la *Reine de Chypre*, l'*Africaine*, etc.

29 octobre, troupe Georgès : la *Réouverture du théâtre de Chambéry*, à-propos en un acte avec couplets, *Miss Multon*, la *Papillonne*, *Rocambole*, *Patrie ! Froufrou*.

1870. — La troupe Georgès termine ses représentations à la fin de février.

18 avril, troupe Vasselet ; concert de Madame Alboni ; *Guillaume Tell*, *Robert le Diable*, la *Princesse de Trébizonde*, etc. Dans l'été, *Ravel*, *Brasseur*.

5 décembre, concert pour *les blessés* ; c'est la guerre de l'Année terrible.

1871. — Du 22 mars au 15 août, quelques troupes de passage.

15 août, troupe *Martin*, 7 représentations.

5 octobre, troupe *Guffroy*; MM. *V. Guffroy, Vasseur, Léopold*; Mmes *Servatius, Eloy, Montel, Bastide*; on joue le *Mariage aux lanternes*, les *Prussiens en Lorraine*, *Marceau*, les *Diables roses*, *Charlotte Corday*, etc.

1872. — 17 février, *Bilboquet à Chambéry*, revue en 5 actes et 12 tableaux, 7 représentations.

C'est l'œuvre de M. Hégésippe Cler, jeune homme de talent, alors rédacteur en chef du *Patriote savoisien*. La saison finit avec *Onze jours de siège*, la *Servante maîtresse*, etc.

21 mai, Mme *Galli-Marié*, dans *Mignon*, et M. et Mme *Bondois*. Mai et octobre, Mlle *Agar*, dans *Tartuffe*, les *Horaces*, etc.

1873. — 8 février, troupe *Stainville*, joue *Faust*, *Un passant*, *Fernande*, les *Prés Saint-Gervais*.

Avril, Mlle *Agar* avec *Gibeau*, donne *Phèdre*, *Andromaque*.

Juin, troupe *Giraud*; les *Misérables*, les *Noces de Jeannette*.

8 août, Mme *Galli-Marié*, Mlle *Priola*, MM. *Lhéric* et *Falchini* jouent l'*Ombre*.

13 décembre, troupe *Emile-Auguste*, soit *Vasselet*, donne *Célimare le bien-aimé*, *M. Alphonse*, etc.; la *Fille de Mme Angot* qui a 12 représentations.

1874. — Décembre, troupe *Corail*; la *Fiammina*, la *Joie de la Maison*, l'*Aïeule*, *Maître Guérin*, l'*Ile de Tulipatan*, etc.

1875. — Du 30 mars au 21 mai, troupe Stainville ; le *Pré aux Clercs*, *Martha*, le *Songe d'une nuit d'été*, *Mignon*, etc.

17 octobre 1875, *Lucie Didier* ou *l'Inondation du Furens*.

1876. — Janvier, troupe *Corail* ; les *Deux Orphelines*, le *Procès Veauradieux*.

17 avril, troupe *Masset*, de passage : les *Danicheff*. Mai, Mlle *Agar* ; Mlle *Scrivaneck*. Juin, l'*Etrangère*. Juillet, la *Petite mariée*.

12 et 14 août, le célèbre tragique italien, *Ernesto Rossi* joue *Hamlet*, *Otello*.

Novembre 1876, troupe *Lepret* : Mme *Caverley*, les *Quatre sergents de la Rochelle*, *Séraphine*, le *Panache*, *Nos bons villageois*, le *Plus heureux des trois*, etc.

1877. — 20 janvier, Mlle *Agar* : *Horace*, les *Femmes savantes*. A partir du 15 février, les artistes réunis. 4 mars 1877, *Tout Chambéry en rit*, revue en 4 actes et 10 tableaux, par M. Bonjean fils ; quatre représentations. 12 avril, l'*Ami Fritz*, par une troupe de passage. 1er mai, Mlle *Agar*.

23 mai, troupe italienne *Cortesi* : *Il Trovatore*. Mme *Favart*, dans le *Supplice d'une femme*.

15 novembre, troupe *Lafon* ; donne *Patrie*, la *Boule*, l'*Etrangère*, *Bébé*, la *Princesse Georges*, la *Tireuse de cartes*, le *Sphinx*. — Clôture le 30 mars 1878.

1878. — 10 avril, Mlle *Duverger* joue *Charlotte Corday*.

27 juin au 3 août, les artistes de Nîmes réunis, jouent le grand-opéra : la *Juive, Faust*, les *Huguenots*, etc.

26 octobre, troupe *Dormond*, puis *Dubois*; donne : la *Fille de la mère Angot*, *Giroflé-Girofla*, les *Fourchambault*, le *Tour du monde en 80 jours*, qui, chose inouïe en Savoie, a quinze représentations.

1879. — Le *Homard*, les *Cloches de Corneville*, la *Périchole*, la *Colombe*. Mars, Mlle *Agar*. Avril à juin, troupe *Borsat de Laverrière*. Août, troupe *Simon* : l'*Assommoir*. — Artistes des Variétés, la *Femme à papa*. Novembre 1879, troupe Cavé.

1880. — 14 mars, la *Revue de Chambéry*, 4 représentations. 21 mars, le *Dernier des Montmayeur*, reprise. 17 avril, troupe *Borsat*, opéra jusqu'au 16 mai. Septembre, conférence de Mme *Paule Mink*. 4 septembre, conférence de MM. *Quentin* et *Coquelin aîné*.

1881. — On donne : *Divorçons*, le *Monde où l'on s'ennuie*, etc.

1882. — 20 février, *Sarah Bernhardt* joue *Adrienne Lecouvreur* ; Mme *Marie Sasse*, donne *Serge Panine*. 11 et 13 mai, deux représentations du *Prêtre*, de notre compatriote, M. *Charles Buet*.

1883. — Février, le *Roi s'amuse*, *Boccace*.

1884. — Février, *Severo Torelli*, de Coppée. En juillet, huit représentations de *Michel Strogoff*. 9 novembre, la *Fille du paysan*.

1885. — 10 janvier, les *Volontaires des Alpes*.

Mars, *Denise*, d'Alexandre Dumas fils.

Mars et avril, représentations de M. *Cottet*, ténor, et de Mme *Mathieu*, de Chambéry.

26 mars, *Guignol à Chambéry*, revue; une seule représentation.

1886. — Troupe Vasselet, qui exploite en même temps le théâtre d'Annecy; Mme Solhia-Bohrer, MM. Puget, Santara, etc., donnent le *Cœur et la Main*, la *Cosaque*, le *Grand Mogol*, la *Mascotte*, le *Petit Duc*, etc., etc.

4 mars, *Un cheveu*, comédie en un acte, par un officier de dragons, M. le lieutenant Laperrière.

25 mai, conférence au théâtre par le *P. Hyacinthe*.

1887. — Troupe Vasselet; les opérettes de l'année précédente, et *Joséphine vendue par ses sœurs*; *Un Amour de belle-mère*, comédie en deux actes, par M. Laperrière. Cette jolie pièce a du succès.

Le 24 février, représentation des *Plaideurs* au Collège d'Annecy (1). Nous félicitons le Principal de ce retour aux anciennes traditions.

(1) On construit actuellement à Annecy un *Lycée*.

CHAPITRE XII.

Le théâtre à Aix-les-Bains. Le Cercle; la Villa des Fleurs.

Notre travail serait incomplet si nous ne consacrions pas quelques pages au théâtre d'Aix-les-Bains, cette brillante station thermale si gracieuse et si hospitalière.

Le Cercle.

Tant que le salon de conversation et la salle de bal ont été établis dans le vieux château des marquis de Seyssel d'Aix, et même pendant les premières années du *Cercle* ou *Casino* actuel, les représentations théâtrales ont été fort rares. Faute d'une scène suffisante, l'on ne jouait que de petites comédies, ne demandant ni de véritables décors ni un personnel nombreux. Les baigneurs étaient moins exigeants qu'aujourd'hui, et, le plus souvent, ils n'avaient pour distraction de leurs soirées qu'un orchestre italien et quelques chanteurs ou comédiens dont nous avons signalé le passage aux chapitres précédents.

En 1882, et sous la brillante administration de de M. *Jean* Martin-Franklin, et la direction de M. *Victor* Henry, le Cercle donna un grand développement aux récréations qu'il offrait à ses abonnés et à ses nombreux invités.

L'on construisit un petit théâtre que l'on plaçait dans la salle de bal actuel et l'on y donna divers opéras-comiques, dont la représentation alternait avec les soirées du *Septuor italien*, ou de *l'Harmonie du Cercle*, dirigés par M. *L. Olivieri*, et dont les principaux artistes étaient MM. *A. Ferni*, premier violon; *Oudshoorn*, violoncelle solo; *Germano*, alto solo.

Dès le mois de juillet, après une soirée donnée par les *Tziganes* (musiciens hongrois), commencèrent les célèbres concerts dirigés par M. *Ed. Colonne*, avec 50 exécutants. Ils obtinrent aussitôt un succès des plus vifs et qui n'a fait que s'affirmer d'année en année.

Dans l'après-midi, M. Darthenay égayait les enfants avec ses *Pupazzi*.

Le 2 juillet, débuts de la troupe d'opéra-comique, composée de MM. *Armand, Durat, de Waast, Jouanne*, etc., de Mmes *Stella de la Mar, Mendès*, et *Jenny de la Mar*.

Le Cercle construisit bientôt un très élégant théâtre, pouvant contenir sept à huit cents personnes. L'architecte, M. Abel Roudier, a fait une œuvre fort agréable à l'œil; mais qui, on doit le reconnaître, n'est pas des plus commodes. De beaucoup de places on voit peu les acteurs, ou même on ne les aperçoit pas du tout.

La scène est ornée de fort belles sculptures dues au ciseau de M. *A. de Vasselot*. Au tympan est un amour gracieux et mutin qui élève sa torche embrasée; de chaque côté, et en face au fond du théâtre, est une gloire colossale dont le pied pose légèrement sur une sphère. Ces quatre statues, d'un grand caractère, font pendant sans être identiques.

Les décors, les tentures et le mobilier ont été fournis par MM. *Diosse père et fils,* de Lyon et Genève.

Le théâtre, commencé en 1881, est inauguré en 1882. L'on joue : *Si j'étais roi,* le *Toréador,* musique d'*Adam,* les *Dragons de Villard,* de *Maillard,* les *Noces de Jeannette* et *Galathée,* de *Massé,* le *Domino noir* et *Haydée,* d'*Auber,* la *Fille du régiment,* de *Donizetti,* le *Songe d'une nuit d'été* et *Mignon,* d'*Ambroise Thomas,* avec le ténor *Engel;* la *Favorite,* avec le même et Mme *Prasini,* les *Mousquetaires de la Reine,* d'*Halévy.*

A la fin, représentations de Mlle *Baretta* et de M. *Boucher,* de la Comédie Française.

Le 3 septembre, concert dirigé par M. Jules Massenet qui fait exécuter divers fragments d'*Hérodiade.* — Une autre fois, l'on entend Mme *Engally,* de l'Opéra. Une troupe parisienne joue les *Rantzau,* de MM. *Erckman-Chatrian.*

Le 4 septembre, clôture des représentations théâtrales par les *Noces de Jeannette* et le *Farfadet.* Le septuor italien joue jusqu'au 19 octobre.

En 1883, le spectacle commence par les *Mousquetaires de la Reine,* avec MM. Dupuy, Jouanne, Paravey, Guérin, Augier-Diany ; Mmes Vaillant-Couturier, Lecomte, Ismaël. Les principales pièces données sont le *Postillon de Lonjumeau,*

Galathée, le *Voyage en Chine*, de Bazin, *Faust* et *Philémon et Baucis*, de Gounod, le *Barbier*, de Rossini, *Si J'étais Roi*, etc.

Le 20 juillet représentation de *Gringoire*, comédie de Th. de Banville, par MM. Coquelin aîné, Dieudonné, Mlle Legault, etc.

Le 1er août, représentation de *Fédora*, de Victorien Sardou, par Mmes *Sarah-Bernhardt* et *Marie Kolb*, et MM. P. Berton, E. Vois, etc.

Les places ne sont pas données : 20 fr., 15. fr. et 10 francs.

L'opéra-comique reprend ensuite par les *Diamants de la Couronne*, avec Mme Bilbaut-Vauchelet, qui joue encore le *Pré aux Clercs*, d'Hérold, les *Noces de Figaro*, de Mozart, etc.

Le 1er septembre, inauguration de l'opéra italien, joué par MM. Vaselli, ténor, Purarelli, Signoretti, Olivetti, et Mmes Smeroski, Travaglini, Sonino, Beloff. L'orchestre est dirigé par M. Bottesini.

On donne *Ernani*, la *Traviata*, *Rigoletto*, un *Ballo in maschera*, de Verdi, *Don Pasquale*, de Donizetti, la *Sonnambola*, de Bellini, *Ero e Leandro*, de Bottesini.

Le 12 septembre, la troupe parisienne de M. Marck, joue les *Effrontés*, d'Emile Augier. Clôture de l'opéra italien et de la saison, le 14 octobre.

La Compagnie d'opéra se compose, en 1884, de MM. Dupuy, Mauras, Degrave, Bouvet, Guérin, Delersy, Augier-Diany, Morfer, etc.; de Mmes Dorian, de Villeraie, Garcin, Olivia, Bouland. Elle représente *Haydée*, le *Songe d'une nuit d'été*, le *Caïd*, les *Noces de Jeannette*, le *Maître de chapelle*, *Fra Diavolo*, la *Fille du régiment*, *Si j'étais Roi*, *Faust* ; le *Pardon de Ploërmel*, de Meyerbeer, *Mireille*, de Gounod, *Galathée* ; les *Contes d'Hoffmann*, d'Offenbach.— Le 30 juillet et les 3 et 8 août, *Carmen*, avec Mme Galli-Marié ; les 17, 22 et 24 août, la *Favorite* et *Carmen*, avec Mlle Blanche Deschamps, fille, croyons-nous, d'un capitaine de bateau à vapeur, et née dans un joli cottage des bords du lac du Bourget.

Chef d'orchestre, M. *Barwolf*.

Le 31 août, arrivée de la troupe d'opéra italien, composée de MM. Marconi, Vaselli, d'Andrade, Giotti, Barabino, Buzzi, et de Mmes Ciuti-Lazzerini, Litvinoff, Bonelli, Listz, Sonino, Rambelli, Negrini.

Pièces jouées : *Lucrezia Borgia*, *Lucia*, *Rigoletto*, *un Ballo in maschera*, *Il Trovatore*, *Faust*, et une autre fois, *Lucia*, avec Mme Nevada.

Chef d'orchestre, M. Bottesini.

De charmants programmes, illustrés par *Just Simon*, sont distribués chaque soir.

En 1885, la troupe dirigée par M. E. Marck du théâtre du *Vaudeville* de Paris, débute le 5 juin. Elle joue le *Maître de Forges*, d'Ohnet, les *Femmes terribles*, de Dumanoir, les *Fourchambault*, d'E. Augier, un *Voyage d'agrément*, de Gondinet et Bisson ; la *Papillonne*, de Sardou, etc. Les 3 et 5 juillet, représentations des *Pattes de mouches*, et de *Mlle de la Seiglière*, avec le concours de M. Coquelin aîné. Le 1er août, *Denise*, avec MM. Coquelin aîné et Montigny et Mademoiselle Brandès. 3 août, *Tartuffe*, avec Coquelin aîné et Mlle Brandès.

Le 10 juillet commencent les représentations d'opéra avec MM. Selrack, Poitevin, Guernoy, de Beer, Louvrier; Mmes Dorian, Anna Arnaud, Grassot. On joue *Carmen*, les *Mousquetaires de la Reine, Faust*, la *Traviata*; puis le *Songe d'une nuit d'été, Mignon, Galathée, Manon*, de Massenet, *Lakmé*, de Léo Delibes.

La troupe de comédie continue à alterner jusqu'à la fin de septembre avec la troupe lyrique et les concerts symphoniques de M. Colonne. Elle joue l'*Arlésienne*, de Daudet, avec les symphonies et chœurs de *Bizet* ; le *Testament de César Girodot*, de Belot et Villetard, avec le concours de M. Coquelin cadet, la *Princesse Georges*, d'Alex. Dumas fils, *Dalila*, de Feuillet, *Nos Intimes*, de Sardou. Clôture le 4 octobre. Les principaux acteurs de cette troupe étaient MM. Darmand, Béjuy, Maupas, Robert, Bahier ; Mmes Juliette Clarence, Marthe Vrignault, Grassot, Cécile et Marguerite Caron, Gérard.

1886. La troupe de comédie du Cercle d'Aix est dirigée par M. Albert Carré, directeur du *Vau-*

deville. Ses principaux acteurs sont MM. Robert, Béjuy, Darmand, Huguenet, Pierre Manin, Christian, Frégot; Mmes Berthe Dharcourt, Daynes-Grassot, Marthold, Marguerite et Cécile Caron, Gérard, Marie Augé, Van der Meeren. On joue : *Georgette*, de Sardou, le *Député de Bombignac*, de Bisson, *Tête de linotte*, de Gondinet et Barrière, *Clara Soleil*, *Antoinette Rigaud*, de Deslandes, *Un Parisien*, de Gondinet, le *Monde où l'on s'ennuie*, de Pailleron, l'*Ami Fritz*, le *Club*, de Gondinet, l'*Été de la saint Martin*, de Meilhac et Halévy, le *Bonheur conjugal*, d'Albin Valabrègue, le *Duc Job*, de Léon Laya, etc.

En juillet et août, la troupe d'opéra composée de MM. Engel et Morlet, de l'*Opéra-Comique*, Poitevin, Maupas, etc., et de Mmes Félicie et Anna Arnaud, Dieudonné, etc., donne *Faust*, *Zampa*; *Roméo et Juliette*, et le *Médecin malgré lui*, de Gounod, *Maître Pathelin*, de Bazin.

Les 7, 9, 12 et 15 août, représentations des *Pêcheurs de perles*, de G. Bizet. Cet opéra, qui n'avait pas été joué en France depuis 1863, a tout l'attrait d'une nouveauté.

En septembre, *Carmen*, *Mignon* et *Rigoletto*, avec M. Dereims, de l'*Opéra* et Mlle Verheyden.

Le 10 juillet, Coquelin aîné joue *Oscar ou le Mari qui trompe sa femme*, et récite *Barbassou*, monologue de O. Pradels. Le 15 juillet, il tient le rôle de *Brichanteau* dans *Un Parisien*. Le 8 août, il joue l'*Aventurière*, avec Mme Favart, qui avait elle-même joué dans le *Monde où l'on s'ennuie.*

Le 31 juillet, dans un concert de bienfaisance, Mme *Alboni*, dont la voix est toujours jeune, veut bien chanter l'andante de la *Favorite, O mon Fernand,* et l'air de *Roméo et Juliette,* de Vaccai ; *Ah se tu dormi, svegliati.*

Comme chaque année, les concerts de M. *Colonne* commencent le 2 juillet ; les lundis et vendredis leur sont d'habitude réservés. Avec ses 60 ou 70 exécutants, tous musiciens de mérite, M. Colonne initie son auditoire à la musique historique, classique, exotique et pittoresque. A côté des œuvres de Beethoven, de Mendelsohn, de Mozart, de Weber, de S. Bach, de Schumann, il nous fait connaître nos vieux auteurs : Palestrina, Lully, Bocherini, Rameau, Chérubini, etc. ; les Russes Tschaïkowsky, Glinka ; des Suédois ; des Anglais ; R. Wagner ; notre regretté Bizet, Massenet, Saint-Saëns, dans leurs morceaux les plus caractéristiques ; et le plus aimé de tous, le grand Berlioz, notre voisin de la Côte-St-André.

M. Colonne tient son orchestre au bout de son bâton : il le dirige, le pousse, le retient ou l'enlève suivant les situations ; mais il est merveilleusement secondé par des artistes d'élite, tels que les violonistes *A. Ferni* et *Germano,* le violoncelliste *Oudshoorn,* le clarinettiste *Boutmy,* le flûtiste *Cantié,* les cornistes *Gruyer* et *Boullard,* etc.

Nous sommes enchantés de la perfection de l'exécution, de la variété et du choix des morceaux ; cependant nous exprimerons un désir. Sans aspirer à l'ampleur des concerts du *Châtelet*, nous voudrions que, plus souvent, l'une des deux parties du concert fut donnée à une seule œuvre, et qu'une ou deux fois dans la saison, la soirée toute entière fut consacrée à un ouvrage à peu près complet.

Lorsque nous aurons dit que les entr'actes des spectacles divers, offerts si généreusement aux abonnés et aux invités, se passent en promenades ou en causeries dans les salons du Cercle, sous son hall à la merveilleuse coupole, œuvre du célèbre mosaïste Salviati, au milieu des dames en toilettes, parfois un peu bizarres, mais toujours élégantes, nous n'aurons donné qu'une faible idée du charme des soirées du Cercle d'Aix-les-Bains.

LA VILLA DES FLEURS.

Ce bel établissement, éclairé à la lumière électrique (1), avec son parc aux grands ombrages, son hall, ses salons ornés de peintures, offre aussi l'attrait de concerts de jour et de représentations

---

(1) L'éclairage à la lumière électrique est fourni par 20 foyers Jablokoff ; le hall, le théâtre et les salons reçoivent la lumière par 500 lampes à incandescence. Cet éclairage nécessite une machine à vapeur de 75 chevaux.

Le Casino-Villa des Fleurs est le seul établissement actuellement éclairé *complètement* par l'électricité.

le soir. Sa salle de bal et de théâtre a été construite en 1879 ; elle peut contenir près de 600 spectateurs commodément assis sur des sièges frais et légers, particularité qui n'est pas à dédaigner dans les longues soirées d'été.

On y a joué de 1879 à 1886 : la comédie, l'opérette, l'opéra-comique et le grand opéra. — Les ouvrages suivants y ont été interprétés :

Comédies.

La Poudre aux yeux.
L'article 7.
Les Domestiques.
Un Monsieur qui prend la mouche.
Nos Intimes.
Le Fils naturel.
Le Mari à la campagne.
La Fille terrible.
Le Supplice d'un homme.
Séraphine.
Le Supplice de Tantale.
Les Crochets du Père Martin.
Le Roman d'un jeune homme pauvre.
Par Droit de conquête.
Frou-Frou.
Les Danicheff.
La Fiammina.
Le Gendre de M. Poirier.
Le Marquis de Villemer.
L'Etincelle.
Les Vivacités du capitaine Tic.
Gringoire.
La Joie de la maison.
Un Gentilhomme pauvre.
La Petite sœur.
Le Piano de Berthe.
Je dîne chez ma mère.
La Joie fait peur.
Chez l'Avocat.
L'Etrangère.
Le Feu au couvent.
La Grammaire.
L'Ingénieur.
Les Deux veuves.
Le Bourreau des crânes.
Les Brebis de Panurge.
Une Cravate blanche.
La Partie de Piquet.
Les Timides.
La Poule et ses Poussins.
Le Numéro 13.
Comme elles sont toutes.

Mme Caverlet.
Mlle de la Seiglière.
Le Voyage de M. Périchon.
Vouloir c'est pouvoir.
Le Monde où l'on s'ennuie.
Le Demi Monde.
Riche d'amour.
Le Pour et le Contre.
Les Affolés.
L'Arlésienne.
La Boule.
Le Bonhomme Jadis.
Une Corneille qui abat des noix.
La Cigale.
Le Coucher d'une étoile.
Le Chanoinese.
La Cagnotte.
Le Carnaval d'un merle blanc.
La Dame aux Camélias.
Les Deux Timides.
Les Demoiselles de St-Cyr.
Les Dominos roses.
La Flamboyante.
Les Femmes qui pleurent.
Ma Femme manque de chic.

Un Tigre du Bengale.
L'Orage.
L'Aventurière.
Les Pattes de Mouche.
Les Erreurs du bel âge.
Gavaut, Minart et Cie.
Héloïse Paranquet.
Le Homard.
Les Jocrisses de l'amour.
Jean Baudry.
Les Jurons de Cadillac.
Le Klephte.
La Maîtresse légitime.
Un Ménage en ville.
La Princesse Georges.
Le Procès Veauradieux.
La Petite Marquise.
La Pierre de touche.
Le Panache.
Ruy-Blas.
Le Roman parisien.
Le Réveillon.
Serge Panine.
Les Sceptiques.
Trois Femmes pour un mari.
Le Sphinx.
La Vie facile.
Martyre.

Opérettes.

Boccace.
La Béarnaise.

Le Jour et la Nuit.
Madame Boniface.

Le Cœur et la Main.
Les Cloches de Corneville.
Les Charbonniers.
La Fille du tambour major.
La Fille de Mme Angot.
François les bas bleus.
Le Grand Mogol.
Giroflé-Girofla.
Gillette de Narbonne.
Jeanne, Jeannette et Jeannetou.
La Mascotte.
Madame Favart.
Les Mousquetaires au couvent.
Le Petit Duc.
La Petite Mariée.
Le Petit Faust.
La Princesse des Canaries.
Les Petits Mousquetaires.

Opéras et Opéras-comiques.

Faust.
Lucie.
La Favorite.
Martha.
Le Songe d'une Nuit d'été
Galathée.
Les Noces de Jeannette.
Les Dragons de Villars.
Mignon.
Si J'étais Roi.
Le Domino noir.
L'Ombre.
Le Chalet.
Carmen.
Le Maître de chapelle.
Le Pré aux Clercs.
Le Postillon de Lonjumeau.
La Fille du Régiment.
La Dame Blanche.
Le Barbier de Séville.
Haydée.
Les Mousquetaires de la Reine.

Tous les ans, des artistes en renom y ont donné des représentations, comme : M. *Talazac* et Mlle *Isaac*, de l'Opéra-Comique ; Mmes *Sarah-Bernhardt, Julia Potel*.

On y a entendu les troupes des Variétés et du Palais-Royal ; celle de M. *Simon*, en 1886.

On y a donné plusieurs représentations de

grand opéra avec MM. *Massart*, ténor, *Bourgeois, Manoury*, barytons de l'Académie de musique, *Soulacroix*, de l'Opéra-Comique, Mme *Aline Jacob*, Mlle *de Basta*.

Nous avons terminé cette longue quoique parfois bien rapide énumération des représentations théâtrales dans notre pays, depuis les jeux naïfs du moyen âge et les amusements raffinés en même temps qu'un peu grossiers de la Cour, du XIIIe au XVe siècle. Nous avons vu les pompeuses tragédies du XVIIe et du XVIIIe ; la construction de théâtres rivalisant avec ceux de bien plus grandes villes que les nôtres ; les pièces les plus célèbres jouées peu de temps après leur apparition sur les scènes de Paris ; les comédiens les plus courus venir recueillir nos bravos, et nous pouvons dire que nulle part plus qu'en Savoie l'art dramatique n'a été en honneur.

En ce moment, grâce au développement rapide d'Aix-les-Bains, nous avons une situation vraiment privilégiée ; l'abondance est grande, peut-être excessive. Le bon goût et l'art musical n'ont rien à gagner au spectacle de certaines œuvres où de sottes grimaces, de grotesques parades et d'odieuses gravelures remplacent trop souvent la science et l'inspiration chez le musicien, l'esprit chez l'écrivain.

Nous avons cité bien des noms d'auteurs et d'acteurs, bien des titres de pièces. Beaucoup, hommes et choses, sont déjà oubliés ; le même sort en attend d'autres encore. Mais nous souvenant du plaisir que nous avons éprouvé en retrouvant dans les livres des siècles passés le souvenir des récréations de nos aïeux, nous avons espéré être utile à quelques chercheurs de l'an deux mille, si, à cette époque problématique, nos modestes pages n'ont pas définitivement sombré dans la nuit des âges disparus.

DOCUMENTS.

I.

1º Ménestrels aux fêtes de la naissance de Jeanne de Savoie (1).

Libraverunt... certis mimis qui fuerunt Chamb. et festinitati fuerunt in nat. Jane domicelle de Sabaudia ante baptisma ipsius et post et solverunt sibi tum pro suis expensis quam salariis et mercede pro sex diebus quibus fuerunt ibidem de consilio... consulum et mandato dato chamb. die 1ª mensis Augusti anno M° iij° nonagesimo secundo.

(Comptes des syndics de Chambéry, de 1391-1392).

2e Ménestrels à la naissance du prince de Savoie (2).

Libraverunt... mimis domini nostri Sabaudiæ comitis trompetis ejusdem et pluribus aliis mimis de diversis partibus ad dictam villam venientibus diversa musicorum genera ducentibus p. in festo facto in dicta villa p. joconda nativitate Illustris Principis de Sabaudia dni nri primogeniti dicti Dni nri nati de mense Maij anno Dni M° cccc° vii° tam pro ipsorum labore quam expensis per ipsos factis, ibidem, xvi fl.

(1) Fille posthume d'Amédée VII, dit le *Comte Rouge*.
(2) Amé, le premier fils d'Amédée VIII et de Marie de Bourgogne. Cette date de mai 1407, donnée à la naissance de ce fils aîné, est fort importante pour la chronologie des princes de Savoie.

Item ad expens. *Sociorum ville* predicte burgens. et aliorum festinantium die ac nocte in pluribus ac diversis locis et modis affluentium, ij fl.

Les commissaires de la fête furent Lambert Oddinet et Jean Laget, docteurs en droit ; Pierre Grangié, François Calade, Antoine des Ambrois, Guillet Pollien et autres. Les syndics étaient François Marchiand et Pierre d'Entremont. (*Comptes de 1406-1407*, f° 21.)

3° *Histoires de saint Sébastien et de sainte Anastasie.*

Donum factum pro hystoria sancti Sebastiani. Libraverunt manu petri nycodj et Johannis pasquelctj Anthonio matisconis, domino Richardo pectoralis curato sancti petri, bonifacio de Cheveluto, petro philiberti et anthonio girardetj burgens. et habit. Chamber. suis propriis et aliorum sociorum ludere debentium *hystorias sancti Sebastiani et Agnastasie* nominibus recipientibus de mandato et ex ordinacione dominorum burgensium et consiliariorum dicte ville et quos ipsi burgenses et consiliarii visa lictera... illustrissimi principis domini nostri Sabaudie Ducis data Gebennis die (*blanc*) mensis (*blanc*) anno domini mille iiij° xlvj° sigillo domini sigilato et manu (*blanc*) (1) eius secretarii signata per quam pred. dominus noster requirendo dictis sindicis et communitati mandavit qtus solvere vellent dictis sociis et eisdem subvenire occasione *dictarum hystoriarum* de quadraginta flor. eisdem sociis solvi et... expedire per dictos sindicos voluerunt. ordinavorunt et preceperunt tam contemplacione dicti

(1) Antoine Lopini ; le nom est écrit plus loin.

domini nostri ducis quam dictorum sociorum ratione dictarum ystoriarum ibidem in dicta villa fiendarum ac in subventione onerum per eosdem occasione ipsarum supportandorum, ut per licteram dicte ordinacionis et de testimonio premissorum mandati quos subscriptos quadraginta florenos dicti sindici intrandi et allocandi datam Chamberiaci die septima mensis junii anno Domini M° iiij° xLvi° quam reddunt in quodam parpiri (*sic*) quaterno... scriptam et manu francisci burgie not. et clerici dicte ville signatam.

Au mandat des syndics, délivré le 10 juin, sont annexés la lettre du duc, signée et scellée de la main d'Antoine Lopini ou Lupini, secrétaire ducal, et un reçu de 49 florins.

(*Comptes des syndics* Claude des Avenières et Pierre Charvet, du 23 novembre 1445 au 23 novembre 1446, f° 24).

4° *Anthoine* SOMETA, *hystorien et ses associés.*

Donum factum Anthonio Masticonis (*sic*) alias Sometan (1). Libraverunt manu dicti hugoninj Anthonio someta in exoneracionem decem flor. pp. quos dni burgenses et consiliarii dicte ville ordinaverant dicto Anthonio per dictos sindicos solvi pro eo quod adhibuit aptam diligenciam in faciendo certas hystorias quas facere debebant ipse anthonius et certi socii dicte ville in adventu illustrissimorum nostrorum ducis et duchisse Sabaudie (2) ut per licteram dicte ordinacionis manda-

---

(1) On remarquera qu'Antoine de Mâcon fait déjà partie des associés de 1446.
(2) Louis et Anne de Chypre.

tique eosdem dictis sindicis intrandi in eorum presenti computo et allocandi per franciscum burgie dicte ville clericum recepto die... mensis martii anno Dni cccc° quinquagesimo quam reddunt in quodam quaterno scriptam et manu dicti francisci signatam. Et solverunt eidem Anthonio subscripto quatuor florenos in diminucione et exoneracione dict. decem florenorum pp. ut per ipsius licteram de confessione et recepto dict. quatuor floren. data die quarta mensis Jullij anno Dni M cccc° L quam reddunt in quadam cedula papiri scripta et manu dicti Anthoni Someta signata.

(*Comptes des syndics Etienne Rosset et Hugonin de Chintrieux* (de *Chintriaco*) *de 1449-1450.*

5° Préparatifs pour l'hystoire de saint Laurent,
à Chambéry.

Libraverunt manu Glaudii Roberti consindici abbati et sociis ville Chamberiaci qui proposuerant ludere ystoriam beati laurencii in proximo festo veniente penthecostes qui jam fecerant eorum chaffulos et plures onus *(sic)* sustinuerant sed quia propter decessum filii domini nostri principis pedemontii (1) ac eciam guerram inhitam per gentes domini borbonii in patria ejusdem domini principis Breyssie dimiserunt ludere dictam ystoriam. Quibus abbati et sociis domini de consilio ac plures nobiles et burgenses dicte communitatis ordinaverunt eisdem per dictos sindicos expedire et solvere decem florenos refectione dictorum chaffulorum de qua ordinacione constat lictera data die ultima maii anno

(1) Guichenon ne mentionne pas cet enfant d'Amédée, prince de Piémont (plus tard Amédée IX), qui est décédé en 1460.

Dni mill° cccc° lx° in predicto quaterno scripta manu Clerici dicte ville signata. Et solverunt dictos decem florenos per notam instr. nobilium Glaudij de Molario abbatis et Petri de Setenay dictorum sociorum.. x fl. pp. (*Comptes des syndics de 1455-1460*).

6° Mystère de la Passion. Pro passione.

Libraverunt Johanni Branchie, Theobaldo Dalluytt, Petro de Les Alberges lautheonerio et Claudio Mathei, videlicet suscriptos decem octo florenos decem denarios et quartum unius pro les exchaffaulx, jornatis operariorum et manuoperariorum postibus panis (*pannis*) et tachiis Passionis Cri Dni nri factis in plathea Castri die veneris sancte anni predicti millesi. quingent. sexdecimi in sex foliariis papiri unacum actestationibus occasione premissorum factis tam p. nobilem Lamberti quam Petrum Chapuisii signatis quas redderunt et allocantur eisdem vigore premissorum — videlicet : xviii fl. x g^s. 1 q^{rt}. (Comptes des syndics de Chambéry de 1516, f° 63 v°.)

Les comptes ne comprenant aucune autre dépense, il est possible qu'il n'y ait eu qu'une représentation simplement plastique, et non celle d'un *mystère* à personnages parlants et agissants.

II.

Baptême du fils de Nicolas Biet de Beauchamp.

Le 31 aoust 1659 a esté baptisé *Thomas* fils de *Nicolas Biet* dit de Beauchamp et de *Françoise Petit;* a esté parrain Mre François de Chabo, marquis de St-Maurice; marraine damoiselle Catherine de Séturier, première présidente du Sénat (1). *Signé :* Tartel, vicaire (Reg. par. de l'église de St-Léger à Chambéry).

III.

Contrat de mariage de Philippe Millot et de Marguerite Prunier, veuve de Hugues de Lans.

L'an 1659 et le 8me jour de septembre par devant moy notaire ducal et Procureur au souverain Sénat de Savoye se sont personnellement estably et constitués le sieur Philippe fils de feu s^r Philippe Millot de Dijon, d'une part, et damoiselle Marguerite fille de feu s^r Pierre Prunier de Soissons en Picardie, vesve du s^r de Lans tous deux comédiens de S. A. R. et de Mademoiselle d'Orléans, estant à présent avec leur trouppe résidente en cette ville, lesquels ensuitte du traité de mariage faict entre eux ont promis et promettent par foy et serment de se représenter touttefois et quantes que l'un d'eux en sera requis par l'aultre et au contraire (2) en face de nostre saincte mere Eglise pour y recevoir la benediction nuptiale a paine de tous dépens dommages et interets.

Et parce qu'il est de coustume que les femmes consti-

---

(1) Thomas François de Chabod, fils de Claude-Jérôme, marquis de St-Maurice, avait épousé le 24 novembre 1647, Louise-Marie d'Aglié.

Catherine de Sciturier était la femme de Guillaume de Blancheville, nommé Premier Président du Sénat par patentes du 26 juin 1658, et remplacé bientôt par François Bertrand de la Perouse.

Celui-ci fut nommé, le 30 mars 1660, par des patentes enregistrées au Sénat le 21 avril suivant. (Arch. du Sénat, tome XLII, f° 53 et tome XLV, f° 21.)

(2) C'est-à-dire *réciproquement*.

tuent dot aux marys pour leur ayder a supporter les charges du mariage, à c'est effect la dite damoiselle Marguerite Prunier a constitué et constitue en dot au dit s^r Philippe Millot, son futur epoux present et acceptant, à scavoir tous et ung chascuns ses biens meubles et immeubles en quoy qu'ils puissent consister et particulièrement tous ses habits de comédie, sans rien se réserver ni retenir. Le tout entre eux évalué à la somme de douze cents livres tournoises vallant quatre cents escuz de Roy, dont le dit s^r Millot s'est contenté et [se] contente, et a le tout affecté, obligé et hypothéqué sur tous et ung chascuns ses biens présens et advenir avec la clause de constitut en bonne forme, desquels biens en cas de predeces du dit s^r Millot, ou comme encore le cas de restitution arrivé la dite damoiselle Marguerite Prunier pourra demeurer saisie et nantie jusques à plaine et entière restitution de tout ce qu'a esté par elle constitué, à la charge néanmoins, au dit cas de predeces tant seulement, que ses hardes qui consistent particulièrement en ses habits de comédie seront partagees avec damoiselle Anne Millot sa sœur qui demeure maintenant avec luy a l'arbitrage de messieurs de leur trouppe qui sçavent leur valeur et en quoy ils consistent : et venant la dite sœur à se loger ou par mariage ou autrement avant la mort du dit s^r Philippe Millot son frère, ledit Philippe Millot promet luy donner au terme qui sera par luy pris et convenu la somme de six cents livres tournoises soit deux cents escus de Roy, auquel cas ladite damoiselle Anne Millot ne pourra prétendre après le decès de son dit frere au partage de ses dites hardes pour tenir les dites six cents livres en place de sa portion moyennant quoy la dite Millot ne pourra pretendre aulcune chose es biens de son dit frère.

Le tout quoy a este par elle ainsy accepté et convenu entre eux. Ayant encore este expressement convenu à cause de nopces entre le dit s^r Philippe Millot et damoiselle Prunier que tous les proufficts qui se feront par eux respectivement pendant leur mariage seront communs entre eux et se partageront également à la charge que sur iceux seront entretenus les enfants de ladite damoiselle Prunier et de feu s^r de Lans son premier mary, jusqu'à ce qu'ils soient logés et en estat de s'entretenir de leur industrie.

Fait et prononcé à Chambéry dans la maison du s^r d'Autheville en présence de noble Gaspard Thomassin, cons^er d'Estat de S. A. R. et sénateur au souverain Sénat de Savoye, de spectable Pierre Thomassin, advocat au Sénat, du s^r Abraam, fils de feu Jean Mittalas de Mets en Lorraine, du sieur Nicolas fils de feu s^r Nicolas Droin (1), du s^r Nicolas fils de feu s^r Jean Biet, de Sanlis en Picardie, et du sieur Joseph fils de feu s^r Guillaume Dupin, de Nantes en Bretagne, tous comédiens, témoins requis et appelés. Ont signé : Philippe Millot ; Marguerite Prunier ; Anne Millot ; G. Thomassin ; P. Thomassin ; Dorimond ; La Source ; Guérin J ; N. Biet de Beauchamp ; J. Dupin ; De Louis ; Bonaud et Humbert Georges, *notaire*.

En marge est cette annotation : *Levé pour les époux.*

IV.

Contrat de répartition des cadeaux et recettes entre les Comédiens de Mademoiselle et de S. A. R. le Duc de Savoie.

L'an 1659 et le 14 septembre, par devant moy etc......

(1) Dorimond avait indiqué au notaire son véritable nom : *Droin ;* mais il a signé de son nom de comédien.

se sont constitués les sieurs Nicolas Dorimond, Abraham Mittalas dit la Source, Nicolas Biet, Joseph Dupin, Philippe Millot, Loys Dorimond, damoiselle Catherine Bidau vesve du sieur Charles Perrouz, damoiselle Marguerite Prunier vesve du sieur de Lans, tous comédiens de S. A. R. de Savoye et de Mademoiselle d'Orléans jouant a présent en ceste ville, lesquels estant sur le point de partir pour l'Italie dans quelques jours ; — pour eviter toutes difficultés qui pourraient naistre entre eux au sujet des présents qui leur pourraient estre faicts tant en général qu'en particulier ont faict les conventions suivantes a scavoir :

Que tous les présents qui leur seraient faicts tant en général qu'en particulier de quelle nature qu'ils soient et de quelle cause qu'ils puissent procéder soit pour vers ou autrement (comme encore toutes les récompenses qui leur pourroient estre faistes par leurs A. A. R. R) (1) seront représentés au bloc de la compagnie, et d'iceux en sera faict onze parts desquelles en sera tiré trois par préférence aux aultres par le dit sieur Nicolas Dorimon tant pour luy que pour la damoiselle sa femme et les autres huit parts seront tirées esgalement par le reste de la compagnie sans aulcun avantage des uns aux autres et sans qu'aulcun deux notamment le dit sieur Dorimon Nicolas se puissent retenir aulcuns des dits présents sous quel prétexte que ce soit, attendu la dite prérogative laquelle ne luy est accordée qu'en considération de sa poésie à laquelle il s'applique particulièrement. — bien entendu entre eux que les femmes

---

(1) Les mots entre parenthèses ont été bâtonnés ; et, plus bas, on déclare que ces cadeaux seront divisés par égales parts.

seront tenues de conférer leurs présents aussy bien que les hommes et que leurs marys demeureront responsables de leur faict.

Estant aussy demeurés d'accord entre eux qu'au cas où l'un d'eux ou d'elles viendroit à receler quelque présent de quelque nature qu'il soit, soit d'habit ou d'autre chose, contre la présente convention et qu'il viendroit à en estre convaincu, sera levé au prejudice du dit recelant en faveur du reste de la compagnie sur ses proufficts pour peine de son dol et pour tenir lieu de dédommagement la somme de cinq cents écus de France, sans que le dit recelant puisse soubs quel prétexte que ce soit y apporter aulcun empeschement ny contradiction pour en estre tous entre eux ainsy demeurés d'accord pour conserver l'union qui doibt estre en touttes sociétés.

Et quant à leurs autres proufficts et avantages qui proviendront du public ou qui pourront estre donnés des récompenses de leurs A. A. R. R. seront partagés en dix lots a l'accoustumée et sans aulcune prérogative des uns aux aultres estant ainsy accordé entre eux. Estant intervenues au présent contract touttes mutuelles acceptations et stipulations réciproques et promis, chascun en droit soy observer ce que dessus, et les marys le faire observer à leurs femmes du faict desquelles ils demeurent responsables comme dict est, a peine de tous despens dommages et interets et soubs l'obligation les uns en faveur des aultres et au contraire (1), de ung chascun leurs biens avec la clause de constitut en bonne forme.

Fait et prononcé à Chambéry, dans le petit tripot de

(1) Réciproquement.

ceste ville au derrière du théâtre des dits sieurs comédiens en présence du sieur François de Beauleville décorateur de parys, et du sieur Pierre Oysillion, de Montpellier, témoins requis et appelés.

Suivent les signatures de : Dorimond, la Source, N. Biez de Beauchamp, Philippe Millot, De louis, Marguerite Prunier, du pin, Chatrine bidoiet (*Catherine Bidaut*).

Le notaire et les témoins n'ont pas signé. En marge de la première page est la mention que deux expéditions de l'acte ont été levées.

V.

Baptême des fils de Jean Le Macoy.

Le 31 mai 1665 a esté baptisé *Victor* fils de *Jean Le Macoy* comédien et de *Honorée Rousseau* sa femme. Parrain noble Victor de Bertrand de la Perrouse, marraine dame Louise Marie Dalliet comtesse de Saint-Maurice.

Le même jour a été baptisé *Claude* fils du dit *Jean Le Macoy* et de la dite *Honorée Rousseau* sa femme. Parr. noble Charles de Bressieu ; marraine Mme Claude de Blancheville, présidente de Chamosset (1). (Reg. par. de l'église de St-Léger.)

(1) *Victor-Emmanuel* Bertrand de la Perrouse, venait d'être nommé sénateur ; il avait alors 30 ans. Il fut élevé à la dignité de premier président du Sénat le 21 février 1691. Nous avons vu que Louise-Marie d'Aglié était mariée à Thomas-François de Chabo, parrain, en 1659, du fils de Nicolas Biet de Beauchamp.

Claude de Blancheville, fille du premier Président Guillaume de Blancheville, était la femme de François Bertrand de

VI.

7 et 31 mars 1749.

Inventaire des matériaux qui composent la construction du théâtre, parterre, loges et décorations, construit dans le château royal de Chambéry, pendant la guerre, pour les remettre à R^d Girod, promoteur du Décanat de Savoie, pour les employer au bénéfice des Pauvres malades incurables, suivant les intentions de Sa Majesté qui a daigné les lui accorder à titre d'aumosne.

44 décorations, soit ailes du théâtre, peintes sur toile et attachées sur des chassis en bois de sapin.

Plus 1 fond de théâtre, en 2 pièces, représentant un château.

1 autre représentant l'entrée d'un palais, en 3 pièces.

1 grand rideau sur le devant du théâtre, en toile peinte.

2 autres grandes toiles peintes servant de fond.

6 autres pièces de toile peintes en nuages formant le dessus.

1 arbre de 13 pieds de hauteur peint sur toile et attaché sur un chassis.

Le frontispice au bout du théâtre, et au-dessus dudit un plafond ; au-dessus 2 termes du théâtre ; à côté des 2 termes un morceau de toile décorée dans le goût des

---

Chamosset, Président de Chambre au Sénat. (Arch. du Sénat et A. DE FORAS, *Armorial de la Savoie* I.)

Charles de Rouer, baron de Bressieu, et de la Tour forte de la Reynière, âgé d'environ 37 ans, épousa en 1667, Marguerite de Ramus de Charpenne. (Note due à l'obligeance de M. le comte de Foras.)

termes, tenant depuis lesdits jusqu'aux premières loges à droite et à gauche.

A côté des 2 termes 1 toile avec son chassis peint de 24 pieds de hauteur sur 5 de large avec les portants.

1 cartouche d'armoiries du Prince (*Don Philippe d'Espagne*), avec son cadre au frontispice du théâtre.

1 balcon de chaque côté du théâtre, garni de panne, tenant deux bancs de chaque côté, garnis de serge rouge.

DESSOUS LE THÉATRE

4 portants pour faire aller les fonds du théâtre avec 8 poulies.

12 portants avec leurs poulies pour faire aller les décorations, etc.

1 tabouret pour le souffleur.

1 contrepoids de pierre et sa corde.

8 pupitres complets en bois.

ORCHESTRE

2 planches garnies de ferblanc et 10 plaques de ferblanc.

4 bancs garnis de toile rousse.

4 plafonds couvrant l'orchestre.

PARTERRE

1 banc de bois de sapin de chaque côté attaché aux murs.

4 vis bois noyer avec 4 barres de fer servant pour lever et baisser le parterre.

13 étampes pour étayer le parterre.

AMPHITHÉATRE

2 bancs faisant le tour de l'amphithéâtre, garnis de toile rouge.

10 autres bancs, tant grands que petits, garnis aussi de toile rouge.

L'appui dudit amphithéâtre garni de panne, de même que ceux des loges.

AUX BUVETTES

1 cabinet fermant à clef où il y a 6 rayons.
2 tables avec un tréteau.
2 banquettes et 2 tabourets de sapin.
1 autre cabinet sans serrure.

LOGES

Toutes les premières loges sont garnies par le dedans en indienne, sauf celles de S. A. R. et du gouverneur, qui ont été dégarnies par leurs tapissiers ; dans chaque loge il y a 2 bancs avec 1 marchepied et les passages garnis de drap ordinaire.

Les secondes loges ont aussi chacune leurs 2 bancs avec 1 marchepied, sans aucune garniture en dedans.

Les premières et les secondes loges sont au nombre de 26.

Au 3me étage, appelé *le paradis*, 2 grands bancs contenant tout le tour, couverts de toile.

1 grand plafond, décoré en architecture, contenant la longueur et largeur de la salle.

Tous les devants de loges garnis de toile peinte.

2 loges, construites derrière le théâtre, destinées pour les acteurs.

5 autres loges en planches de sapin dans des chambres à côté du théâtre.

Une espèce de cabane à l'entrée de la salle du théâtre, servant pour remettre les billets de comédie et pour les soldats qui y étaient de garde, le tout construit en sapin, à l'exception du couvert qui est en ardoises.

29 plaques de ferblanc à chandelles, attachées sur des planches.

10 brasières à feu.

2 pelles de fer à feu.

1 pince de fer ordinaire.

3 couvertes de toile piquées mises aux portes pour portières.

3 tables en sapin.

1 garde-robe sapin.

Quelques lanternes à vitres pour chandelles.

(Archives départementales).

VII.

Congé au sieur Deschamps pour se rendre à Chambéry.

6 décembre 1743.

Nous Duc de Gesvres, Pair de France, Premier Gentilhomme de la Chambre du Roi,

Permettons, suivant l'agrément de Sa Majesté, au sieur DESCHAMPS, l'un des comédiens de la troupe françoise, d'aller *à Chambéri* pour y en conduire *une* au service de Don Philippe, Infant d'Espagne, et d'y jouer aussi la comédie. Lui avons donné et donnons à cet effet *un congé de trois mois,* passé lequel temps le dit sieur Deschamps reviendra à Paris pour y faire son emploi dans la troupe de Sa Majesté.

Mandons à M. de Bonneval, Intendant des Menus-Plaisirs, en exercice, de tenir la main à l'exécution du présent ordre.

Fait au Château de Versailles, ce sixième décembre mil sept cent quarante trois.

Signé : LE DUC DE GESVRES.

Vu et collationné à l'original resté en nos mains par nous, Intendant et Controlleur général de l'Argenterie, Menus-Plaisirs et affaires de la Chambre de Sa Majsté, les jour et an que dessus.

Signé : DE BONNEVAL.

Certifié conforme à l'expédition conservée aux archives de la Comédie Française.

Paris, le 10 novembre 1886.

L'*Archiviste,* G. MONVAL.

VIII

Requête des Actionnaires du Théâtre.

Mardi 28 mars 1775.

Supplient humblement spectable Pierre-François Pavy, sieur Jean-Honoré Jaume de la Valette et Joseph Jacquemard, habitants de cette ville, tant à leur nom qu'à celui de leurs autres associés, disant qu'ayant formé une société pour la construction d'une salle de spectacle pour faire jouer la comédie dans cette ville pendant le séjour qu'y fera S. M. et pour procurer à la Cour quelques amusements et délassements, il n'a point été reconnu d'emplacement plus propre, commode et moins dispendieux que le terrain qu'occupe le fossé, depuis le corps de garde du faubourg de Montmélian, jusqu'à la rivière de l'Albane qui traverse les fossés, lequel terrain consiste à cinq trabues deux pieds quatre pouces en largeur et vingt trabues deux pieds huit pouces en longueur. Cet emplacement est d'autant plus commode qu'il contient des eaux de chaque côté nécessaires dans un cas d'incendie, et que le théâtre étant construit, il est à l'abri de toute communication de feu par le moyen du chemin qui existe le long des fossés et par le mur de la ville ; mais comme ce terrain appartient à la ville, et qu'elle est dans le cas d'en passer nouveau bail, les suppliants souhaiteroient que la ville animée du même zèle, leur abbergeât ledit terrain sous la cense et prix qui sera convenu et sous l'agrément et liberté d'appuyer le couvert dudit théâtre sur les murs de la ville et le long d'iceux, dans l'étendue dudit terrain, etc.....

(Arch. mun., reg. des délib., n° 55, f° 151 v°).

IX.

1°

Catalogue des Nobles de la Ville qui n'ont pas été inscrits dans la note formée le 11° septembre 1786.

MESSIEURS

Le baron de Chateauneuf.
Le marquis Coste.
Pavi du Désert.
Guigue Delechaud.
De Massingy.
Rambert de Chatillon.
Rambert du Molard.
Le comte de Bonport.
Le comte de Megeve pere.
Picollet d'Hauteville.
Le baron Picollet d'Hauteville.
Le comte de Lazary.
Brest.
Vissol.
De Dalmas.
Le baron Rolf de Marigny.
Le marq¹ˢ de Mont-St-Jean.
Le c¹ᵉ de Menthon de Rosy.
D'Hauturin de Cesarge.
Favre de St-Etienne.
De Bagard.
Le marquis de la Bâtie.
Le c¹ᵉ de la Chavanne père.
Bally.
Le chevʳ. Laurent de Montagny.
De Livron.
De la Croix.
De la Chaux.
Duclos de la Place.
De Salins père.

MESSIEURS

Le comte de l'Hôpital.
Perrin l'auditeur.
Le baron Truchet.
Le comte Biord.
Le c^{te} de Mouxy de Loche.
De Marcelas.
De Saint-Agnès.
Le chevalier de Bavoz.
Le comte de Saint-Bon et ses deux frères.
De la Palme de Marcelas.

De Saint-Joire.
De Ville père.
Le marquis de Cruseille.
Barral de Montauvrard.
Debissy père.
De Limoge.
Debissy le cadet.
Debuttet fils aîné.
Le président Perrin d'Avressieux.
De Grenaud.

2º

Liste de ceux dont les noms étoient inscrits dans la note formée le 11ᵉ septembre, et qui n'ont pas voulu être de la Société.

MESSIEURS

Le c^{te} de Conzié des Charmettes.
Le comte Clermont de Vars père.
Le comte Clermont de Vars fils.
De Candie.
De Comnène.
De Soyrier l'aîné.
De Soyrier le cadet.
Le chev^r. de Bissy fils aîné.
Le comte Capré de Megeve fils.

Cize.
L'abbé Victor.
— Petiti.
— De Salins.
— De Massingy.
— Portier de Belair.
— De Loche.
De Thiolaz.
Le c^{te} Berzetti de Burons.
Le baron de la Salle.
Le marquis de la Pierre.
Le comte Coste fils.
Le m^{is} de Chamousset.

3º
Catalogue des associés du Casin de Chambéry, 1787.

Associés honoraires.
S. E. M. le Gouverneur et Lieutenant-Général.
M. le Commandant.

Associés ordinaires.
MESSIEURS
Le comte d'Angeville.
Le chevalier d'Arvillars.
Le marquis d'Arvillars.
Le baron d'Athenaz.
Basin du Chanay.
Le sénateur de Baudry.
Le marquis de Bellegarde.
Le comte de Bellegarde.
Le baron de Bienvenu.
Le marquis de Conzié.
— de Cordon.
— de Coudrée.
De Crimpigny.
Le sénateur Dichat de Toisinge.
Le comte d'Esery.
— d'Evieux.
Favier.
De la Flechère d'Alex.
Le comte de Flumet.
Le sénateur et baron Foncet de Montailleur.
Foncet, le cadet.
Le comte de Gresy.
Juge.
Le sénateur et comte Botton de Castellamont.
Le baron du Bourget l'aîné.
— du Bourget de Voglans.
De Buttet de Tresserve.
Le comte de Cernex.
— de Cevin.
Le marquis de Chaffardon.
— de la Chambre, l'aîné.
— de la Chambre du Donjon.
Le chev. de Chaumont.
Le comte de la Chavanne.
Le marquis de Chevelu.
— de Chignin,
Le chevalier de Regard.
Le comte de Rochefort.
Le baron de St-André.
Le marquis de St-Innocent.
— de Saint-Severin.
De Salins.
Le sénateur et c^{te} Salteur.
— de Savoiroux.
Le sénateur et baron Sautier de Monthouz.
Le marquis de la Serraz.
Le comte de Sonnaz.
Le marquis de Travernay.
Le baron de la Tour,
— de Vallerieux.
Viallet de Montbel.

MESSIEURS

Le comte Maistre.
De Martinel.
Le chevalier Millet.
Le sénateur et comte Millo de Casalgiate.
Le baron Morand de Confignon.
— de Montfort.
— du Noyer.
Le marquis d'Oncieux de Douvre.
Le comte de la Perrouse.
Le chevalier Radicati de Villeneuve.

Le sénateur et chevalier de Ville.
Le comte de Villette.
Le marquis de Clermont de Mont-St-Jean.
Le chevalier de Varax.
— Eugène de St-Sulpice.
—
(Ces trois derniers nommés à la place de deux membres décédés et d'un démissionnaire).

X.
Vente de l'ancien théâtre (abrégé).

Le 26 avril 1820, à l'Hôtel de Ville, par devant Claude Saint-Martin, notaire et secrétaire de ville, se présentent messire Claude-Philibert Salteur, marquis de la Serraz, et spectable Joseph Brunet, avocat, syndics de la ville, d'une part,

M. le comte Benoît Le Borgne de Boigne, fils de défunt Jean-Baptiste, né à Chambéry, y habitant, maréchal de camp dans les armées de S. M. le roi de France, chevalier de l'Ordre de saint Louis et de la Légion d'honneur, et encore Pierre-Marc Fortis, ancien chef d'escadron, en qualité d'actionnaire et de mandataire des autres actionnaires du théâtre de Chambéry (1), d'autre part,

(1) Les autres actionnaires étaient les fils et filles de Pierre Forest, les frères Jacquemard, Humbert Ducoudray, avocat, François Clerc, Joseph Vissol, Félix Lebreton, François Monet, Louis Girerd, Antoine Gouvert, médecin, Victor George.

« M. de Boigne désirant que cette ville, comme étant la capitale du duché de Savoie, pouvant espérer d'être honorée souvent de la visite de la famille royale, et ayant dans son sein les premières autorités constituées, et jouissant d'une forte garnison, soit propriétaire d'un théâtre ; et voulant par ce moyen témoigner son affection à ses concitoyens et exercer sa générosité envers eux par un objet qui leur est d'une utilité bien reconnue, sous le rapport des beaux-arts, de délassement et d'agrément, et en même temps d'un revenu et d'un décor pour la ville,

Achète le théâtre pour le remettre à la ville dès qu'elle aura l'autorisation nécessaire ; et lui donne 60,000 fr. pour réparer et orner ce théâtre.

M. de Fortis, en sa qualité, vend à M. de Boigne tous les bâtiments et emplacements du théâtre qui est situé à l'entrée de la rue du faubourg Montmélian, visant celle des Casernes, jusqu'au canal de la rivière d'Albanne qui longe la remise et l'écurie attenantes au four des Hospices, le tout sous partie du n° 414 de la mappe de la ville.... ; comme aussi les meubles, effets et décorations dudit théâtre, pour le prix de 27,300 livres 60 centimes, payé immédiatement.

M. de Boigne effectue sa donation de 60,000 livres, et confie dès à présent l'administration du théâtre aux syndics de la ville.

Inventaire des meubles, effets et décorations vendus : le rideau d'avant-scène, une prison, un petit salon, un grand salon, une chambre rustique, une forêt, un palais, une montagne ; le tout en vingt-huit coulisses ; un fond de mer, frises de ciel, frises de draperies ; portes de pavillon, chaumière, grille ; grand arbre, cheminées, pyramide, banc de gazon, charriot à deux roues pour le tonnerre, grand lustre de vingt-quatre quinquets, etc.

XI.

Reconstruction du théâtre de Chambéry après l'incendie du 13 février 1864.

M. Bernard Pellegrini, alors architecte de la ville de Chambéry, fut chargé d'étudier et de diriger l'exécution d'un projet de reconstruction du théâtre sur le même emplacement, en conservant les murs des façades, détruits en partie seulement.

D'autre part, il fut décidé que les travaux ainsi que les crédits pour les payer seraient échelonnés sur les quatre exercices 1864-65-66 et 67.

M. Pellegrini dressa un projet du gros-œuvre, comprenant les maçonneries, charpentes et couvertures.

Ces travaux étaient en partie exécutés, sauf les maçonneries intérieures de la scène et de la salle des concerts, les escaliers, et la scène qui était encore telle que l'incendie l'avait laissée, lorsque M. Pellegrini mourut le 14 décembre 1864.

A la fin de janvier 1865, M. Revel, architecte du gouvernement, fut chargé de diriger l'achèvement du gros-œuvre, de dresser les projets et de diriger l'exécution de tous les autres travaux nécessaires à la reconstruction complète.

Les années 1865 et 1866 et la première moitié de l'année 1867 furent consacrées à l'exécution de ces divers travaux. Cependant, dès le 15 juillet 1866, la salle de spectacle était inaugurée; le 14 août 1867, la salle des concerts l'était également et les travaux étaient entièrement achevés et reçus.

La dépense générale des travaux, répartie en dix entreprises différentes, a été réglée de la manière suivante:

1° Gros-œuvre et décoration de la façade principale.......................... fr.	150.768 70
2° Charpente légère, menuiserie et serrurerie.............................	38.399 34
3° Plâtrerie et peinture...............	64.249 44
4° Décorations scéniques.............	35.834 10
5° Machinerie de la scène............	31.518 99
6° Décoration des salles de spectacle et de concerts..........................	45.000 »
7° Chauffage........................	7.245 »
8° Distribution d'eau................	1.469 13
9° Éclairage........................	29.010 16
10° Tentures et mobilier.............	22.957 65
Soit une dépense totale de fr...	426.452 51

Les dimensions principales de ce théâtre sont les suivantes :

Longueur totale de l'édifice.........	68.00 mètres.
Largeur...........................	20.10 —
La longueur totale se subdivise ainsi :	
Bâtiment des artistes................	9.00 —
Scène.............................	16.75 —
Salle de spectacle...................	20.00 —
Salle des concerts..................	22.25 —
Total égal.......	68.00 mètres.

(Note de notre excellent ami M. J.-Samuel Revel, architecte départemental.)

Additions et Corrections.

Page 7, ligne 19; au lieu de *Seythes*, lisez *Scythes*.
— 40, ligne 24; au lieu de *Le Macog*, lisez *Le Macoy*.
— 42, après la ligne 17, voyez page 141.
— 85, ligne 23, au lieu de *Postrolumna*, lisez *Postcolumna*.
— 87, ligne 19, au lieu d'*Oravie*, lisez *Osavie*.
88, ligne 23, au lieu de *cantus mulierum*, lisez *cantus musicorum*, des concerts d'instruments.
— 134, suivant M. JAL, *Dictionnaire critique*, page 663, l'attaque d'apoplexie de Guérin d'Estriché se serait produite le 25 juillet 1717. M. Jal a publié l'acte de décès d'Isaac-François Guérin, il en résulte que ce comédien est bien mort le 28 janvier 1728.
— 134, ligne 11, au lieu de *Armande Béjart*, mourut le... lisez *Le fils de Guérin et d'Armande Béjart*, mourut le...
— 134, ligne 29, au lieu de 1708, lisez 1717.
— 136, *la Mignot*. Guérin avait un neveu, orfèvre à Paris, du nom de Mignot.
— 152. L'on trouvera sur la *Passion*, jouée à St-Jean-de-Maurienne, quelques détails nouveaux dans le Chap. XXVII, de *St-Jean-de-Maurienne au XVIe siècle*, par l'abbé Truchet, (*Mémoires de l'Académie des sciences, etc., de Savoie*, 4e série. tome I.)
Les amateurs de ce genre de littérature pourront consulter avec fruit la splendide édition du *Mystère des Trois Doms*, in-4°, de CXLVIII — 928 pages. Lyon, A. Brun, MDCCCLXXXVII.

Page 177, supprimez les sept vers commençant par : « *L'âme pour*... imprimés deux fois par le compositeur.

184, ligne 26, au lieu de *Louis XII*, lisez *Louis XIII*.
— 245, ligne 21, après les mots 7 février, ajoutez 1864.

Vers 1839, M. Parpillat, de Chambéry, forma une troupe qui joua dans cette ville ainsi qu'au théâtre de l'ancien Cercle d'Aix. Il fut plus tard greffier de la justice de paix à Saint-Gervais (Haute-Savoie).

Nous signalerons encore en 1887 le passage de la troupe *E. Simon*, à Chambéry. Elle donna le 21 mars *le Mariage de Figaro*, de Beaumarchais, avec M. *Coquelin ainé* et Mlle *Kolb*. En dehors de ces artistes, la troupe était médiocre. Les prix des places, beaucoup trop élevé ; fauteuils, 12 fr. ; premières, 10 fr., etc., fut la cause d'une abstention générale. La salle fut presque déserte.

Le 23 mai, *Durand et Durand*, de MM. Ordonneau et Valabrègue, fut joué par *Daubray*, du Palais-Royal, et sa troupe. Bon ensemble, mais l'acteur principal n'a presque plus de voix Il nous a paru que, suivant une habitude des comiques de ce genre, il introduisait dans la pièce des plaisanteries de son crû que les auteurs n'auraient pas mieux goûtées que le public.

TABLE DES MATIÈRES

CHAPITRE I.

Pages.

Les Mystères; les Moralités; les Comédiens de campagne; les Opérateurs; les Comédiens italiens....... 3

CHAPITRE II.

Les Comédiens de Mademoiselle à Saint-Fargeau; à Lyon en 1638; à Chambéry en 1659. Le Jeu de Paume; inscriptions commémoratives de 1638 et 1641. La troupe et les pièces de Dorimond................... 14

CHAPITRE III.

Contrat de mariage de Philippe Millot et de Marguerite Prunier, veuve de Hugues de Lans. Accords des Comédiens de Mademoiselle et du Duc de Savoie avant de partir pour l'Italie. Retour d'Italie; arrivée de la troupe à Paris en 1660. Surnoms des comédiens. 28

CHAPITRE IV.

Troupes de 1665 à 1689 à Turin, à Chambéry. Bail du Jeu de Paume. Jean le Macoy et Honorée Rousseau; baptême de leurs fils. Représentation au profit des pauvres en 1665. La troupe du Duc de Savoie à Dijon, à Mâcon. Jean Deschamps, directeur. La troupe de 1659 à Chambéry. Rixe avec le *roi de l'oiseau;* arrestation de Rochemore et du portier de la comédie (pages 42 et 140). Lettres-patentes de 1672 en faveur des comédiens. Les Comédiens à Chambéry en 1673 et Hortense Mancini; représentations d'*Andromaque*, de *Bajazet*, d'*Ariane*, des *Femmes savantes*, de *Pulchérie*, de la *Fille capitaine*. Le théâtre français au *Palais vieux de Saint-Jean*, à Turin; à *la Vénérie*. Pensions accordées aux comédiens en 1675; cadeaux et pensions en 1678, 1679, 1680; licenciement en 1684. Troupes de 1684, 1689, 1698, 1699 40

Chapitre V.

Antoine Pavy, auteur-acteur à Chambéry en 1735. Le théâtre de l'infant Don Philippe à Chambéry en 1743; Pierre Langlois dit Deschamps, de la Comédie française, directeur. Destruction du théâtre de Don Philippe. Construction de la salle de Villeneuve en 1770. Construction du théâtre de Chambéry en 1775; prix des places. Troupe Senepard en 1776. Privilèges du théâtre. Troupe *Saint-Gérand* en 1780. Troupe de 1783; le *Prince bienfaisant*, comédie de Mme Delavigne. Ascensions en ballon de l'ingénieur Brun et de Xavier de Maistre, en 1784. Troupe *Deville* en 1785. Troupe *Desplasses* à Chambéry et à Annecy en 1788. Les *Rivalités villageoises*, de Doppet. Le mécanicien *Bonthoux*. Le *Casin des nobles* et le comte de Lazary. Troupe *Didollet* en 1789; l'acteur *Larive*. En 1790, le Conseil de ville refuse l'autorisation de jouer la comédie; le Roi l'accorde..................... 58

Chapitre VI.

Le théâtre au collège. Le collège Chapuisien d'Annecy. Les Barnabites : Les *Grands Pardons septennaires* d'Annecy. Pièces jouées par les élèves des Barnabites; par les Enfants de Ville. L'*Histoire de Mattathias et d'Antiochus*, d'Amblard Comte. Le *Martyre de Sainte Agnès*, chez les Barnabites de Thonon. Le *Printemps victorieux de l'hyver*, chez les Jésuites de Chambéry. Plaidoyer contre Marcus Tullus, au collège de Saint-Jean-de-Maurienne. Le spectacle dans les collèges de la Savoie depuis 1816.

L'opérateur *Dulis* à Annecy en 1668. Le théâtre à Carouge en 1757; troupe *Lemoyne*. Les salles de spectacle à Annecy. Construction d'un théâtre à Annecy en 1787; la troupe Desplasses, son répertoire. La *Lettre sur les spectacles*. L'écuyer *Avrillon* et son cirque à Annecy..................... 83

Chapitre VII.

Les Ballets de la Cour de Savoie. *Hercule et l'Amour*. Les *Conquérans libres et captifs*. Ballets divers 117

Chapitre VIII.

Les Comédiens et les Comédiennes avant 1792. Avrillon. Belval. Biez de Beauchamp et Françoise Petit, sa femme. François de Beauleville, décorateur. Catherine Bidaut, veuve de Charles Perrouz. Bonthoux. Châteauvert. Chaumont. La Daubigny. Jean Deschamps. Pierre Langlois dit Deschamps. Desplasses. Mme Delavigne. Mlle Deville. Deville. Despaillière. Dorville. Dugrénet, Didollet. La Designac. La Dubuisson. Dulis ou Drulis. Nicolas Droin dit Dorimond, soit de Louis. Du Pin, sieur du Landas. Louise Jacob, sa femme, soit la demoiselle Du Pin. François-Isaac Guérin d'Estriché. Judith de Nevers, soit la Guyot. Hugues de Lan ou de Lans; le sieur de Lan, la demoiselle de Lan. Larive. Jean Le Macoy. Lemoyne. La Mignot. Philippe et Anne Millot. Marguerite Prunier. Abraham Mittallat, sieur de la Source et sa femme Jeanne du Roncerre. Pierre Oysillon. Pavy. Prévost. Rochemore et sa femme. Arrestation de Rochemore. Mme Renaud. Romainville. Rosange et sa femme. Honorée Rousseau. François Rossolis. Saint-Ange. Saint-Gérand. Mlle Saint-Val. Laurent Boyval, sieur de Valois et sa femme 125

Chapitre IX.

Les pièces représentées en Savoie avant 1792.

§ 1er. Mystères, Moralités, Momeries, Ménestrels, Farces.

Antoine de Macon, soit Sometan, directeur de Mystères à Chambéry. Le sacrifice d'Abraham. Le Mystère de saint Blaise. Le Mystère de saint Bernard de Menthon. L'Histoire du roi Clovis. La Dioclétiane et Jean Seybille. Le Mystère de saint Georges. Le Jugement dernier. Le Mystère de saint Laurent. Le Mystère de saint Martin.

Les Misères du temps. Le Mystère de la Passion. Le Mystère de saint Sébastien et de sainte Anastasie. L'Histoire de Monseigneur saint Sébastien. La Moralité de sainte Suzane. Le Temple des honneurs. Momeries à Thonon, Genève, Chambéry, Verceil, Ivrée, Turin, Montcalier. Ménestrels d'instruments, de chant. Concours de ménestrels à Genève; écoles de ménestrels. *Collège des innocents*, ou chapelle du Duc de Savoie. Farces et Sotties. Pernet de Normes, maître de farces. Farces diverses.......................... 145

§ 2ᵐᵉ. Les Cordiens et Maximin, du Président Favre. Les Histoires des Enfants de Ville. Les pièces de collège.

Abraham revenant de combattre les cinq rois; le Martyre de sainte Agnès. L'Histoire de saint Alexis. Apollon chez Admète. L'Histoire de sainte Barbe. La Conversion de Celse enfant. La mort de Jules César. Le Triomphe d'Octave César. Daphnis célébrant l'Ascension du Christ. Accusatio in Marcum Horatium. L'Hymen d'Hercule avec la déesse Hébé. Judith. L'Innocence reconnue. L'Innocence recogneue. Le Triomphe de la patience de Job. Le Retour des trois Mages. L'Histoire de Mattathias. L'Histoire de saint Maurice. Le Sacrifice de Melchisédech. Le Printemps vainqueur de l'hyver. La Pyrocarie d'Anici. Sardanapalus damnatus. Sedecias. Sephoc............................ 169

§ 3ᵐᵉ. Tragédies, Comédies, Opéras, Opéras-Comiques.

L'Ami de la maison. Andromaque. Ariane. Bajazet. La Belle Arsène. Les pièces de Vincent Borée. Le Bourgeois philosophe. Les Deux petits Savoyards. Les pièces de Doppet. Les Rivalités bourgeoises. Le Courrier de l'hymen. La Sainte chaumière ou les Dévotes rivales. Les pièces de Dorimond. La Dot. La Femme juge et partie. Les Femmes savantes. La Fille capitaine.

La Lingère. Nina. Les Pièces d'Antoine Pavy et la *Troupe joyeuse*. Les Amours magiques. Le Jugement de Paris. Les Fêtes de la paix. Les Perdrix. Le Prince bienfaisant. Pulchérie 185

Chapitre X.

Le théâtre en Savoie, de 1792 à 1848. Jean Kloqueman et la troupe des petits comédiens de la République, à Annecy en 1792. Le théâtre à Chambéry en 1794. *Adelson et Salvini*, pièce de Desonnaz, à Annecy, 1793. Talma à Chambéry en 1804 et 1812. Fêtes au théâtre en 1811, 1814. L'Anglais et le Gascon. Troupe à Chambéry en 1816. En 1818, Lafont. En 1819, Mlle Georges. Achat de l'ancien théâtre par la ville de Chambéry; don de M. de Boigne. Construction du nouveau théâtre, 1822-1824. Les sculptures; le rideau (*Orphée aux Enfers*) peint par Louis Vacca. Charles-Félix et Marie-Christine au théâtre en 1824; pièces jouées; l'acteur Montrose. Simulacre de combat naval à Thonon. Première salle de spectacle à Aix-les-Bains, 1825. Construction d'un théâtre à Annecy, 1825-1826. Charles-Victor Jupin, Jacques Philippa, violonistes. Inauguration du théâtre d'Annecy. *Les Amateurs*. Troupe de Mme Lintant. Tentative d'incendie du théâtre d'Annecy. Le ténor Lavigne; le violoniste Lafond. 1830, Charles-Félix et la Reine au théâtre de Chambéry; pièces jouées. 1834, Charles-Albert et la Reine au théâtre de Chambéry 1837; le violoniste Python. Fête des musiques du Faucigny à Sallanches. Théâtre d'amateurs à Rumilly. M. Raymond, critique de théâtre. Troupe de 1843 à Chambéry, M. et Mme Taigny, M. Josse. Troupe *de la Roche* 1844; Mme Graffelot. *L'Oncle et le neveu*, de Joseph Dessaix. Troupe allemande de Bamberger. Troupes *Bonis, Rousseau*. Juin 1845, spectacle à Annecy, à l'occasion du Congrès agricole des Etats sardes. Troupe italienne à Chambéry. 1846, Troupes diverses.

Mme de Nonfoux. Troupe lyrique Coppini ; les *Fantoccini*, de Joseph Colla. Le *Contingent de la Savoie*, par Aimé Ferraris ; *Jacques de Montmayeur*, par le même. *Molino et la censure;* troupe Adler.......... 197

Chapitre XI.
Le théâtre de 1848 à 1886.

Liberté des théâtres. L'*Hymne au roi*. *La Savoisienne*. *Le Foyer; l'Abeille savoisienne*. *La Fiancée du carbonaro* et *Molino;* Mme Veyrat et A. Ferraris La légende *Empátaz*. M. Hiller, chef d'orchestre. La Société d'instruction mutuelle ; MM. Bécherat et Ch. Ronzière. Troupe de 1849 ; la *Marseillaise;* le *Chant des Girondins*. *Tancrède de Miolans*, d'Aimé Ferraris. Le *Désert*, de Félicien David. La *Mort du prince Poniatowski*, pièce militaire. Mlle Araldi ; Frédérik Lemaître et Clarisse Miroy. 1850, troupe Cazeneuve ; les critiques Raymond et Puget. Le *Fils de Tartuffe* ou *l'Intrigant*, de P. G. Drevet. Troupe Dupraz. Mme Taroné et sa troupe. Victor-Emmanuel II au théâtre de Chambéry. Le chanteur Dubosc. Lepeintre aîné ; Arnal, Achard, Mlle Brohan. Stances de Marguerite Chevron. Spectacles de 1851-1852. Concerts *Milanollo;* Stances d'Alfred Puget sur le *Carnaval de Venise*. Mlle Araldi. M. de Groot, chef d'orchestre. Le ténor de Lagrave. 1853, la *Dame aux Camélias*. M. Fontbonne, M. Ponnet. Tableaux vivants. 1854, Mme Anaïs Rey. Mort de M. Raymond. Troupe lyrique Bourdais. Les sœurs *Ferni*. 1855, cirque Franconi ; troupe Lemaire et Leduc. M. Réné Muffat. 1856, troupe Alexandre : la *Liberté* ou le chant des *Allobroges*, cantate de Joseph Dessaix. Le *Prisonnier de Chillon*, par J^h Dessaix. 1857, projet de société pour l'exploitation des théâtres en Savoie. Juin, troupe d'opéra allemand ; décembre, seconde troupe d'opéra allemand. Troupe Brindeau.

Troupe des *Zouaves*. Clarisse Miroy et Jenneval. Troupe d'amateurs à Annecy. Mme Esclauzas. *Va-t-en voir s'ils viennent Jean*, de Joseph Dessaix. 1860-1862, troupe Corail; Mlle Karsch. 1863, le *Fils de Giboyer*; M. Pouchet, critique de théâtre. 14 février 1864, incendie du théâtre de Chambéry; sauvetage de la toile. *Les Héritiers*, de Jalabert. Don du théâtre d'Annecy à la Ville, par les actionnaires; sa reconstruction; il est inauguré le 1er octobre 1865. Poésie de M. Jules Philippe. Reconstruction du théâtre de Chambéry; les architectes Pellegrini et Revel. Troupes de 1866, 1867, 1868, 1869. Vif succès de la *Revue de Chambéry;* le poëte Rousseau; la *Cantinière savoyarde;* la chanson du *Marchand de vin de Maché*. Troupes de 1870, 1871, 1872; *Bilboquet à Chambéry*, d'Hégésippe Cler. Mme Galli-Marié. Mlle Agar. Représentations de la *Fille de Madame Angot*. Troupes de 1874, 1875, 1876; Ernesto Rossi. 1877, *Tout Chambéry en rit*. 1878, Mlle Duverger, dans *Charlotte Corday*; le *Tour du monde en 80 jours*. 1879, 1880, 1881, 1882; M. Coquelin aîné, Mme Sarah-Bernhardt, Mme Sasse. Le *Prêtre*, de Charles Buet. 1883 à 1887, troupe Vasselet, un *Cheveu*, un *Amour de belle-mère*, pièces de M. Laperrière. Les *Plaideurs*, au collège d'Annecy **222**

CHAPITRE XII.

Le théâtre à Aix-les-Bains. Le Cercle.

Septuor italien; l'Harmonie du Cercle; les musiciens. Les Tziganes. Les concerts d'*Ed. Colonne*. Les *Pupazzi*. Construction du théâtre; l'architecte, M. *Roudier;* les sculptures de M. *A de Vosselot*. Pièces jouées en 1882, en 1883. Mlle *Baretta* Mmes *Engally*, *Vaillant-Couturier*, *Sarah-Bernhardt*, *Bilbaut-Vauchelet*. Opéra italien. Troupe Marck. Troupe de 1884, Mme *Galli-Marié*, Mlle *Blanche Deschamps*, M. Barwolf. Opéra italien. Programmes illustrés. Troupes de 1885, M. Co-

quelin ainé; pièces diverses.Troupe de 1886, de M. Carré. Les *Pêcheurs de perles,* de G. Bizet. *Coquelin ainé,* Mme *Alboni.* Concerts symphoniques de M. *Colonne.* Le hall, la coupole de *Salviati*.................... 256

LA VILLA DES FLEURS.

Salle de théâtre ; éclairage électrique; Pièces jouées de 1879 à 1886; comédies, opérettes, opéras et opéras comiques......................................
Conclusion................................. 268

DOCUMENTS.

I. n° 1. Ménestrels aux fêtes de la naissance de Jeanne de Savoie............................ 271
   n° 2. Ménestrels à la naissance du prince de Savoie. 271
   n° 3. Histoire de saint Sébastien et de s^te Anastasie. 272
   n° 4. Antoine SOMETA, hystorien, et ses associés... 273
   n° 5. Préparatifs pour l'hystoire de saint Laurent à Chambéry............................ 274
   n° 6. Mystère de la Passion. *Pro passione*........ 275
II. Baptême du fils de Nicolas Biet de Beauchamp.... 275
III. Contrat de mariage de Philippe Millot et de Marguerite Prunier, veuve de Hugues de Lans..... 276
IV. Contrat de répartition des cadeaux et recettes entre les Comédiens de Mademoiselle et de S. A. R. le Duc de Savoie........................... 278
V. Baptême des fils de Jean Le Macoy............ 281
VI. 7 et 31 mars 1749. Inventaire des matériaux qui composent la construction du théâtre, parterre, loges et décorations, construit dans le château royal de Chambéry, pendant la guerre, pour les remettre à R^d Girod, promoteur du Décanat de Savoie, pour les employer au bénéfice des Pauvres malades incurables, suivant les intentions de S. M. qui a daigné les lui accorder à titre d'aumosne........................ 282
VII. Congé au sieur Deschamps pour se rendre à Chambéry, 6 décembre 1743............... 285

VIII. Requête des Actionnaires du Théâtre. Mardi 28 mars 1775..................................	286
IX. 1º Catalogue des Nobles de la Ville qui n'ont pas été inscrits dans la note formée le 11e septembre 1786............................	287
2º Liste de ceux dont les noms étaient inscrits dans la note formée le 11e septembre, et qui n'ont pas voulu être de la Société...............	288
3º Catalogue des associés du Casin de Chambéry, 1787....................................	289
X. Vente de l'ancien théâtre (abrégé)	290
XI. Reconstruction du théâtre de Chambéry après l'incendie du 14 février 1864.................	292
Additions et corrections.......... 	294

DU MÊME AUTEUR.

En vente :

aux librairies PERRIN, LAJOUE, BAUJAT et Cie, à Chambéry;
ABRY, BURNOD et GRAVIER, à Annecy; A. BRUN, à Lyon;
H. CHAMPION, 9, Quai Voltaire, à Paris

Chronologies pour les Études historiques en Savoie.
Une Année de la Vie municipale de Rumilly (1689-1690).
L'Abbaye de Tamié en 1707. Élection de l'abbé de Jouglas.
Trousseaux de Mariés en Savoie (XVIe et XVIIe siècles).
Le Prieuré de Peillonnex.
Le Mariage d'Alphonse de Lamartine.
Une Charte inédite d'Amédée IV de Savoie.
Notes historiques sur le Journal inédit d'un habitant d'Annecy au XVIIe siècle.
Saint François de Sales, docteur en droit, avocat, sénateur. Sa correspondance inédite avec les frères Claude et Philippe de Quoëx. — Fac-Similé et Sceaux.
Un Capitaine recruteur au XVIIe siècle. (Bords du lac d'Annecy, 1672.)
Histoire documentaire de l'Abbaye de Sainte-Catherine (près d'Annecy); l'Abbaye de Bonlieu (Appendice).
La Succession du cardinal de Granvelle devant le Sénat de Savoie.
Notes et Documents sur les Évêques de Genève-Annecy. 1535-1793. En cours de publication dans la Revue Savoisienne. (Ont paru : Pierre de la Baume, Louis de Rye, Philibert de Rye, Ange Justinian, Claude de Granier, Saint-François de Sales, Jean-François de Sales, Juste Guérin, Charles-Auguste de Sales, Jean d'Aranthon, M. G. de Rossillon de Bernex.)
L'hôpital d'Hermance au temps de Calvin.

www.ingramcontent.com/pod-product-compliance
Lightning Source LLC
Chambersburg PA
CBHW071601170426
43196CB00033B/1517